Stendhal
et
les problèmes de l'autobiographie

UNIVERSITÉ DES LANGUES ET LETTRES DE GRENOBLE

Centre d'études stendhaliennes

Stendhal
et
les problèmes de l'autobiographie

Actes du colloque interuniversitaire
(avril 1974)

Textes recueillis par
Victor Del Litto

Presses Universitaires de Grenoble
1976

Déjà paru aux Presses Universitaires de Grenoble :

René Bourgeois : L'ironie romantique

Marceline Desbordes-Valmore : Oeuvres poétiques complètes

Victor Hugo : Voyages France et Belgique 1834-1837

Paul Viallaneix *(sous la direction de)* : Michelet, cent ans après

La Porporina - Entretiens sur Consuelo, Actes du Colloque de Grenoble

Prologue

Mon premier devoir est de présenter un double remerciement, d'une part à nos collègues français et étrangers qui ont bien voulu répondre à l'appel du Centre d'Études Stendhaliennes, et d'autre part à ceux - enseignants, étudiants, stendhaliens grenoblois - qui sont venus en si grand nombre participer à ce colloque.

Je dois présenter aussi les excuses de deux personnalités que la maladie retient loin de nous : M. Pierre-Georges Castex, professeur à l'Université de Paris-Sorbonne, membre de l'Institut, et M. le docteur Robert Soupault, qui vient d'achever son ouvrage sur **Stendhal intime**. Je leur exprime, en votre nom à tous, nos regrets pour leur absence et nos vœux de prompt rétablissement.

Je ne crois pas qu'il faille de longues phrases pour justifier la raison d'être de ce colloque.

Vivant dans la ville natale de Stendhal, nous sommes sans doute plus sensibles que d'autres au charme secret de la **Vie de Henry Brulard**.

Mais il n'y a pas que ce motif contingent et, pour ainsi dire, sentimental.

Précisément parce que nous vivons dans un milieu où la présence de Stendhal est, quoi qu'en pensent certains, permanente, nous sommes conscients du rôle primordial que joue l'autobiographie dans toute son œuvre. Il n'est pas exagéré de dire que l'histoire littéraire n'offre pas d'autre exemple d'auteurs dont l'ensemble des écrits ait comme support le moi.

Le lien étroit et indissoluble existant entre sa vie et son œuvre - qu'il s'agisse de relations de voyages ou de récits romanesques, d'essais sur la musique et sur la peinture ou de pamphlets littéraires et politiques - est sans conteste le trait le plus original qui caractérise Stendhal et lui donne une place à part. Originalité dont il a été parfaitement conscient, à preuve le terme qu'il a introduit pour la désigner : **égotisme**. Ce terme, jusque là inusité en français, a ceci de particulier - et de fascinant - que, loin d'être un repli stérile sur soi ou encore une attitude d'esthète, il est l'expression sans fard et sans restrictions de ce que l'individu a de plus secret et de plus indicible. Et c'est pourquoi autour de l'**égotisme** gravitent tant de notions nouvelles pour l'époque et dont la charge potentielle ne s'est pas épuisée : sincérité, indépendance morale, refus de toute compromission, masque, alibis, miroir...

Cet homme à l'apparence si lourde - Claudel ne l'a-t-il pas traité de "pachyderme" ? - a su pénétrer dans les méandres mystérieux de la mémoire et de la temporalité. Dans le dialogue ininterrompu qu'il a instauré avec son moi, toute notation, même la plus simple, la plus banale de prime abord, acquiert une résonance extraordinaire et imprévue.

Il est indispensable d'appuyer sur la nature de ces notations, parce que l'autobiographie stendhalienne ne se présente pas comme un récit bien ordonné, savamment orchestré ; ce sont, au contraire, des notes éparses, consignées sur le papier - le premier bout de papier venu, très souvent sur les marges d'un livre - à mesure que les sensations sont perçues ou les souvenirs font surface, sans que la volonté ni la réflexion n'interviennent pour les susciter et les couler dans un moule quelconque préétabli. L'authenticité est souveraine. L'absence de toute médiation rationnelle n'est pas le moindre attrait du **Journal**, des **Souvenirs d'égotisme**, de la **Vie d'Henry Brulard**.

Ainsi, sans céder à la tentation de systématiser, Stendhal a réussi le tour de force de briser toute contrainte, d'aller au delà de l'éphémère, d'atteindre les nervures et les racines de l'être. De surcroît, son abandon total à la sensation s'accompagne d'un équilibre caractériel peu courant : aucune trace de névrose, de morbidité, de déchéance. Le cas est trop rare pour qu'on ne le signale pas.

Or, tout paradoxal que cela semble, ce corpus autobiographique, expression d'une personnalité d'une richesse exceptionnelle et d'une allure foncièrement linéaire, n'a guère fait l'objet que de commentaires d'ordre historique, voire anecdotique. Il est même arrivé que l'apport de Stendhal à l'autobiographie ait été méconnu, voire ignoré.

C'est donc parce que le terrain est quasiment vierge que le Centre d'Etudes Stendhaliennes a pris l'initiative de convier un certain nombre de chercheurs à cette rencontre pour débattre ensemble quelques-uns des principaux aspects de l'autobiographie stendhalienne. L'exposé des différents points de vue que nous avons provoqués est destiné à donner à cette rencontre un caractère et une valeur de référence. Toute enquête ultérieure devra obligatoirement tenir compte des thèses avancées et des résultats acquis.

V. DEL LITTO

I
Autobiographie
et roman

Le Moi qui se regarde :
les problèmes de l'autobiographie
dans le roman stendhalien

Ce que je me propose de faire aujourd'hui, c'est de traiter le problème de l'autobiographie dans le roman stendhalien, mais en le situant dans le contexte de la question plus générale - et toujours révélatrice - des divers rapports qui peuvent exister entre le romancier et ses personnages. Car la relation de soi à soi, c'est-à-dire la situation du moi qui se regarde (laquelle, évidemment, caractérise tout écrit autobiographique), devient particulièrement intéressante lorsqu'elle est transposée dans le domaine du roman. Ce sont les implications techniques de cette transposition qui seront le sujet de la présente communication.

Je vais prendre comme point de départ un concept qui a été élaboré par Jean Rousset dans un article très approfondi sur Marivaux : celui du double registre (1). En analysant la narration à la première personne chez Marivaux, Rousset constate que "la traduction de soi par soi exige le préalable dédoublement en **regardant** et **regardé**" (2), situation qui tout de suite attire notre attention comme étant celle non seulement du roman à la première personne mais aussi de l'autobiographie. Naturellement, pour le romancier, la vraie signification de ce double plan réside dans le fait qu'il peut se produire, dans une même existence, un important changement de point de vue résultant de deux perspectives différentes, souvent au point d'être contradictoires, qui sont néanmoins celles d'un seul personnage à deux moments distincts de son existence. Marianne, par exemple, dit, en jugeant rétrospectivement ses aventures : "Je badine de cela maintenant ; je ne sais pas comment j'y résistais alors" (3). L'emploi des deux adverbes est significatif : avec le passage du temps, la Marianne qui raconte sa vie n'est plus la même personne qui l'a vécue, de sorte que les expériences qui ont fendu le cœur de cette dernière, sont devenues un sujet de sourire pour la narratrice spirituelle qui nous les communique (4). Un seul événement peut être à la fois tragique et comique, car les événements n'ont en eux-mêmes aucune valeur intrinsèque puisque tout dépend de l'optique dans laquelle ils sont vus - c'est le relativisme moral qui fait tout l'intérêt du double registre.

La notion du double registre nous est encore plus utile lorsqu'on l'applique à un cas plus semblable à ceux que nous retrouverons dans le roman stendhalien : c'est celui de l'**Adolphe** de Benjamin Constant. D'après une observation d'Albert Camus, "l'intellectuel" est "celui qui se dédouble" (5), formule qui définit admirablement Constant - et son personnage. En vérité, dans **Adolphe**, la division entre l'homme, être pensant, et l'homme, être d'action, est si marquée qu'il en naît deux personnages distincts. L'homme qui agit - ou du moins qui essaie d'agir - c'est le jeune Adolphe. Mais il se trouve dans le roman un deuxième personnage qui porte ce nom, personnage fort passif qui, s'étant retiré à l'écart de l'action, se borne à commenter de façon désabusée les événements de sa jeunesse. C'est l'Adolphe mûri, celui de la Préface, celui que nous rencontrons avant même de connaître le jeune protagoniste de l'histoire, celui dont l'ombre sera toujours perceptible à l'arrière-plan et de qui la présence condamnera à l'avance tout effort de la part du jeune homme pour échapper à une destinée qui, nous le savons mieux que lui, ayant entrevu son avenir, sera inévitablement sienne.

Cette rupture dans le caractère d'un seul individu qui aboutit à l'existence des deux Adolphe, s'affirme dans le style même de l'ouvrage. Prenons un exemple où le jeune Adolphe, voulant rompre avec Ellénore, médite sur les diverses raisons qui lui font différer une action qui est pourtant inéluctable.

"D'ailleurs l'idée confuse que par la seule nature des choses, cette liaison ne pouvait durer, idée triste sous bien des rapports, servait néanmoins à me calmer dans mes accès de fatigue et d'impatience. Les liens d'Ellénore avec le comte de P***, la disproportion de nos âges, la différence de nos situations, mon départ que déjà diverses circonstances avaient retardé, mais dont l'époque était prochaine, toutes ces considérations m'engageaient à donner et à recevoir encore le plus de bonheur qu'il était possible : je me croyais sûr des années, je ne disputais pas les jours" (6).

"Je me croyais sûr des années, je ne disputais pas les jours" : cette dernière remarque, si juste dans sa pénétration et si épigrammatique dans son expression, tranche sur le style des phrases précédentes, tellement bien pensées, tellement bien équilibrées, mais si longues et si lentes dans leur développement, en sorte que leur structure même semble refléter ce penchant à la procrastination qui est le sujet de ces réflexions. Ici le changement de ton est assez net pour qu'on puisse parler d'un véritable changement de voix. Ces mots qui résument si exactement l'argument qui précède, ont une concision et une lucidité dont le jeune protagoniste, si apte à s'analyser, mais si inepte à résoudre les dilemmes de sa vie privée, n'aurait pas été capable. La voix est celle de l'Adolphe mûri qui, avec l'intérêt sans passion d'un dieu de l'Olympe, se penche sur cet humble mortel qu'il était lui-même pour éclairer ses mobiles les plus intimes.

Ce sont ces deux consciences - celle du jeune Adolphe et celle de l'Adolphe mûri - qui sont les deux registres de l'action ; et c'est la distance entre ces deux paliers qui permet le détachement ironique qui fait d'Adolphe un spectateur si avisé de sa propre vie. Cependant, le cas d'**Adolphe** est compliqué par un élément autobiographique. En un sens, la vie de Constant est le vrai sujet du roman (car n'est-ce pas dans le but de mieux se comprendre que Constant l'a composé ?). Or, dans une étude très provocante de **L'Étranger** de Camus (7), Barrier a déclaré que l'erreur la plus commune des commentateurs de ce livre, c'est d'en parler comme s'il avait été réellement écrit par Meursault. Il en est de même pour **Adolphe.** En plus des deux Adolphe, qui jusqu'à présent nous ont préoccupés, il y a une troisième intelligence à l'œuvre dans ce roman : celle de Constant lui-même. A ce niveau, l'auteur prend une vision des choses qui réunit celles de ses personnages et en corrige les fausses perspectives. Notre registre n'est donc pas double, mais triple : il existe un troisième plan qui correspond au point de vue de l'auteur, lequel s'exprime ouvertement dans les annexes du livre (comme surtout la lettre à l'éditeur où Constant dénonce la passion de l'analyse qui mine la vie morale de son héros) et obliquement à l'intérieur de l'ouvrage, grâce à une profonde ironie de situation qui rend les analyses de l'Adolphe mûri tout aussi inefficaces que les velléités du jeune homme qu'il observe.

Il serait absurde de croire que les romans de Stendhal sont, au même degré qu'**Adolphe**, des autobiographies romancées. Pourtant, comme l'a bien noté Victor Del Litto, "dans toute l'œuvre romanesque stendhalienne, la majeure et la mineure, il y a un élément dominant : l'**égotisme**, ou, en d'autres mots, le besoin de tout ramener à son moi intérieur" (8). Le célèbre "Madame Bovary, c'est moi !" de Flaubert pourrait être facilement adapté pour décrire les rapports qui lient Stendhal à tous ses héros. Chacun de ses êtres incarne les aspirations et les déceptions, les défauts et les mérites de son créateur, de même que la malheureuse Emma met en évidence le drame spirituel de celui qui l'a conçue. Les jeunes personnages stendhaliens sont tous faits à l'image de leur créateur : ce qui différencie un Octave d'un Olivier, un Julien d'un Rastignac, un Lucien Leuwen d'un Adolphe, un Fabrice d'un D'Artagnan, ce qui, à un niveau plus profond, distingue tous ces êtres du prototype qui est à l'origine de leur création (un Julien d'un Berthet, un Fabrice d'un Farnèse, etc.), c'est qu'ils ont l'âme de Beyle. C'est là leur signe distinctif.

Si nous revenons maintenant au parallèle entre les romans de Stendhal et l'Adolphe de Constant, une différence capitale nous frappe immédiatement : la première personne a cédé la place à la troisième. Il y a d'importantes raisons personnelles qui, dans le cas de Stendhal, motivent la préférence pour ce mode de narration. Nous savons - il nous l'a dit lui-même au début de sa **Vie de Henry Brulard** - que Beyle n'aimait pas le pronom **je**, voulant éviter à tout prix l'ennuyeux égocentrisme qu'il attribuait à Chateaubriand. La façon dont il a résolu le problème constitue un chapitre très intéressant de l'étude de Victor Brombert sur **Stendhal : Fiction and the Themes of Freedom** (9). Brombert, ayant fait observer que, grâce aux défauts de son souvenir (qui ont été à cet égard très fructueux), Beyle a souvent été obligé, pour composer **Brulard**, d'avoir recours à son imagination plutôt qu'à sa mémoire, en conclut que l'emploi du conditionnel et l'habitude de s'identifier aux personnages littéraires, procédés typiquement stendhaliens, dérivent chez lui du désir de se projeter dans des situations inventées et des existences différentes pour mieux explorer les ressources de sa propre personnalité (ce que Brombert appelle, très justement, "**a chronic tendency to treat himself as a character**").

Pour Stendhal, la fiction n'est jamais loin de l'autobiographie, de même que les éléments autobiographiques ne sont jamais absents de la fiction. La prédisposition à porter des masques ne constitue donc pas un simple signe de peur chez celui qui, coûte que coûte, veut se dissimuler. Rappelons à ce propos qu'une des premières fonctions du masque - on le voit dans le théâtre grec - n'est pas de cacher, mais de mettre en valeur. "Le pseudonyme de Stendhal, dit Starobinski, n'est pas une fuite dans l'anonymat. C'est un art de paraître... (là)" (10) - observation très éclairante quand on pense à ces autres pseudonymes que sont Julien Sorel, Lucien Leuwen, Fabrice del Dongo, etc. Par surcroît, le masque, dans le théâtre grec et oriental, dénote l'intention d'expliquer les caractères en les identifiant à des personnages typés. Ne serait-ce pas là une possibilité qu'a perçue Stendhal ? Dans ses romans, il a essayé, tout comme on essaie des masques, certaines vies, comme celles d'un Berthet, d'un Farnèse, d'un Olivier, afin de mieux savoir ce qu'il était lui-même.

Mettre un masque et se regarder portant ce masque, s'imaginer dans un rôle et ensuite s'observer jouer ce rôle, c'est là l'origine de la narration à la troisième personne qu'a employée Stendhal dans des circonstances où Constant, pour **Adolphe**, a utilisé la narration à la première. Nous touchons maintenant à un des problèmes fondamentaux du roman autobiographique, c'est celui de l'attention à soi et des diverses formes qu'elle peut prendre dans des circonstances variées. Il y a une phrase d'**Adolphe** qu'il convient de citer à cet endroit : "Je n'avais point cependant la profondeur d'égoïsme qu'un tel caractère paraît annoncer : tout en ne m'intéressant qu'à moi, je m'intéressais très faiblement à moi-même" (11). La distinction est subtile, mais elle est pour nous d'une importance capitale. On peut donc différencier l'intérêt à soi et l'intérêt à soi-même (ce que font, bien entendu, les commentateurs en employant les deux mots **égoïsme/égotisme**). Dans ce contexte, le **moi-même** indique une certaine déférence envers soi, c'est le pronom de celui qui se prend toujours au sérieux et à qui s'applique nécessairement le terme d'**égoïsme**. Le **moi**, c'est le sujet de celui qui s'intéresse à lui, mais comme il s'intéresserait à un autre et sans aucune basse intention de se glorifier. "Stendhal a le plus vif intérêt pour lui-même, dit Claude Roy (auteur précisément d'un **Stendhal par lui-même**). Mais aucune complaisance" (12).

Malgré la narration à la première personne, le double registre qu'a relevé Jean Rousset dans la **Vie de Marianne** et que nous avons examiné dans **Adolphe**, caractérise aussi la narration stendhalienne. Pour Stendhal, le **regardant**, c'est le romancier lui-même ; le **regardé**, c'est le jeune personnage qu'il a façonné selon son propre caractère. Faut-il donc évoquer, comme l'ont fait certains, le complexe de Narcisse pour décrire cet auteur qui a fait de l'observation de soi le centre de son œuvre ? Je pense que non, car le narcissisme implique une inconditionnelle admiration de soi que, nos observations précédentes l'attestent, Stendhal ne possédait aucunement. Si le narcissisme existe dans le roman stendhalien, c'est que c'est la faute de tous les héros (à l'exception de Fabrice), faute que Stendhal était prompt à dénoncer. Le pire cas est évidemment celui d'Octave de Malivert, qui aurait aimé vivre entouré de miroirs et dont la destinée tragique se résume dans les mots suivants qu'il prononce lui-même : "Je n'avais pour moi que ma propre estime (...), je l'ai perdue" (13). "Se préférer - voilà la faute" : combien lui est pertinente cette affirmation du **Traité du Narcisse** d'André Gide que cite Jean-Pierre Bruyas (14). Beyle s'intéressait à lui, mais il était trop sensible à ses propres faiblesses pour manifester cette préférence de soi tout à fait sans réserve qui, aux yeux de Gide, est le trait essentiel de Narcisse. Ajoutons que le double registre implique une certaine distance de soi à soi qui, en général, détruit les conditions nécessaires à cette absorption en soi-même sans laquelle ne peut exister l'infatuation narcissique. C'est uniquement lorsque les deux registres coïncident, en d'autres termes lorsqu'ils deviennent un (le double registre, à proprement parler, disparaissant complètement), que le narcissisme devient possible, pour ne pas dire inévitable. Citons à titre d'exemple le chevalier Des Grieux. Pendant toute la narration de son récit, le point de vue du Des Grieux qui relate les événements, à la différence de celui de la vieille Marianne et de l'Adolphe mûri, correspond exactement à celui du jeune homme qui les vit. Jamais le narrateur fictif de Manon ne se blâme, jamais il ne prend les distances qu'il faut pour se critiquer. Les constants "alors" et "maintenant" de Marianne n'ont pas de sens pour lui : tel qu'il était, il l'est toujours, et c'est justement cela qui détermine la perspective dans laquelle il raconte son histoire.

Stendhal était-il capable d'une telle absence de sens critique envers lui ? Je crois avoir répondu négativement à cette question. Mais si une dernière preuve est nécessaire, considérons le portrait suivant. Il est tiré d'un rapport fait pour la police en 1814 :

"Rapport sur M. Beyle, auditeur.

C'est un gros garçon, âgé de 31 ans, qui loge rue Neuve du Luxembourg, n° 3. Ses connaissances sont MM. Crozet, Faure, de Bellisle, de Borral, de Mareste, de Courtivron, Mure.

Il va très rarement dans les salons. Les maisons qu'il fréquente sont celles de Mme Dasu, de Mme Pallavicini, de Mmes de Baure et Lebrun, ses parentes, de Mme Longueville.

Il va beaucoup au spectacle et vit toujours avec quelque actrice. Quand il n'est pas en mission, il travaille quatre à cinq heures par jour à des extraits historiques et à des notes sur des voyages. Il a pour copiste un mauvais sujet nommé Fougeol.

Il a vécu longtemps avec une actrice de l'Opera Buffa, avec laquelle il paraît qu'il a rompu. Il ne manque jamais une représentation de l'Opera Buffa. Il passe ses soirées là ou au Français.

Il déjeune toujours au café de Foy, dîne aux Frères Provençaux.

Il achète beaucoup de livres. Il rentre tous les soirs à minuit" (15).

Pendant longtemps les commentateurs se sont demandé qui était l'auteur de ce petit tableau si exact et si spirituel. C'est grâce à la perspicacité de cet inlassable chercheur François Michel qu'on a résolu l'énigme : ce dernier avait des soupçons qui se sont vérifiés en confrontant les écritures. L'auteur de cet extrait était en réalité Stendhal lui-même ! (16).

Cette petite anecdote jette une lumière très révélatrice sur l'attitude de Stendhal envers lui-même - et par conséquent envers ces personnages dans lesquels il s'est projeté. Même quand c'est lui-même qu'il regarde, c'est avec une exactitude sans indulgence, assaisonnée d'un humour qui tend à l'ironie (notons, par exemple, que la qualité personnelle qui lui déplaisait le plus était son embonpoint mais que c'est cela qu'il mentionne en premier : "on n'est jamais mieux servi que par soi-même", dit Del Litto (17), ne serait-il peut-être pas plus exact de dire qu' "on n'est jamais mieux desservi que par soi-même" ?). Cette honnêteté à tout prix, ce refus de se présenter meilleur qu'il n'est, est son antidote contre l'égoïsme obsessionnel qui pour lui caractérisait Chateaubriand. Mais il ne fallait pas aller trop loin dans la direction contraire. Poussé trop loin, le désir scrupuleux d'être exact peut aboutir à l'objectivité prétendument scientifique des naturalistes ou, pis encore, à l'ironie mordante et au détachement presque inhumain d'un Anatole France. Stendhal n'ignorait pas ce danger ; aussi n'a-t-il pas caché son antipathie, comme l'a bien fait remarquer Jules Alciatore (18), pour l'ironie voltairienne qu'il trouvait trop méchante. Revenons au passage précité pour signaler que, bien que l'auteur ne nous cache nullement ses fautes, allant jusqu'à s'en moquer comme pour mieux les faire ressortir, l'impression qu'il nous donne est néanmoins très favorable. On ne peut s'empêcher d'aimer ce gros bonhomme qui a un faible pour les actrices. L'ironie avec laquelle Stendhal se regarde lui-même - et regarde aussi ses héros - contient toujours une chaleur affectueuse. Son attitude est celle d'un père compréhensif mais pas indulgent et qui sourit doucement en voyant les égarements et les maladresses de ces êtres qu'il aime tant, les ayant créés lui-même.

L'ironie **paternelle** que Stendhal éprouve pour ces personnages chez lesquels il a réalisé le potentiel de son âme s'affirme, à l'intérieur des romans, dans les commentaires d'auteur qui accompagnent l'action (19). Assez rares dans **Armance** (sans doute à cause de la délicatesse du sujet), ceux-ci deviennent, à partir du **Rouge,** plus nombreux et plus importants dans la structure du roman. En fait, on y observe pour la première fois cet équilibre très subtil entre le **monologue intérieur** (dont la fonction a été indiquée par Georges Blin (20) et analysée en détail par Dominique Trouillet (21)) et les intrusions du romancier, équilibre qui est le propre du style stendhalien et qui, notons-le en passant, permet au romancier de se forger une narration à mi-distance entre la première et la troisième personnes et qui participe des qualités de ces deux modes narratifs (22).

Déjà, dans **Le Rouge,** on s'aperçoit que la voix qui commente l'intrigue a un caractère bien défini qui, après un certain temps, devient facile à identifier. On se fait aisément une image de l'homme qui parle : il est intelligent, sophistiqué, sûr de lui, spirituel mais tendre. Constatons, entre parenthèses, que le besoin de se référer à un autre plus expérimenté que lui et sur le jugement duquel il peut compter est une tendance plutôt caractéristique de Stendhal - l'exemple le plus notable se trouve dans le premier chapitre de **Brulard** : ''Qu'ai-je donc été ? Je ne le saurais. A quel ami, quelque éclairé qu'il soit, puis-je le demander ? M. di Fiore lui-même ne pourrait me donner d'avis'' (23). Qui est cet homme à qui Stendhal songe à se confier pour résoudre les mystères de sa personnalité. François Michel nous le dit : ''Stendhal n'a pas caché, notamment dans sa correspondance, les sentiments d'affection quasi-filiale qui l'attachaient à di Fiore. Ils étaient faits non seulement de reconnaissance pour le service rendu en 1830, mais encore assurément d'une estime profonde pour l'homme, pour l'excellence de ses conseils, pour sa philosophie : ''Votre haute sagesse'' lui écrivait-il en 1833. Nul doute que le Napolitain ait été pour lui comme une sorte de guide paternel'' (24). Tel est le beau rôle que s'est désigné l'auteur du roman stendhalien, ainsi que certains de ses apartés permettent de le vérifier, comme celui-ci, tiré de **Lucien Leuwen** : ''Un homme sage lui eût dit : ''Avancez un peu plus dans la vie, vous verrez alors d'autres aspects des choses ; contentez-vous, pour le moment, de la manière vulgaire de ne nuire méchamment à personne ; réellement, vous avez trop peu vu de la vie pour juger de ces grandes questions ; attendez et buvez frais'' '' (25). Il va de soi que cet homme sage que Stendhal cite avec autorité et approbation, c'est lui-même - ou correspond plutôt à une certaine image qu'il s'est faite de lui-même. Cette distinction s'éclairera, si nous empruntons la terminologie qu'emploie Wayne C. Booth dans sa **Rhetoric of Fiction.** Afin de mettre au point la question de la présence de l'auteur dans son œuvre, Booth se sert de l'expression **the author's second self** (ou **the implied author**) (26), termes que nous pouvons bien expliquer en nous rapportant à **Jacques le Fataliste** (27). Or, l'auteur de ce livre est, évidemment, Diderot. Il se trouve, cependant, dans l'ouvrage même, un ''auteur'' qui, constamment, nous adresse la parole et dont les dialogues avec le lecteur deviennent un élément très important du livre. Cet ''auteur'' ne correspond sûrement pas exactement à Diderot : il est plutôt une création de celui-ci, un personnage qui a été introduit pour les besoins de l'action. C'est pour distinguer un tel auteur-personnage de l'auteur réel que Booth a choisi les termes que nous venons de citer. On s'aperçoit tout de suite, en ce qui concerne Stendhal, de l'utilité de cette terminologie. **The author's second self**, nous l'avons déjà reconnu, dans le roman stendhalien, en le personnage du commentateur expérimenté. Il importe de noter, du reste, que ce dernier, loin d'être content de rester en marge de l'histoire, brûle d'y participer. C'est à cette impulsion que nous devons la création d'un Leuwen père, d'un Mosca, d'un docteur Sansfin. Et il est essentiel de constater que ce personnage prend de plus en plus d'importance, à tel point que, dans **Lamiel**, il supplante le jeune protagoniste pour devenir le personnage principal du roman, fait qui a été récemment mis en relief par une étude comparative des deux **Lamiel** entreprise par F.W.J. Hemmings (28).

Il peut sembler maintenant que le roman stendhalien soit axé sur l'inévitable dialectique entre la vieillesse et la jeunesse (c'est-à-dire entre le savoir et le pouvoir), dialectique où l'avantage est à la vieillesse, le jeune héros ayant pour rôle d'illustrer les erreurs que l'observateur expérimenté est si habile à prévoir. Cela est sans doute vrai - mais jusqu'à un certain point, seulement. Ne serait-il pas légitime de nous demander s'il n'y a pas, pour le roman stendhalien comme pour **Adolphe**, un troisième registre, un point de vue qui transcende les deux autres et qui nous mette en mesure de les évaluer ? C'est ce qu'on attendrait, étant donné nos observations sur la terminologie de Wayne C. Booth. Jusqu'ici notre attention s'est concentrée sur **the author's second self** (sous la forme de l'observateur sophistiqué). Du véritable auteur, de celui qui a créé et le personnage principal et le commentateur ironique, nous n'avons presque rien dit. En vérité, si l'on étudie de près le développement de l'action et les implications morales qu'on peut en tirer, on se rend compte qu'il y a, pour tous les événements, un troisième point de vue qui est impliqué dans l'histoire même. Rappelons que les observateurs ironiques semblent toujours devoir leur supériorité morale au fait qu'ils en savent plus long que les héros naïfs : ce qui leur donne raison, c'est que les jeunes protagonistes semblent toujours avoir tort. Cependant, les circonstances du récit ont une tendance fort curieuse à renverser cet état des choses. Voici, par exemple, comment Pierre-Georges Castex décrit ce que nous présente l'auteur du **Rouge et Noir** : "Ainsi fait-il de son personnage un héros tragique, aux prises avec un destin qu'il a voulu modeler, qu'il doit un moment subir et qu'il finit par maîtriser" (29). L'histoire ainsi résumée n'a pas du tout l'air d'être celle d'un échec tragique : ce que nous relate Stendhal n'est pas la défaite mais le triomphe moral de son personnage. Il en est de même pour les autres héros : malgré la désillusion de Waterloo, Fabrice crée, au nom de l'amour, une épopée héroïque que Mosca n'égalera jamais ; et Lucien, séducteur si inefficace, réussit quand même à se faire aimer d'une passion qu'un don Juan n'inspire que fort rarement. Seul Octave ne paraît pas obéir à la règle générale - mais même lui, pendant ses promenades avec Armance près de l'oranger, découvre un bonheur délicieux pareil à celui de Julien à Vergy, mais sans apprendre, comme Julien, le secret de le retrouver et de le faire durer.

Il est très clair, d'ailleurs, que les succès les plus éclatants des jeunes héros résultent presque toujours de leurs erreurs. Pour l'esprit raisonnable et raisonnant, il n'y a rien de plus absurde que le crime de Julien et sa tirade devant ses juges, la conduite maladroite de Lucien auprès de Mme de Chasteller, la réaction qui renvoie Fabrice à la prison à laquelle il vient d'échapper. Et pourtant, ce sont là trois destinées exemplaires, car ces jeunes gens nous font voir tout ce qui fait que la vie vaut la peine d'être vécue. La raison a ses limites, et c'est une des fonctions des

2

jeunes héros de le démontrer. La création stendhalienne repose donc sur un paradoxe, un renversement des valeurs qui ressemble en quelque sorte à une volte-face. S'étant mis en scène dans la personne de l'observateur cynique, Stendhal se plaît à donner tort à son porte-parole en laissant le dernier mot, pour ainsi dire, à ses héros. "Ce besoin impérieux de sa nature l'a suivi toute son existence. Il fallait qu'il contredît et qu'il contrariât", dit Émile Faguet - méchamment mais non sans raison (30). Car c'était d'habitude en prenant le contre-pied des choses que Beyle en arrivait à la vérité - et cela en allant, s'il le fallait, jusqu'à prendre le contre-pied de lui-même.

Pour trouver le meilleur exemple de cette tendance, il suffit d'examiner le dernier en ligne des observateurs cyniques dans le roman stendhalien : le docteur Sansfin. Celui-ci est le personnage qui, en se faisant tout délibérément le mentor spirituel de l'héroïne, a poussé le plus loin la volonté d'exercer sa suprématie. Cependant, nous savons que le cynisme de Lamiel (qu'a bien cultivé Sansfin pour en faire une véritable philosophie de la vie) est une méconnaissance que le romancier entendait corriger en faisant subir à la jeune femme un grand amour qui animerait son cœur. Qui plus est, le renversement des valeurs dont je viens de parler se double ici d'un véritable renversement des caractères : dans **Lamiel** c'est le jeune protagoniste qui fait preuve de cet esprit désabusé qui, auparavant, était l'apanage des commentateurs expérimentés ; tandis que Sansfin devient un personnage plutôt comique, comme l'étaient Julien amant et Fabrice soldat.

On est à même d'apprécier maintenant la véritable complexité des éléments autobiographiques du roman stendhalien. Lamiel, comme tous les jeunes protagonistes, est créée à l'image de Beyle (encore que ce soit une image idéalisée) ; mais Sansfin, encore plus peut-être qu'un François Leuwen ou qu'un comte Mosca, ressemble aussi à son créateur ; on le voit surtout lorsque, à l'instar de Brulard, il dessine dans les cendres les initiales des femmes qui l'ont fait souffrir pour l'amour. Auquel de ces deux personnages Stendhal peut-il vraiment être identifié ? Nous avons assez vu que la création du commentateur expérimenté répond, chez Stendhal, au besoin de prendre ses distances avec ces jeunes personnages à qui il se sentait déjà trop étroitement lié. Toutefois, l'exemple du docteur Sansfin nous fait comprendre que Stendhal ne voulait pas non plus être confondu avec cet observateur cynique qu'il a rendu grotesque et ridicule et à l'égard de qui il en use avec une ironie semblable à celle qu'emploient les commentateurs ironiques pour railler les jeunes héros. Dans un sens, Stendhal **est** son héros, de même qu'il **est** le commentateur ironique, mais sans être exclusivement ni l'un ni l'autre. Si nous voulons découvrir le point de vue de l'auteur lui-même, il faut reculer encore un peu afin d'obtenir cette vision globale des choses qui est, pour paraphraser Wayne C. Booth, celle de **the author's one self**.

Graham C. JONES
Université de New England (Australie)

Notes

1. Voir " Marivaux ou la structure du double registre " in Rousset (Jean). **Forme et Signification**. Paris, J. Corti, 1964, pp. 45-64.

2. Ibid., p. 52.

3. **La Vie de Marianne**, Garnier, p. 377.

4. Cette question du " décalage d'un temps de l'expérience et d'un temps de la narration " a été profondément analysée par Jean Rousset - voir sa **Forme et Signification**, p. 53 ; et le chapitre consacré à ce sujet dans son **Narcisse romancier. Essai sur la première personne dans le roman** (Paris, J. Corti, 1973, pp. 83-91), lequel s'intitule précisément " Le Passé et le Présent : l'exemple de Marivaux ".

5. **Carnets I**, Gallimard, p. 41.

6. **Adolphe**, Garnier, pp. 60-61.

7. M.G. Barrier, **L'art du récit dans L'Étranger d'Albert Camus**, Paris, éd. Nizé, 1962.

8. Préface, **Romans et Nouvelles**, livre de poche, p. 9.

9. Le chapitre en question s'appelle " The Temptations of Autobiography " (in **Stendhal : Fiction and the themes of freedom**. New York, Random House, 1968).

10. " Stendhal pseudonyme ", **Les Temps modernes**, 7e année, octobre 1957, p. 577.

11. Op. cit., p. 22.

12. **Stendhal par lui-même**, Paris, Éditions du Seuil, 1951, p. 16.

13. **Armance**, Éditions Rencontre, p. 167.

14. **La Psychologie de l'adolescence dans l'œuvre romanesque de Stendhal**. Aix-en-Provence, La Pensée universitaire, 1967, p. 269.

15. Cité par V. Del Litto, **La Vie de Stendhal**, collection " Vies et Visages ", Éditions du Sud et Éditions A. Michel, 1965, pp. 189-190.

16. Voir " Le policier qui espionna Monsieur de Beyle " in Michel (François), **Études stendhaliennes**, Paris, Mercure de France, 1958, p. 17 et suiv.

17. **La Vie de Stendhal**, p. 189.

18. Voir son " Stendhal et les romans de Voltaire ", **Stendhal Club**, no 10, janvier 1961, pp. 15-23.

19. Si je résume ici certaines idées que j'ai présentées plus minutieusement dans mon **Ironie dans les romans de Stendhal** (Lausanne, Librairie du Grand-Chêne, 1966), c'est qu'elles sont essentielles à l'argument que je suis en train de développer.

20. **Stendhal et les problèmes du roman**, Paris, J. Corti, 1954, p. 147.

21. " Le monologue intérieur dans " Le Rouge et le Noir " " ", **Stendhal Club,** nº 43, avril 1969.

22. C'est ce qu'a bien noté Jean Rousset (voir, par exemple, ses observations sur le **récit** et le **discours** dans le " Préambule semi-théorique " de son **Narcisse romancier** et surtout la page 18 où il est question de Stendhal).

23. **Vie de Henry Brulard,** Cercle du Bibliophile, XX, p. 5. De façon analogue, dans le même chapitre, Beyle, dans une petite digression fantaisiste, songe à se référer à Montesquieu.

24. **Études stendhaliennes,** p. 50.

25. **Lucien Leuwen,** Éditions Rencontre, I, p. 101. Cette observation n'est rien d'autre qu'une variante du **Vous tendez vos filets trop haut,** conseil que di Fiore a donné à Beyle - et que celui-ci s'est souvent donné à lui-même.

26. **The Rhetoric of Fiction.** University of Chicago Press, 1961, p. 70 et suiv.

27. Booth utilise, dans le même but, l'exemple de Henry Fielding.

28. " A propos de la nouvelle édition de " Lamiel " " ", **Stendhal Club,** nº 60, juillet 1973.

29. **Le Rouge et le Noir,** Paris, Société d'Édition d'Enseignement supérieur, 1967, p. 153.

30. **Politiques et moralistes du dix-neuvième siècle,** troisième série, Paris, Société française d'Imprimerie et de Librairie, 1900, p. 4.

Stendhal
et les problèmes de l'autobiographie

Le titre de ce colloque pose un problème de définition : le mot "autobiographie" semble pris en des sens assez différents dans les titres des diverses communications. Une définition précise aurait l'avantage d'éviter des malentendus dans les discussions, de permettre de savoir quel type de questions nous devons nous poser ici sur Stendhal, enfin de donner l'occasion de situer Stendhal non plus par rapport à lui-même, mais dans l'évolution du genre autobiographique.

I – DEFINITION

Stendhal lui-même semble n'avoir jamais employé le mot "autobiographie". Il y a à cela une raison très simple. Ce mot est un néologisme qui a pris naissance en Angleterre et en Allemagne vers 1800 et s'est répandu très lentement en Europe dans le vocabulaire de la critique, avec des significations très diverses et flottantes. Ce n'est qu'après 1850 qu'il devient d'un usage courant et qu'il commence à entrer dans le système de classification des genres (1). Il n'y a donc aucun sens "stendhalien" du mot autobiographie. Nous n'avons pas la possibilité, comme pour le mot "égotisme", dont Stendhal avait infléchi et marqué le sens, de nous appuyer sur une analyse des occurences du mot chez notre auteur, de nous retrancher derrière son autorité. C'est à nous de prendre, en toute clarté, la responsabilité de la définition.

Or ce mot a été employé, est aujourd'hui employé, dans des sens assez différents. La confusion est augmentée par l'existence de l'adjectif "autobiographique" dont les emplois sont beaucoup plus vastes et vagues que ceux du substantif, sur lequel ils ont naturellement tendance à déteindre. Je vais évoquer les principaux sens qu'on peut donner au substantif, depuis le plus large jusqu'au plus étroit, auquel je proposerai de donner la préférence :

a) tout emploi de la première personne ou d'un procédé de présentation directe d'un problème quelconque. C'est alors toute l'œuvre de Stendhal qui serait impliquée : récits de voyage, pamphlets, traité **De l'amour** aussi bien que les œuvres de fiction et les œuvres proprement intimes. Aucun texte ne resterait en dehors. Georges Blin a fait le tour de ce problème de "l'intrusion d'auteur", de sa fonction narcissique et auto-protectrice, et de la manière dont elle se déplace dans les champs les plus divers, le discours de la conversation et l'écriture du journal intime apparaissant comme la matrice de tous les textes stendhaliens.

Peut-être le mot "autobiographie" convient-il mal pour désigner ce trait distinctif qu'il suffit de caractériser en termes psychologiques (narcissisme, égotisme) si l'on veut étudier le comportement qu'il manifeste, ou en termes de poétique si l'on vise les procédés mis en œuvre : discours à la première personne, intrusion d'auteur.

b) toutes les œuvres de l'auteur dont l'auteur lui-même est le **sujet** principal et délibéré : c'est insister alors plus proprement sur la réflexivité qu'implique le préfixe **auto-**, et désigner le champ de ce qu'on a appelé, dès la fin du XIXe siècle, littérature personnelle ou littérature intime. Cela permettrait de délimiter un corpus de textes cohérents, fondé sur l'existence du pacte autobiographique (identité de l'auteur, du narrateur et du personnage), regroupant : le journal intime, la correspondance, les essais d'autoportraits (**Souvenirs d'égotisme**) et les mémoires et souvenirs - c'est-à-dire tout ce que l'édition de la Pléiade a réuni sous le titre d'**Oeuvres intimes**. Même s'il est vaste et divers, ce sens est cohérent puisqu'il regroupe des textes écrits dans la perspective d'un projet unique et bien défini - se peindre directement.

c) souvent les critiques, de leur propre initiative, considèrent comme étant ''autobiographiques'' les œuvres de fiction, liant l'auteur par un pacte qu'il n'a pas conclu : les héros des romans seraient des doubles, des projections virtuelles de l'auteur. C'est ce qu'exprimait A. Thibaudet (2) quand il qualifiait le roman d' ''autobiographie du possible''. Cette attitude est très répandue, elle l'était déjà au XIXe siècle, mais le développement d'une histoire littéraire qui a tendance à voir dans ''l'auteur'' la source de l'œuvre, et la publication systématique des écrits intimes, ont favorisé ce genre de lecture, que les auteurs se sont mis à encourager eux-mêmes. Ainsi se crèe ce que j'ai appelé à propos de Gide un ''espace autobiographique'' : un contrat de lecture, plus ou moins accepté ou suggéré par l'auteur, amène le lecteur à interpréter systématiquement tous les aspects du texte comme les jeux d'une figure centrale qui serait le moi de l'auteur (3). Dans le cas de Stendhal, la chose est fort tentante, surtout pour nous qui connaissons l'ensemble des œuvres intimes que les contemporains ignoraient.

d) il existe enfin un sens beaucoup plus restreint, plus précis, étymologiquement plus exact, et le seul qui soit employé dans le cadre des classifications des genres. L'autobiographie est la **biographie** d'un individu écrite par lui-même. Contrairement à ce que croient certains étymologistes, autobiographie ne vient pas du grec (auto + bios + grapheîn), mais simplement du mot biographie (créé dans les différentes langues européennes au début du XVIIIe siècle), auquel on a ajouté le préfixe auto-. Ce néologisme a été introduit pour rendre compte de l'apparition d'œuvres qui, tout en se présentant extérieurement comme des **mémoires**, avaient un trait distinctif, leur caractère intime : le centre d'intérêt principal n'était plus un complexe d'événements historiques auxquels, en tant qu'acteur ou témoin, l'auteur avait participé, mais l'histoire même de sa personne. L'autobiographie apparaît alors comme une sous-division du genre des mémoires. Il existe un seul texte de Stendhal qui corresponde pleinement à ce sens : la **Vie de Henry Brulard**.

Je choisirai ce dernier sens : il a l'avantage d'être précis, de permettre de poser clairement une série de problèmes, - et aussi de sortir du cercle clos des productions stendhaliennes en confrontant l'autobiographie de Stendhal à celles d'autres auteurs. Rien n'empêche, naturellement, à partir de ces analyses précises, de poser ensuite les problèmes plus vastes qu'impliquaient les trois premières définitions que j'ai écartées.

Isoler ainsi la **Vie de Henry Brulard** n'est pas un acte arbitraire. Certes, Stendhal n'emploie jamais le mot autobiographie, et on ne saurait lui faire cautionner ce dernier sens du mot plutôt qu'un autre. Mais le problème que pose ce sens existait pour lui, et il l'exprime en se servant du vocabulaire classique des "**mémoires**", champ lexical dans lequel le mot autobiographie viendra se placer. Il avait parfaitement conscience du fait que la **Vie de Henry Brulard** était un livre à part, appartenant à un genre bien défini, pour lequel existait ce que les poéticiens appellent "un horizon d'attente" : le récit synthétique de l'ensemble de la vie de quelqu'un, écrit par lui-même pour retrouver ses origines et dégager le sens de sa vie. J'en donnerai trois genres de preuves différents :

1) en 1831, dans une amorce d'autobiographie, il signale lui-même que le récit qu'il fera de sa vie n'est qu'un cas particulier de la biographie. Certes il s'agit d'un texte à fonction d'excuse, d'une entrée en matière apologétique, mais qui souligne ce qu'ont en commun les deux genres : la visée totalisatrice (une **vie**, c'est une totalité).

"J'ai écrit les vies de plusieurs grands hommes : Mozart, Rossini, Michel-Ange, Léonard de Vinci. Ce fut le genre de travail qui m'intéressa le plus. Je n'ai plus la patience de chercher des matériaux, de peser des témoignages contradictoires, il me vient l'idée d'écrire une vie dont je connais fort bien tous les incidents. Malheureusement, l'individu est bien inconnu, c'est moi.

Je naquis à Grenoble le 23 janvier 1783..." (4).

En somme Stendhal se propose de passer de la biographie à l'**auto**-biographie ; s'il n'emploie pas le mot, l'idée est là.

2) quand, à partir de 1831, il envisage d'écrire sa "vie", il a à l'esprit un certain nombre de modèles : toute la tradition littéraire des **Mémoires** et des **Confessions**, genre dont il était très friand. On écrit son autobiographie à partir de l'expérience qu'on a faite de l'écriture dans d'autres genres (roman, journal intime), mais aussi à partir de la lecture d'œuvres qui sont, non point des modèles, mais des points de repère, par rapport auxquels on va définir l'originalité de sa propre tentative. On peut faire un inventaire rapide des admirations et des dégoûts de Stendhal :

— chez les Italiens, la **Vie** de Benvenuto Cellini, qu'il admire comme modèle de franchise et d'énergie, conduisant à une gloire posthume analogue à celle qu'il désire obtenir lui-même en 1885 ou en 1935 (5) ; les chroniques et mémoires qu'il déniche dans les Archives, par exemple les **Confessions** de Don Ruggiero, dont il dit qu'elles ressemblent à celles de Rousseau (6) ;

— toute la tradition des mémorialistes français qui fut sa plus constante lecture (7), et naturellement surtout Retz et Saint-Simon ;

— parmi les modernes, dont les textes sont plus proches de ce qu'il envisage d'écrire (ne serait-ce que par la place capitale accordée au récit d'enfance), il y a naturellement Rousseau, inévitable terme de référence pour tout autobiographe (8), et les **Mémoires** de Madame Roland, qui fait justement partie de ce public idéal auquel il destine la lecture de ses mémoires (9) ; quant aux modèles négatifs, ce sont ce "jésuite de Marmontel" (10) et Chateaubriand, "ce roi des **égotistes**", dont Stendhal a pu lire, à défaut des **Mémoires d'Outre-tombe**, les récits de voyage et la "Préface testamentaire" (11). Il s'intéressait à tous les livres de **mémoires** qui paraissaient, et prévoyait le développement du genre (12).

3) les termes mêmes qu'il emploie pour désigner son autobiographie montrent qu'il a conscience des exigences du genre. Il n'appellera pas **Mémoires** le texte qu'il écrit en 1832, mais simplement **Souvenirs d'égotisme**, titre restrictif ; c'est simplement un ''petit **mémoire** de ce qui m'est arrivé pendant mon dernier voyage à Paris'' (13). Un mémoire, non des **mémoires**. Il manque à ce texte d'envisager la vie dans ses origines, et dans son développement. Quand il s'agit de son autobiographie en revanche, il emploie constamment le mot **Mémoires**, et quelquefois **Confessions**. Le titre lui-même **Vie de Henry Brulard écrite par lui-même** emploie la formule traditionnelle utilisée depuis deux siècles dans les titres de **Mémoires**. Et s'il parle de ''roman'', c'est dans une perspective de supercherie burlesque, simple farce destinée à la police (14).

''Mémoires'' ou ''confessions'' dans le vocabulaire de Stendhal, ''autobiographie'' dans le nôtre : la transformation du vocabulaire ne doit pas nous cacher qu'il s'agit d'un genre bien défini, qui a son code, ses traditions, ses problèmes. Mémoires et autobiographie se définissent d'abord par leur place chronologique et leur fonction dans la vie de leur auteur (et dans son écriture, si cet auteur est un écrivain). On écrit son journal dès son plus jeune âge, et on peut l'écrire toute sa vie durant. L'autobiographie, elle, est toujours un acte second : c'est, pour les écrivains (15), une écriture qui ne peut venir qu'après une autre forme d'écriture, qui correspond à une phase ultérieure du développement de leur projet. L'autobiographie n'est pas forcément l'acte ultime de l'écrivain : l'exemple de Stendhal, de Gide, de Green et de bien d'autres le prouve. Mais elle vient toujours **après** une première et plus indirecte ou plus impersonnelle réalisation de soi. Schématiquement, le modèle (dont on peut vérifier la pertinence sur des œuvres comme celles de Rousseau, de Gide, de Sartre, de Leiris et de bien d'autres) serait le suivant :

premier temps : l'enfance (temps sans écriture). C'est le temps de l'origine et de la formation de la personnalité. Le propre de ce temps, qui sera le sujet même de l'autobiographie, c'est d'être à la fois fondamental, mais, pour nous, insaisissable en dehors de l'après-coup.

second temps : l'écriture première. C'est le temps de la projection : l'écrivain essaie de construire son système de valeurs, de décider du sens de sa vie et d'élaborer sa vision du monde au moyen d'une écriture qui prend pour objet le monde extérieur, et pour moyen la fiction ou le discours théorique. Ainsi chez Rousseau ou Sartre, cette phase essentielle est celle de l'élaboration d'une anthropologie (les **Discours**, l'**Émile**, le **Contrat social** ; **L'Etre et le néant**) soutenue par un jeu de fictions (**La Nouvelle Héloïse** ; **La Nausée, Les Chemins de la liberté**). En même temps qu'il élabore sa vision du monde, l'écrivain est amené, comme chacun, à décider pratiquement du sens de son enfance à la lumière de son expérience et de ses problèmes d'adulte.

troisième temps : l'écriture seconde. C'est le temps de la rétrospection. L'écrivain retourne sur lui-même les instruments qu'il avait d'abord forgés sans référence explicite à son propre cas : méthode et système anthropologiques, techniques narratives élaborées dans la fiction. Il se met à parler de son origine, en se servant du langage qu'il a élaboré à partir d'elle, mais aussi à la lumière de son expérience ultérieure ; c'est un moment vertigineux, où l'enfance prend le double statut d'objet du discours et de source du discours. Mais l'autobiographie n'est pas simple rétrospection, elle effectue une synthèse, une totalisation : origine du discours dont elle est en même temps l'objet, l'enfance n'apparaît en effet qu'à travers l'après-coup dans le langage d'un adulte, ici, maintenant. Le sujet de l'autobiographie ne saurait être le passé-en-soi, mais le passé tel qu'il existe dans le présent.

C'est là un schéma très grossier, qui demanderait bien des nuances dans chaque cas particulier : mais il a l'avantage de souligner l'aspect de synthèse dialectique de l'acte autobiographique. Paul Valéry écrivait : "On commence par écrire ses désirs, et l'on finit par écrire ses Mémoires" (16), formule qui suggère un parallélisme et une opposition trop simple. Écrire l'histoire de ses désirs, ce n'est pas renoncer à désirer. Pour parler en termes sartriens, faire l'histoire de son "projet" est en même temps une manière de continuer à élaborer et à modifier ce projet.

Produit d'un acte totalisateur, l'autobiographie est un texte à la fois fascinant et irritant. Fascinant parce que dans la production d'un auteur, c'est le seul texte où l'on puisse le saisir tout entier, le seul qui, en quelque sorte, englobe et implique tous ses autres textes. Aussi la **Vie de Henry Brulard** semble-t-elle le livre le plus cher au cœur des vrais stendhaliens, des happy few (17). Mais en même temps, ce texte dialectique et circulaire fonctionne comme un double piège pour le lecteur, auquel il inspire des attitudes tour à tour trop soupçonneuses ou trop confiantes, qui sont également naïves. Nombre de lecteurs soupçonnent l'autobiographe d'avoir "déformé" son enfance (surtout si le monde de l'enfant est soit trop idéalisé, soit présenté de manière trop critique et satirique, comme c'est le cas pour Stendhal ou pour Sartre) : comme si eux, lecteurs, connaissaient la forme authentique de l'enfance-en-soi, et comme si ce travail permanent que nous faisons tous pour construire notre passé était une imposture et non la loi même de la vie. Mais, séduits par l'évidence du témoignage, ils auront en même temps tendance à accepter ces récits comme documents historiques. Cela se voit bien au niveau du travail des biographes : la tentation est grande, quand on écrit la vie d'un contemporain qui a écrit son autobiographie, de le croire sur parole, et d'ouvrir les guillemets (18). Dans les deux cas, l'erreur est de n'envisager le texte que comme document sur le passé et de négliger sa situation dialectique. Utilisé comme documents, ou révéré comme le nombril sacré de l'œuvre, le texte autobiographique finit bien souvent par n'être pas considéré en lui-même. C'est dire l'intérêt du présent colloque, auquel je voudrais collaborer en indiquant quelques directions de recherche. Sous la forme d'un catalogue, d'esquisses rapides ou de simples suggestions, j'évoquerai, parmi tous les problèmes que pose l'autobiographie stendhalienne, ceux que j'aimerais étudier.

II - PROBLEMES

1 - Histoire du projet autobiographique de Stendhal

J'entends ici naturellement "autobiographique" au sens étroit et précis que j'ai défini : histoire synthétique de la vie d'un individu écrite par lui-même, histoire qui implique retour à l'origine, c'est-à-dire au **récit d'enfance**. Notre étude consisterait à étudier non pas l'enfance de Stendhal, mais l'évolution de son attitude en face de son enfance, et en général en face du passé. Comme il arrive souvent, Stendhal s'est défini par opposition à son enfance, dans un projet d'avenir où il espérait **devenir** enfin lui-même. Il est naturel que pendant l'adolescence et l'âge d'homme, l'enfance lui soit apparue non comme quelque chose à sauver et à retrouver, mais comme quelque chose dont il fallait se débarrasser et se détacher.

C'est seulement dans une phase ultérieure et déclinante, où la possibilité même de l'avenir s'estompe, qu'un mouvement de retour s'effectue pour retrouver l'origine effacée et reconnaître que, jusque dans le projet de se détacher de son enfance, et dans la manière dont on est allé de l'avant à la chasse au bonheur, on a été fidèle à son enfance. Ce schéma est celui de la plupart des projets autobiographiques. Il faut bien voir qu'il comporte deux dimensions : la plus apparente est la dimension psychologique individuelle, reflétant la succession des "âges de la vie" et de leur attitude différente en face du temps ; l'autre, trop souvent négligée, est la dimension **politique** : une vie ne se déroule pas seulement dans le temps physiologique ou psychologique, mais dans l'histoire. La **Vie de Henry Brulard** est un dialogue de la France de 1789 avec celle de la Monarchie de Juillet, exactement comme les **Mémoires d'Outre-tombe** sont un dialogue de l'ancien régime et des temps modernes.

C'est dans le cadre du journal intime qu'il faudrait d'abord étudier la "rétrospection" stendhalienne. Miroir narcissique et régulateur de la vie immédiate, le journal est en même temps écrit dans la perspective d'une future rétrospection. Stendhal se donne souvent des rendez-vous dans l'avenir : ce qu'il écrit lui servira, dans dix ans, pour faire le point, pour voir combien il était ridicule, s'il a fait des progrès, etc. L'écart temporel de la re-lecture est prévu, Stendhal se servant du fantasme de son "moi futur" exactement comme du fantasme de la postérité (le lecteur de 1880, de 1935), pour s'arracher au présent et affirmer son système de valeur intime et social en supposant qu'il sera mieux réalisé dans son avenir personnel ou dans celui de la société. La différence du "moi futur" et du lecteur de 1880, c'est que le premier est éventuellement "vérifiable" tandis que l'autre est par définition purement mythique. Le temps passant, Stendhal finit par se trouver dans la situation de rétrospection qu'il avait anticipée (19) : ainsi le récit du voyage en Italie de 1811 va être l'occasion d'une confrontation et d'un parallèle entre 1800 (arrivée à Milan) et 1811 (20). C'est justement sur ce modèle d'une confrontation fondée sur un écart d'une dizaine d'années que sont écrits les **Souvenirs d'égotisme** (confrontation 1832-1821). Ce comportement indique nettement une prédisposition à l'autobiographie ; mais ce n'est pas là, à proprement parler, de l'autobiographie. Ce système de relais de proche en proche est toujours dirigé vers l'avenir : on fait le point pour aller de l'avant. Surtout, il ne fait entrer en ligne de compte que des périodes de la vie **adulte** : ces retours-arrière ne remontent jamais jusqu'à l'origine, c'est-à-dire l'**enfance**.

Ce retour à l'enfance, il semble qu'il se soit effectué pour la première fois dans un texte écrit en 1822, dans le premier véritable essai d'autobiographie de Stendhal, écrit en forme de notice nécrologique dans un moment de dépression. Sans doute l'idée de la mort (mort affective ici, et après 1830, mort sociale) était-elle nécessaire pour briser un instant le dynamique système de relais vers l'avenir, et induire un retour aux origines. Peut-être aussi le souvenir de Grenoble ne pouvait-il resurgir librement qu'une fois rompu, par la mort du père en 1819, le dernier lien avec les tyrans de son enfance. La mort du père, la grande crise des amours avec Mathilde, et le retour d'Italie, tout cela explique sans doute le trajet révélateur de cette "autonécrologie". Le début saute à pieds joints par-dessus toute l'enfance :

"Henri Beyle, né à Grenoble en 1783, vient de mourir à ... (le ... octobre 1820). Après avoir étudié les mathématiques, il fut quelque temps officier dans le 6e régiment des dragons (1800-1801-1802)" (21).

Suivent quatre pages, apparemment zigzagantes, mais finalement bien chronologiques, évoquant les différents aspects de sa carrière, jusqu'en 1821. Arrivé là, il se met à faire rapidement l'inventaire de ses amours et de son caractère. C'est alors que, brusquement, le texte remonte à l'enfance et s'arrête net sur une phrase indépassable :

> "La campagne de Russie lui laissa de violents maux de nerfs. Il adorait Shakespeare et avait une répugnance insurmontable pour Voltaire et Madame de Staël. Les lieux qu'il aimait le mieux sur la terre étaient le lac de Côme et Naples. Il adora la musique et fit une petite notice sur Rossini, pleine de sentiments vrais mais peut-être ridicules. Il aima tendrement sa sœur Pauline et abhorra Grenoble, sa patrie, où il avait été élevé d'une manière atroce. Il n'aima aucun de ses parents. Il était amoureux de sa mère, qu'il perdit à sept ans" (22).

Découverte ou aveu ? Stendhal n'avait sans doute jamais perdu le souvenir de sa mère ni de son enfance : mais cette enfance avait perdu la parole, qu'elle retrouve ici dans cette phrase brusque et fulgurante. Au moment même où elle émerge, cette parole se trouve comme bloquée, comme si elle rendait vain tout le récit qui précède, sans être pourtant capable d'inaugurer un **autre** récit, qui reste ainsi en suspens.

En 1822, Stendhal n'était en fait ni enclin, ni préparé, à écrire une autobiographie : c'est par d'autres moyens qu'il surmontera sa crise : malgré l'approche de la quarantaine (23), il a le sentiment d'avoir la vie devant lui. Les années 1822-1830 seront pleines à la fois d'entreprises amoureuses et d'une intense vie littéraire : essais et pamphlets, et surtout passage au régime de la fiction, et élaboration d'une technique narrative originale.

C'est à partir de 1831, à Trieste puis à Civitavecchia, que l'autobiographie va devenir une véritable obsession pour Stendhal. Pourquoi cela ? Ce n'est pas réellement l'âge qui l'y pousse malgré ses refrains sur la "cinquantaine" : ou du moins ne devient-il sensible à ce chiffre fatidique que parce que, sur un autre plan, la jeunesse, c'est-à-dire l'espoir d'un avenir, s'est retirée de lui : il se sent, **socialement**, exclu, forclos, mort. Il a dû accepter, pour des raisons financières, de s'enterrer dans une vie de fonctionnaire, dans de petites villes italiennes sans aucune société, où il crève d'ennui : surtout il ne voit à cette situation aucune issue, pas plus qu'il n'en voit à court terme pour la France acceptant de vivre, après une fausse révolution, sous le règne du plus fripon des kings : le Bourgeois. Il se sent coincé. L'exil, l'asphyxie sociale auxquels le condamne son gagne-pain, le spectacle déprimant de la Révolution aboutissant à l'ordre bourgeois, tout cela a induit provisoirement en lui ce que la vieillesse, l'âge créent chez les autres : devant l'absence de tout avenir, le repliement sur l'origine. Tout se passe comme si Stendhal était un personnage qui n'avait pas vocation à se retourner vraiment vers le passé ; les années d'exil ont été pour lui comme un succédané, finalement passager, de la vieillesse. Il abandonnera la **Vie de Henry Brulard** le jour où il recevra son congé pour Paris ; et, après 1836, ne reviendra jamais sur ce projet autobiographique. Le dernier texte intime qu'il écrit, **Les Privilèges**, sera entièrement consacré à une rêverie fantasmatique et humoristique tournée vers l'avenir.

Quatre ans s'écouleront entre sa première velléité d'autobiographie, le 6 janvier 1831, et le mois de novembre 1835 où enfin il se décide à "naître", c'est-à-dire à écrire sa naissance, et à commencer par le commencement. L'exemple de Stendhal montre combien il est difficile de **commencer** à écrire son autobiographie. Certes Stendhal a aussi commencé de nombreux textes de fictions qu'il a abandonnés : la différence est qu'avec l'autobiographie, c'est le même texte qu'il faut recommencer, la même première page, indépassable, à laquelle on se heurte.

Je résumerai le développement de ces projets, que nous connaissons à la fois par les lettres à Domenico Fiore, auquel il conseilla plusieurs fois de dicter ses **Mémoires** pour occuper sa liberté (24) et les ébauches qui nous sont parvenues. En janvier 1831, il s'essaie à écrire quelques lignes de prologue ; en janvier 1832, il s'amuse à "écrire les jolis moments de (sa) vie" (25) ; en juin 1832, les **Souvenirs d'égotisme** correspondent à une sorte de compromis entre un projet autobiographique global et un bilan plus limité de la maturité ; s'il décrit "toutes les faiblesses de l'animal" (26), il ne remonte pas à son enfance ; il doit pourtant y penser constamment ; en octobre 1832, il médite sur le Janicule en pensant de nouveau à son autobiographie (c'est du moins ce qui sert de point de départ à la **Vie de Henry Brulard**) ; le 15 février 1833, il écrit le chapitre premier du Livre I des **Mémoires de Henri B.** (27), qui, loin d'être un début, est en fait un croquis résumé de toute l'enfance grenobloise, ce que Stendhal appelle "couvrir la toile" ; on y apprend que depuis deux ou trois ans il a changé d'attitude en face de son enfance, et trouve une certaine douceur à s'en rappeler les détails ; ce texte est lui aussi abandonné ; deux ans se passeront, principalement occupés à écrire **Lucien Leuwen**, mais il lui arrive, dans les marges de ce roman, de se demander s'il ne perd pas son temps au lieu d'écrire ses **Mémoires** (28), auxquels il se met enfin après avoir abandonné Leuwen, en novembre 1835.

Comme Stendhal donne dans la **Vie de Henry Brulard** le journal de sa rédaction, la seule question que nous puissions nous poser est de savoir pourquoi le livre est abandonné au chapitre 47 ; est-ce parce que le narrateur a enfin reçu son congé le 26 mars 1836 ? L'avenir se rouvre, il ne pense plus qu'à son départ. Pourtant il n'est parti qu'au début de mai. Il y a évidemment d'autres raisons, elles intérieures au texte : c'est que le livre était en réalité fini : les comptes avec l'enfance sont tous réglés ; quand le héros entre à Milan en 1800, il est sur le point de devenir la véritable origine de l'adulte qui écrit l'autobiographie ; le livre se termine en point d'orgue, sur une sorte de **nouvelle naissance**. Stendhal envisageait de faire graver sur sa tombe : "Henri Beyle, milanais", c'est dire clairement qu'il avait le sentiment d'être né à son propre compte, si je puis dire, en 1800. La suite du récit, ce sera, dans le registre de la fiction, **La Chartreuse de Parme** qui commencera là où **Henry Brulard** finissait.

2 - Autobiographie et roman

L'histoire du projet autobiographique doit en effet prendre en considération l'articulation de l'autobiographie et du roman. Articulation d'autant plus complexe que l'autobiographie stendhalienne n'est pas une œuvre terminale, mais qu'elle s'insère comme une parenthèse ou un détour dans le développement d'un projet romanesque : les deux projets, autobiographique et romanesque, n'étaient que les modalités différentes d'un même effort de construction de soi. Cette articulation peut être vue de deux manières différentes :

— soit on se demande ce que la **Vie de Henry Brulard** doit à l'apprentissage de l'écriture romanesque depuis **Armance** jusqu'à **Lucien Leuwen** : il est vrai qu'il faudrait pousser la question plus loin, et voir ce que l'écriture romanesque elle-même doit à l'esthétique du journal intime et de l'essai. Les principaux points à étudier seraient celui de la méthode de composition, et celui de la construction du personnage et de la fonction du **narrateur** (dans son double rapport au lecteur et au héros). Dans quelle mesure, en écrivant **Le Rouge et le Noir** et **Lucien Leuwen**, Stendhal a-t-il élaboré une attitude de narrateur qui lui servira pour parler de sa propre jeunesse ? Les ressemblances sont claires, mais les différences aussi. G. Blin a remarqué que Stendhal n'avait en fait jamais écrit de roman ''à la première personne'' (29) ; en sens inverse il avait certainement une prédilection pour l'autobiographie ''à la troisième personne'', parlant de lui comme d'un autre, pour mieux dépeindre ''les faiblesses de l'animal'' (30) ; le système de la ''troisième personne'' permet un jeu de distanciation et de fuite, surtout dans le roman, où le narrateur ne coïncide plus avec l'auteur et ne l'engage en rien ; le passage au récit autobiographique ''à la première personne'' présente donc un grand risque, qui est peut-être pour quelque chose dans les hésitations de Stendhal. S'il recule devant les ''je'' et les ''moi'', ce n'est pas seulement par crainte de paraître ''égotiste'' (au sens péjoratif), mais parce que ce système de narration risque de rendre plus difficile à la fois les jeux de distanciation par rapport à soi et le système de protection par rapport au lecteur. Plus difficile, mais non impossible : on sait bien que la ''première personne'' n'a que l'apparence de la massivité, et qu'elle permet elle aussi des jeux de point de vue et de fuite très complexes (31). C'est ce système de narration ''à la première personne'' qu'il serait intéressant de comparer avec le système de narration des romans (de même qu'il serait intéressant de comparer chez Sartre, le récit à la troisième personne de **L'Enfance d'un chef** avec le récit à la première personne des **Mots**). Au demeurant, l'attitude du narrateur face à son héros n'est pas constante dans la **Vie de Henry Brulard**. Peut-être pourrait-on distinguer quatre phases : à Grenoble, le narrateur passe son temps à prendre fait et cause pour son héros, à épouser toutes ses querelles dans sa lutte contre les monstres, au point de risquer de manquer d'humour à force de passion. Dès que le héros arrive à Paris, la distanciation devient énorme, le narrateur adopte un système plus proche de celui du **Rouge et le Noir** ; le voyage de Paris à Milan apporte un nouveau changement, l'humour se fait tendre et admiratif, jusqu'à ce que l'arrivée à Milan pousse le narrateur à une sorte d'identification lyrique avec son héros. Mais cette analyse sommaire m'amène à renverser la question :

— on peut en effet se demander, en sens inverse, ce que le passage par l'autobiographie a entraîné comme changement dans l'univers romanesque de Stendhal. La situation de la **Vie de Henry Brulard** dans l'œuvre de Stendhal rappelle un peu celle de **Si le grain ne meurt** dans celle de Gide : œuvre de transition, de **modulation**, qui permet d'une part une recherche technique, d'autre part une sorte de déblocage libérant de nouvelles sources d'inspiration (32). Dans son livre sur le **Décor mythique de la Chartreuse de Parme**, Gilbert Durand suggère à plusieurs reprises que c'est la rédaction de l'autobiographie qui a amené Stendhal à passer du régime ''diurne'' (épique) au régime ''nocturne'' (mystique).

Aux problèmes généraux de l'articulation de l'autobiographie et de la fiction s'ajoutent les problèmes que pose l'écriture autobiographique en elle-même. Je voudrais évoquer pour finir trois des comportements de Stendhal autobiographe qui me semblent le plus révélateurs de sa manière d'aller à la recherche de soi, et qui, du moins pour les deux derniers, constituent sa contribution la plus originale à l'art de l'autobiographie : ce sont les procédés qu'il emploie pour mettre en relief son système de valeurs, le jeu parallèle du dessin et de l'écriture, et enfin la méthode même de composition du texte présenté comme une sorte de journal de fouilles.

3 - Ombre et relief

Au début de la **Vie de Henry Brulard**, Stendhal prend la pose classique du "connais-toi toi-même", comme s'il voulait, en se regardant dans le miroir de sa vie, arriver **enfin** à savoir ce qu'il a été, ce qu'il est. La question est naturellement une fausse question : Stendhal sait qui il est, ce n'est pas la première fois qu'il se regarde dans un miroir, et en même temps il sait très bien qu'on ne peut pas se connaître. La réponse à la question ne sera donc pas **dans** le texte, sous la forme d'un bilan terminal. Elle sera **le** texte lui-même. Le désir de connaissance de soi est comme un stimulant qui permet de se réaliser : à défaut de se voir, se montrer. De même Leiris écrivant son autobiographie à la poursuite d'une mythique "règle du jeu" sait fort bien que cette chose qu'il désire est impossible à trouver sous la forme d'une "règle" : au bout du discours, il n'y a rien, sinon le discours lui-même réalisé à la faveur de cette quête. Certes, l'écriture du récit autobiographique est une constante découverte : mais, dans tous ses détours, ses modalités, c'est la même chose qui sera réaffirmée, consolidée. Loin de découvrir un nouvel ordre de valeur ou de se remettre en question, Stendhal, comme la plupart des autobiographes, cherche à consolider, justifier sa vision du monde et son projet. Tout au plus pourrait-il, à la faveur de ce bilan, déplacer légèrement son centre d'équilibre. Il s'agit, avant d'éprouver, de mettre en relief son ordre de valeur. Cette mise en relief ne peut être obtenue que par des éclairages contrastifs. Il serait intéressant d'étudier comment ce système d'éclairage est constitué, et quels sont les différents registres dans lesquels Stendhal le fait fonctionner.

Deux foyers orientent tout le récit, représentant les deux pôles de l'univers moral de Stendhal : le foyer du mal (le bourgeois, l'hypocrisie, etc.) et le foyer du bien (les grandes âmes, Madame Roland, etc.). Stendhal ne coïncide avec aucun de ces deux foyers : pour le mal, cela va de soi ; mais pour le bien aussi - sinon l'autobiographie deviendrait une autohagiographie insupportable au lecteur. Stendhal se situera donc **entre** les deux pôles, non certes à mi-chemin, plus près du "bien", mais tout de même à distance, laissant une marge à de l'imperfection, à des défauts, qu'on peut en réalité le soupçonner de chérir autant que ses qualités, parce qu'ils sont le signe de son **identité**. Pour situer sa position entre ces deux pôles, il va donc les évoquer sans cesse dans le texte, points de repère ou points de vue dessinant un paysage moral en relief où il peut se situer par triangulation. L'ombre du mal, le fantasme de la perfection serviront à un jeu de repérage et d'équilibrage. Courants froids et chauds alternés permettent de ne pas s'endormir dans la tiédeur, mais de jouir délicieusement de ce qu'on est.

Ce jeu d'équilibre se développe dans trois registres ; celui du discours direct du narrateur, d'abord, mais surtout dans les relations qu'il entretient avec deux sortes d'êtres imaginaires : les lecteurs et les doubles virtuels de son héros. Une étude précise du système du **narrataire** dans **Henry Brulard** montrerait cet aspect de projection imaginaire situant le moi entre des séries de regards qu'il suscite pour les récuser (bourgeois, âmes peu sensibles, etc.) ou pour les désarmer (grandes âmes, postérité) : une grande part de narcissisme et de coquetterie entre dans le jeu. Ce n'est pas seulement autoprotection et peur du ridicule : c'est manière d'affirmer son identité et d'en jouir. La chose est encore plus visible dans le troisième registre, celui du **double**. Les ''lecteurs'' que s'imagine Stendhal pouvaient avoir, à ses yeux, une ombre de réalité, même s'ils appartenaient à un avenir fort hypothétique. Les doubles de son héros sont, eux, purement imaginaires. La rêverie sur les **possibles** (''ce qui serait arrivé si...'', ''qui je serais devenu si...'') est un des jeux classiques des autobiographes. Simone de Beauvoir, au début de **Tout compte fait** (1972), a écrit un grand exercice de virtuosité sur ce modèle. Une des règles de ce jeu, et qui en éclaire la fonction, c'est que le narrateur continue à juger ces possibles, qui n'ont pas été, en fonction de ce qu'il est devenu, et non de ce qu'il serait devenu, si cela avait été. Porte-à-faux inévitable : le héros aurait pu devenir autre ; mais le système de valeur actuel du narrateur reste un absolu. Peut-être qu'en 1836 quelque jésuite soupirait d'aise et remerciait Dieu de n'être pas devenu athée et égotiste comme ce coquin d'Henri Beyle. Dans le jeu des possibles, on se situe voluptueusement par deux types d'hypothèses : le soulagement des dangers évités (système du ''ouf''), le regret des occasions perdues (système des ''hélas'') : le texte serpente entre ces deux attitudes. Un inventaire rapide montre que pour une occasion perdue il y a au moins cinq dangers évités (33). On voit où la balance penche : on est plutôt satisfait d'être soi-même. A faire semblant de croire qu'on aurait pu devenir un coquin, plat jésuite, etc., on se sent délicieusement justifié ; à regretter les quelques occasions qui auraient pu vous faire approcher de la perfection, on affirme le rapport qu'on a avec cet idéal, et on goûte, dans la marge qui vous en sépare, la marque de son individualité, de sa liberté, et la place d'un avenir. Ce jeu d'équilibre a aussi l'avantage de permettre au moi de se situer et de s'affirmer par des jeux de contrastes et d'hypothèses, qui remplissent une fonction pédagogique et diplomatique auprès du lecteur, en évitant l'aspect dogmatique et égotiste d'une affirmation directe de soi.

4 - Écrire et dessiner

La **Vie de Henry Brulard** est une sorte de texte bilingue où le croquis accompagne en permanence l'écriture. Ce qui frappe d'abord, c'est le rythme de l'alternance. Dans son journal ou dans ses lettres, il arrivait à Stendhal de recourir au croquis topographique, à la vue, ou au schéma. Mais c'était toujours de manière ponctuelle et passagère. De même les **Souvenirs d'égotisme** ne contiennent que trois schémas. Ici au contraire un va-et-vient permanent et régulier s'établit entre l'écriture et les quelque 170 dessins, qui sont presque toujours des plans topographiques commentés, mais aussi quelques vues, des croquis d'objets ou des schémas abstraits. Le narrateur rebondit de l'écriture au dessin et du dessin à l'écriture : le récit renvoie souvent par des systèmes de lettres aux repères du dessin ; le dessin, commenté, se laisse envahir par l'écriture. Tout se passe comme si le **geste** de dessiner avait une double fonction magique : fixer du souvenir le maximum au moment où il resurgit, en l'attrapant dans son **espace**, dans un langage qui soit le plus fidèle possible au ''point de vue'' (le dessin permet d'éviter de faire de la ''littérature'', c'est un raccourci qui dispense de la description ; son langage sec et précis permet de maintenir l'émotion du souvenir) ; établir avec un éventuel lecteur une autre forme de communication. A la fois croquer le passé sur le vif, et prendre la pose de qui transmet par les moyens les plus directs son expérience (je vais **vous** faire un croquis). Ceci, du point de vue de Stendhal au moment où il écrit : car le point de vue du lecteur est différent. Il faut reconnaître que Stendhal

31

dessine à la diable et surtout que le schéma topographique lui sert à fixer un ensemble d'informations implicites liées par contiguïté à cet espace, mais que le croquis est incapable de transmettre à un tiers. Quand Henri est "au point H", la seule information qui m'est donnée, c'est que le narrateur se souvient très précisément de quelque chose ; cela ne me fait pas souvenir à sa place. Le lecteur est sensible au **geste** du croquis, plus qu'au croquis lui-même ; il est sensible dans le texte **imprimé**, à cette espèce de signature autographe permanente qui résiste à l'impression et ne peut être reproduite que telle quelle : l'illusion de la transmission directe est accentuée par cet effet de contraste que sans doute Stendhal n'avait pas prévu, et que les premiers éditeurs du texte avaient essayé d'éviter. Le dessin contribue à créer un "effet de communication" (comme R. Barthes parle d' "effet de réel") d'autant plus paradoxal que son caractère sommaire et sa référence à usage personnel seraient susceptibles de marquer aux yeux du lecteur une difficulté de communication que le langage articulé masque plus facilement.

5 - Un journal de fouille

L'emploi du croquis est un signe parmi d'autres de la principale innovation que Stendhal a apportée dans la technique de l'autobiographie. En écrivant ses **Confessions**, Rousseau avait réalisé presque toutes les virtualités du genre, sauf une : le temps de l'écriture et le journal de l'œuvre ne tiennent qu'une très faible place dans la construction du livre. Chateaubriand et Stendhal ont, chacun à leur manière, tenté de **mettre en scène** le temps de l'écriture, et d'en faire la ligne directrice de l'autobiographie. Naturellement, les solutions qu'ils ont apportées à ce problème sont diamétralement opposées. Pour Chateaubriand, il s'agissait d'intégrer le temps mis à écrire l'œuvre (ce fut finalement une trentaine d'années) dans l'œuvre elle-même, dans une construction d'autant plus vertigineuse que la rédaction ne suivait pas l'ordre de l'histoire racontée, et que les moments de la narration devenaient eux-mêmes, le temps passant, des moments de l'histoire. Il ne s'agissait pas seulement des méandres d'une histoire individuelle et de la fuite du temps : le temps qui sert de matière à l'architecture baroque des **Mémoires d'Outre-tombe**, c'est le temps de l'histoire, des révolutions, ses détours et ses retours, temps qui était tout à fait absent des **Confessions** de Rousseau. Stendhal, lui, n'a mis que quatre mois pour écrire la **Vie de Henry Brulard**, et il a horreur de tout ce qui est "plan". On ne s'aurait s'attendre à des jeux du même ordre, portant sur la durée contemporaine de l'écriture. La solution de Stendhal est très originale : c'est de montrer l'autobiographie en train de se faire, de la présenter non comme un produit fini ou un monument achevé, mais comme un **acte**. Il est bien évident que la **Vie de Henry Brulard** n'est pas un brouillon ; Stendhal y aurait peut-être apporté quelques retouches, mais n'aurait rien changé à la marche générale. Le désordre apparent, les répétitions, le va-et-vient incessant du croquis à l'écriture, de l'histoire au commentaire, la progression en ligne brisée, tout cela fait partie d'un style, d'un projet délibérément choisi, au nom de ce qu'on pourrait appeler l'authenticité. Tout se passe comme si, fidèle à son esthétique du "point de vue", Stendhal avait été amené dans l'autobiographie non seulement à ne dire de son héros que ce que celui-ci avait perçu et pensé, mais aussi à ne dire que ce dont lui-même se souvenait, en montrant la manière dont il se souvenait. On ne peut plus employer, en parlant d'une autobiographie, l'expression d' "intrusion d'auteur" : c'est plutôt un système de double restriction de champ ; et comme la mémoire ne se réveille que par le travail de l'écriture, Stendhal a été amené à réaliser une sorte de phénoménologie de l'écriture autobiographique. Quand il envisage ce qu'il reste de son passé dans sa mémoire, il emploie un certain nombre de fois la métaphore de la fresque abîmée par le temps (34), dont certains endroits sont restés très nets, au milieu de vastes espaces effacés. Il ne veut pas se comporter comme les archéologues qui effectuent abusivement des "reconstitutions" pour remplir les endroits effacés : c'était la méthode de Rousseau. Mais son but n'est pas non plus de donner au lecteur une simple reproduction des morceaux restants et disjoints. Le récit autobiographique tel qu'il le pratique serait plutôt l'équivalent du journal de fouilles que tiennent les archéologues : l'ordre fondamental est celui de l'enquête, la méthode consiste à rapporter scrupuleusement l'endroit, l'heure de chaque trouvaille, l'état de l'objet. Au lieu de visiter un musée, nous sommes associés au travail du chantier de fouille, c'est-à-dire au travail de recherche. Un objet n'a pas du tout le même sens ni la même valeur quand il affleure, et qu'on le dégage pour le produire au jour - et quand il sera plus tard nettoyé, mis sous cloche dans une vitrine de musée. Les archéologues ont une méthode de recherche : ils divisent le terrain en carrés qu'ils explorent un à un ; Stendhal aussi a une méthode, il écrit systématiquement à tant de pages par jour (35), sans idées préconçues, certain que la pratique, le geste même de l'écriture finira par faire sortir quelque chose dont il n'avait pas l'idée au début, pas plus que devant un mètre carré d'argile on ne peut savoir exactement ce qu'on va trouver. Mais si l'on a bien choisi son site, on trouvera quelque chose. Stendhal trouve. Dans d'autres autobiographies, on voit une mémoire qui écrit ; ici c'est une écriture qui, à force d'écrire, se souvient. Le site, de plus, a été bien choisi. Comme Rousseau, Stendhal semble avoir eu l'intuition de l'existence du champ analytique tel que Freud l'explorera cinquante ans plus tard. Cela pourrait nous inciter à une attitude critique simpliste, en jouant à notre tour les détectives amateurs pour reconstituer le drame de l'Oedipe : exercice qui n'est ni inutile, ni impertinent, mais qui risque d'être stérile s'il n'aboutit qu'à une "étude de cas" au niveau des informations données par l'histoire - un Oedipe sous globe. Suivant la leçon même de Stendhal, le lecteur en veine de recherches analytiques devrait plutôt, ici comme ailleurs, situer sa recherche au niveau de l'énonciation, c'est-à-dire au niveau du texte, et non à celui de l'histoire. Tout ce que nous savons de notre histoire, c'est ce qui s'en répète dans la parole. Suivre cette parole, sa destination, ses détours, ses failles, telle est peut-être la tâche à entreprendre, si nous voulons continuer le travail de fouilles entrepris par Stendhal. Il ne nous reste, à nous, qu'à lire le geste de l'archéologue.

Philippe LEJEUNE
Université de Paris XIII

Notes

1. Cf. Jacques Voisine, " Naissance et évolution du terme littéraire " autobiographie " ", in **La Littérature comparée en Europe orientale**, Budapest, Akadémiai Kiado, 1963, pp. 278-286.

2. Albert Thibaudet, " Réflexions sur le roman ", **N.R.F.**, 1er août 1912.

3. Cf. " Le pacte autobiographique ", **Poétique**, 1973, no 14, et " Gide et l'autobiographie ", **Revue des Lettres Modernes**, série André Gide no 4, 1973.

4. **Oeuvres intimes**, Bibliothèque de la Pléiade, 1955, p. 1490. Henri Martineau a d'ailleurs suivi cette indication en regroupant sous le titre " Essais d'autobiographie " (pp. 1485-1500) à la fois les " notices biographiques " écrites à la 3e personne et les amorces des **Mémoires.**

5. **Ibid.**, p. 9.

6. **Correspondance**, Bibliothèque de la Pléiade, tome III, 1968, p. 19, lettre du 18 mars 1835 à R. Colomb et D. Fiore.

7. Cf. la liste de ses lectures dressée par V. Del Litto dans sa préface au **Journal Littéraire (Oeuvres complètes,** Cercle du Bibliophile, 1970, tome 33, p. XI).

8. Sur Stendhal lecteur de Rousseau, voir Jean Roussel, **Jean-Jacques Rousseau en France après la Révolution**, A. Colin, 1973, pp. 395-425.

9. **Oeuvres Intimes**, p. 8 et p. 1393.

10. **Ibid.**, p. 9.

11. **Oeuvres intimes**, p. 6. Des écrits proprement autobiographiques de Chateaubriand, Stendhal a pu lire la plupart de ses récits de voyage (**Itinéraire de Paris à Jérusalem**, 1811 ; **Voyage en Italie** et **Voyage en Amérique**, 1827), et la **Préface testamentaire** des **Mémoires d'Outre-Tombe** (1834). L'hostilité de Stendhal au style de Chateaubriand et son irritation devant son " égotisme " indiquent peut-être autant d'affinités que de différences entre les deux hommes : ou du moins une telle hostilité ne saurait se développer qu'à partir de problèmes ou d'attitudes communes. Stendhal emploie le même mot (égotisme) dans un sens positif en parlant de lui-même, et négatif pour Chateaubriand : c'est peut-être l'envers et l'endroit de la même chose. Il est aussi frappant de voir à quel point le chapitre I de la **Vie de Henry Brulard** est construit à partir d'une mise en scène théâtrale et symbolique et de poses à la Chateaubriand, même si c'est dans un style rompu et avec des retraits humoristiques.

12. En 1823 il critique les **Mémoires** de Tilly, qui viennent de paraître (**Correspondance**, tome II, p. 149, 14 août 1828, à Sutton Sharpe) ; en 1835, il s'intéresse à la prochaine publication des **Mémoires** de Lacenaire (**Oeuvres intimes**, p. 154) ; il note aussi dans la **Vie de Henry Brulard** " On sera donc inondé de Mémoires vers 1880, et, avec mes je et mes **moi**, je ne serai que comme tout le monde " (**Oeuvres intimes**, p. 160).

13. **Oeuvres intimes**, p. 1393.

14. Les titres ironiques du manuscrit (**Oeuvres intimes,** pp. 396-7) ne doivent pas être pris au sérieux, pas plus que la qualification de " roman " utilisée dans ce canular destiné à MM. de la Police (voir " Le pacte autobiographique ", **Poétique,** 1973, nº 14, p. 151, note 13). Vis-à-vis de ses correspondants, il use d'alibis à la fonction analogue, prétendant qu'il est en train d'écrire **La Campagne de Russie** et **La Cour de Napoléon** (cf. **Correspondance,** tome III, p. 140 et p. 195), pour déjouer les indiscrétions, et protéger son travail.

15. L'autobiographie vient toujours après une expérience qu'elle a fonction de transmettre : mais elle ne vient pas toujours après une expérience de l'écriture. L'autobiographie de l'écrivain est donc un cas particulier, le plus intéressant, mais non le plus répandu. Dans l'énorme production commerciale actuelle de " vécu ", de " témoignages directs ", non seulement l'écriture de l'autobiographie est une écriture première, plate et inexpérimentée, mais souvent ce n'est même pas une écriture du tout : la parole est enregistrée au magnétophone et transcrite (et réécrite) par l'intermédiaire qui a pris l'initiative de la provoquer.

16. Paul Valéry, **Oeuvres,** Bibliothèque de la Pléiade, 1960, tome II, p. 569.

17. Victor Brombert, **Stendhal, Fiction and the Themes of Freedom,** New York, Random House, 1968, p. 3.

18. Cela a été le cas de Francis Jeanson dans ses différentes tentatives de biographie de Sartre.

19. Cf. par exemple **Oeuvres intimes,** p. 928 (9 mai 1810).

20. Ibid., pp. 1081-1083.

21. Ibid., p. 1487.

22. Ibid., p. 1490.

23. Cf. **Correspondance,** tome II, p. 8, lettre du 4 septembre 1822 à Jules Van Praet.

24. **Correspondance,** tome II, p. 345 (14 septembre 1831) et p. 386 (14 janvier 1832).

25. Ibid., p. 386.

26. Ibid., p. 446 (12 juin 1832, à Domenico Fiore).

27. **Oeuvres intimes,** pp. 1492-5.

28. **Romans et nouvelles,** Bibliothèque de la Pléiade, 1952, tome II, p. 1043 (14 mai 1835).

29. **Stendhal et les problèmes du roman,** J. Corti, 1954, p. 146. Voir sur le sens de l'expression " à la première personne ", G. Genette, **Figures III,** Seuil, 1972, pp. 251-2.

30. **Correspondance,** tome III, p. 446 ; cf. les notices biographiques écrites à la troisième personne (**Oeuvres intimes,** pp. 1487-90, 1490-92, 1496-1500), et le goût des pseudonymes (cf. Jean Starobinski, " Stendhal pseudonyme ", dans **L'Oeil Vivant,** Gallimard, 1960).

31. Cf. T. Todorov, **Qu'est-ce que le structuralisme, 2. Poétique,** Seuil, coll. Points, 1973, pp. 65-66.

32. Cf. Ph. Lejeune, " Gide et l'autobiographie ", **Revue des Lettres Modernes,** André Gide 4, 1973, pp. 48-9.

33. Pour les dangers évités, voir par exemple p. 124, 137, 168, 169, 179, 223. 300, 350, 365, 384 ; pour les occasions manquées, p. 175, 250 (" à chaque instant je vois le mieux que je n'ai pas fait "), p. 299. L'équilibre n'est pas égal, les dangers évités sont tous très graves, les occasions manquées sont des points de détail, des retards qui n'ont rien compromis. Parfois d'ailleurs les occasions manquées se révèlent à l'épreuve être des dangers évités (cf.p. 347, le retournement du narrateur par rapport à M. Rebuffel ; et le narrateur qui regrette p. 166 d'avoir perdu son temps à attendre le **génie,** révise p. 261 son jugement). Finalement, on est content d'être soi...

34. **Oeuvres intimes,** p. 102, pp. 113-4, pp. 302-3.

35. Cf. la méthode qu'il conseille à Domenico Fiore (**Correspondance,** tome III, p. 345, 14 septembre 1831), et celle qu'il pratique lui-même de novembre 1835 à mars 1836. A de nombreuses reprises il note dans la **Vie de Henry Brulard** que c'est l'écriture qui lui fait retrouver et comprendre son passé (**Oeuvres intimes,** pp. 118, 292, 349, par exemple).

Un aspect particulier de l'autobiographie : du Moi des pamphlets au Moi romanesque

Stendhal remarque de bonne heure que la littérature moderne et notamment sa forme alors la plus haute et demeurée vivante, la comédie, ne saurait plus représenter des **caractères** mais des **conditions**. Les " ridicules " aujourd'hui ne sont plus, comme au temps de Molière et de Regnard, l'avare, le joueur ou le distrait, mais le soldat, le prêtre, le député, l'ultra, l' " industriel ", le jeune homme pauvre, quelqu'un que désigne sa place dans le fonctionnement social. C'est que, la révolution faite et retombée, l'aristocratie essayant une revanche et la bourgeoisie développant sa puissance, le peuple étant exclu de tout, ce fonctionnement social est devenu plus clair. Mais par là même qu'elle se réfère à l'organisation économique et à la division du travail, la nouvelle typologie littéraire proposée conduit l'écrivain à affronter une autre réalité elle-même directement socio-économique : celle des divisions de la société en **classes** antagonistes, et donc en **partis**. Il y a des partis dans la société du XIXe siècle, mais ce ne sont plus les partis du XVIIe, les cabales et les factions telles qu'on les trouve chez les mémorialistes Retz et Saint-Simon ou chez la romancière Mme de La Fayette. On voyait bien alors les chefs, les individus, même quelques lignes de force du côté des vaincus : le parti frondeur, le parti Fouquet, le parti janséniste avec leurs complexes interférences et proximités (Alceste tient assez visiblement aux trois à la fois, et La Fontaine a écrit dans ses premiers livres de Fables des " colbertades " qui devaient faire plaisir à bien des gens et que l'on savait reconnaître). Les partis classiques toutefois n'ont pas une image claire et ne sont pas ouvertement définis par leurs bases économiques et sociales. Les romanciers d'ailleurs s'y perdent, et dans sa **Princesse de Clèves** on ne voit, pour expliquer les cabales, que rivalités personnelles dans lesquelles les femmes jouent un rôle aussi nouveau qu'inexplicable. On sait quelles difficultés on éprouve aujourd'hui pour discerner, pour établir quels intérêts concrets se trouvent derrière ces diverses manifestations ou persistances idéologiques, derrière ces tensions d'un siècle dont les infrastructures sont difficiles à lire. Il n'en va plus de même au moment où Stendhal en 1821 retrouve la France. La situation est alors relativement claire : il y a le parti aristocrate dont la base est la possession de la terre et l'instrument, l'utilisation, grâce à la Charte, d'une partie de l'appareil d'État (administration, budget) ; il y a le parti libéral dont la base est la richesse industrielle et commerçante et l'instrument, une pénétration profonde, aussi, datant de la Révolution et surtout de l'Empire, dans l'administration : la Banque, déjà, est un pouvoir considérable, avec ses exécutants dans la classe politique. Dans le monde il y a deux sortes de salons dont les clientèles s'ignorent : ceux où l'on est admis parce qu'on a de la naissance ; ceux où l'on est admis parce qu'on a de l'argent. Les partis, quoique loin d'être organisés comme les partis d'aujourd'hui, ne relèvent plus dès lors de nulle psychologie mais d'intérêts clairs, antagonistes, affirmés, et qu'apprend à lire - il ne faut pas l'oublier - à tout public la naissante science économique et politique et notamment Saint-Simon. En doublure ou en parallèle on a aussi des partis dans le domaine littéraire et culturel ; mais ici la situation est moins claire, les rapports à établir avec les intérêts et avec leur dynamique plus difficiles à établir : les libéraux, progressistes en politique, ne sont-ils pas classiques, c'est-à-dire réactionnaires en littérature ? Et le romantisme, un certain romantisme, qui est changement, nouveauté, progrès en littérature, n'est-il pas la pratique et l'idéologie culturelle des hommes de droite ? Et le '' romanticisme '' dont Stendhal se fait l'apôtre en 1823 dans **Racine et Shakespeare,** romantisme vrai, romantisme de gauche, nécessaire, désiré, n'est-il pas comme cette étoile ou cette planète qui devrait être là, quelque part, conformément aux calculs et aux désirs et qui n'y est pas - qui n'y est pas encore ? Il y a là un porte-à-faux à partir duquel on se pose des questions nouvelles. En tout cas ce sont des partis sociaux et politiques aux contours nets, que rencontrent, découvrent, affrontent ou expliquent aussi bien le JE encore loin d'être romanesque des pamphlets (**Racine et Shakespeare,** 1823, **D'un nouveau complot contre les industriels,** 1825) que le héros du premier roman : Octave, dans **Armance** en 1827. JE, irréductible et porteur de qualité ne trouve pas à se reconnaître dans le choix qui lui est proposé. Or JE ne saurait renoncer à lui-même. JE cherche son parti, ses frères, son avenir. Et donc sa politique et sa littérature. Ainsi s'impose un premier bilan : la littérature, après la grande clarification de 1789 à 1820, est devenue naturellement et spontanément matérialiste dans la représentation, dans la lecture et dans l'écriture du réel social. Les oppositions politiques ou intellectuelles sont des superstructures qui correspondent à des infrastructures les unes repérées et sans ambiguïté, les autres relevant de clivages qui ne sont pas encore évidents mais que l'on devine ou pressent, en tout cas que déjà on écrit. Balzac écrira en 1831 qu'il y a des **partis** dans un État quand il y a '' des intérêts contraires en présence '', mais les premières analyses de Saint-Simon dès les années vingt donnent une force théorique à ce que chacun alors constate et voit au niveau du vécu le plus immédiat. Ajoutons que la problématique des **partis** est et demeure mobilisatrice, l'absurdité des prétentions ultra, surtout dans le contexte de réaction à partir de 1821/1822 (ministère Villèle), avivant la pugnacité libérale que ne peuvent ignorer le peuple, les intellectuels, les jeunes, tous les marginaux, tous les exclus : au séminaire, le paysan Julien Sorel lit en cachette **Le Constitutionnel,** journal de la gauche bourgeoise. Les partis ne sont donc pas des inventions du diable mais des réalités claires par rapport auxquelles on se définit, on s'éprouve et on écrit.

Or voici, en effet, qu'à deux reprises, Stendhal abordant la description du réel moderne et cherchant à se situer dans les querelles qui y sollicitent ses contemporains et notamment la jeunesse et les intellectuels, cette double avant-garde, va buter sur une difficulté inattendue : le schéma, le système des partis officiels ne saurait rendre compte de la distribution réelle des forces, et le JE pensant et écrivant ne saurait y trouver sa place. A contre B, B contre A, il y a **un reste,** un C qui ne sait où se mettre ni comment se définir et surtout SE DIRE. Si A et B sont des partis, C, le tiers terme en dehors, en avant, est une voix qui parle, un JE, mais qui écrit mais un peu dans le vide et dans le désert. Il trouve vite, il est vrai, un NOUS. Il est proche d'un NOUS, de toute une masse diffuse et confuse mais réelle qui ne se reconnaît pas en EUX : EUX pour C, c'est A et B, A + B. Comment s'y reconnaître et avancer ? Car A et B, A plus B, c'est ultras et libéraux ensemble, constituant, bien qu'ennemis jurés, irréconciliables, le même parti. L'Histoire, rendue claire par la Révolution et la Restauration, est devenue **aussi** plus obscure et plus compliquée par la Restauration à la suite de la Révolution. Comment ? Pourquoi ? Il ne s'agit pas ici seulement d'allergies ou d'inadéquations individuelles, de positions personnelles à l'égard ou au-dessus des partis ; il s'agit du besoin et de la recherche d'un nouveau parti, d'une redistribution et d'une re-expression, d'une re-présentation des forces réelles à l'œuvre dans le social et dans l'Histoire dont on dirait aujourd'hui qu'elle est déchirée et relancée par des contradictions nouvelles.

Premier symptôme (un rejet avant une recherche) : les condamnations réitérées sous la plume de Stendhal de la littérature satirique, d'allusions ou de personnalités. Cette littérature, dit Stendhal, ne m'intéresse pas ; elle ne m'émeut pas ; elle ne me parle pas. Pourquoi ? Parce qu'elle est une littérature de la certitude. On peut faire de la satire anti-ceci ou anti-cela, c'est toujours à partir d'une bonne conscience ou pour y ramener. Cette littérature, qui se prête à la maxime, au vers bien frappé, à l'intrigue et à la pièce bien faites, est une littérature digestive et distractive qui ne parle pas au cœur, une littérature qui tourne trop bien. Exemple : la comédie Empire avec sa morale claire et ses dénouements qui retombent sur leurs pieds, ou les romans à clés. Le but de cette littérature et son effet, n'est pas de donner une image juste, émouvante, mobilisatrice, nouvelle, du réel, mais de faire reconnaître un adversaire, chargé de tous les péchés et par là de se valoriser soi-même. La littérature satirique ou à clés est une littérature de clôture qui valide et justifie une idéologie dominante à double composante qu'elle soit libérale ou ultra, dans tous ces cas conservatrice. Mais de cette clôture, JE, littérairement efficace et capable, s'échappe et s'affirme avant que ne puissent le faire des forces collectives historiquement efficaces et capables. Or justement le monde littéraire est agité par la question du romantisme. Dans **Racine et Shakespeare** JE est pour le romantisme. Et l'interlocuteur de JE, doublé par NOUS qui est la jeunesse, est d'abord le passé noble, les marquis frivoles de 1760 pour qui furent écrites les pièces classiques. Or JE/NOUS a pour équivalent :

    jeunesse
    instruction
    soif de vivre

Il est donc radicalement en porte-à-faux avec le parti ultra comme le connote par ailleurs la datation ironique : '' l'an de grâce 1823 '', comme si, en plein siècle nouveau, on pouvait encore dater les années dans le style de l'ancienne monarchie ! A première vue, les choses apparaissent donc simples. Les classiques font des tragédies non pour JE-NOUS mais pour EUX. Et EUX, ce sont les affreux réactionnaires aristocratiques. Il s'en peut, il s'en pourrait, conclure que le classicisme est la littérature des ultras ? Et que la gauche, en conséquence, est romantique ? Que les progressistes en politique le sont aussi en littérature ? JE/NOUS, c'est le présent et l'avenir. EUX, c'est le passé. L'opposition politique et de génération semble donc devoir logiquement se doubler d'une opposition littéraire. La distribution suivante semble s'imposer :

en politique : $\begin{cases} \text{JE/NOUS} \\ \neq \\ \text{Marquis} \end{cases}$ ou   en littérature : $\begin{cases} \text{JE/NOUS} \\ \neq \\ \text{ultras} \end{cases}$

comme on a libéraux $\neq$ ultras. En conséquence les libéraux sont romantiques ? Or **ceci est faux**. Il apparaît en effet bientôt que le parti anti-romantique, c'est-à-dire anti JE-NOUS, englobe **La Quotidienne** aussi bien que **Le Constitutionnel,** et le défenseur du classicisme dans la seconde partie du pamphlet (Hippolyte Auger) sera : 1) académicien, 2) libéral, 3) bourgeois... On est donc conduit à repérer après

conflit politique : $\left\{\begin{array}{l}\text{ultras}\\ \neq\\ \text{libéraux}\end{array}\right.$ solidarité culturelle : $\left\{\begin{array}{l}\text{ultras}\\ \\ \text{libéraux}\end{array}\right.$

Il y a un conflit entre le romantisme et le parti anti-romantique, qui est en apparence un parti littéraire et non un parti politique. Mais on remarque aussi que Stendhal, pour se faire comprendre, et parce que le romantisme est marqué à droite (romantisme aristocratique et catholique, alors ; Lamartine, Hugo, Vigny) emploie le mot de **romanticisme** au lieu de ce **romantisme** dans lequel JE-NOUS ne se reconnaît pas, de même que, libéral, JE-NOUS ne se reconnaît pas dans une certaine jeunesse libérale, égarée par la propagande anglophobe de la '' gauche '' qui a sifflé les acteurs anglais. Dès lors on a une série d'inadéquations :

JE-NOUS démocrate ne peut se reconnaître dans certaines manifestations du parti libéral,
JE-NOUS romanticiste ne peut se reconnaître dans le parti romantique,
JE-NOUS jeune ne peut se reconnaître dans une certaine jeunesse libérale.

Par contre il existe une solidarité ultras-libéraux-jeunesse libérale contre romanticisme, c'est-à-dire contre le vrai romantisme. Mais quelle solidarité concrète (car il doit bien y en avoir une !) sous-tend cette solidarité et définit **a contrario** la spécificité de JE-NOUS ? Quel est le parti de JE ? QUEL PARTI ANNONCE et exige NOUS ? Et quel est le parti de ce EUX hostile ? Une partie de la jeunesse a été égarée par la ''gauche'' et le libéralisme dans des voies culturelles réactionnaires. D'où cette idée : **si elle a été ainsi égarée dans le domaine littéraire, ne l'a-t-elle pas été dans le domaine politique ?** En d'autres termes : la jeunesse est-elle à sa place avec les libéraux ?

Des implications politiques apparaissent aussitôt comme conséquence des situations culturelles. Les deux camps sont donc redistribués :

I - JE/NOUS   II - ULTRAS

$\left\{\begin{array}{l}\text{Libéraux}\\ \text{Conservateurs}\\ \text{Vieux}\\ \text{Classiques}\\ \text{Une certaine jeunesse}\end{array}\right.$

et entre les deux flotte $\left\{\begin{array}{l}\text{romantisme}\\ \text{romanticisme}\end{array}\right.$

Il constitue un nouveau parti ultras-libéraux, dont les bases ne sont pas claires, mais qui, le texte le dit et l'écrit en son mouvement même, existe et qui fonctionne. Mais I ? I n'est qu'un parti potentiel : la jeunesse telle qu'elle devrait être si elle se délibéralisait, si elle rompait avec ses maîtres abusifs libéraux. Mais ce parti ne peut avoir d'existence politique et historique. Tout ceci se précise : 1) la caution théorique du Parti II c'est la Harpe et l'esthétique du XVIIIe siècle, et le classique s'en prend à JE-NOUS qu'il désigne avec hargne : '' vous autres, philosophes modernes ''. 2) Ce parti est un parti néo-féodal (intérêts, coteries, soutien des journaux). Il constitue une bastille culturelle mais aussi politique. Et I apparaît comme rassemblant :

JE
NOUS
jeunesse vraie
sensibilité
romantisme vrai
gauche vraie

Or qu'est-ce que la gauche vraie ? Et en quoi la gauche existante est-elle une fausse gauche ? La gauche vraie, la gauche non libérale, n'existe pas, n'existe pas encore. Dès lors, ne pouvant se constituer en parti, I en reste nécessairement à JE-NOUS, anathématisés par II comme une force obscure et menaçante, au moins agaçante, mais sans force sociale et politique réelle. Condamnée à la littérature II est anti-individu ; mais par là il est anti-NOUS et constitue JE-NOUS en force potentielle. Situation sans issue ? Non. **Car en l'absence d'une issue politique il y a une issue littéraire.** Stendhal s'essouffle d'abord à trouver des sujets pour le théâtre (Henri III, Henri IV, Louis XIII chevalier au pas de Suze) puis il trouve un **exemple** qui devient un **sujet,** et cette fois la modernisation est radicale et doublement :

> '' C'est ainsi qu'un jeune homme à qui le ciel a donné quelque délicatesse d'âme, si le hasard le fait sous-lieutenant et le jette à sa garnison, dans la société de certaines femmes, croit de bonne foi, en voyant les succès de ses camarades et le genre de leurs plaisirs, être insensible à l'amour. Un jour enfin le hasard le présente à une femme simple, naturelle, honnête, digne d'être aimée, et il sent qu'il a un cœur''.

Car ce sujet n'est pas un sujet de théâtre : **c'est un sujet de roman** (très exactement, avec dix ans d'avance, on le sait, celui de **Lucien Leuwen**) et ce jeune homme d'aujourd'hui qui est JE-NOUS, pour qui il faut écrire et qu'il faut écrire, il implique et suppose un autre découpage, une autre écriture, un autre type de lecture. Voilà qui vaut mieux qu'**Eloa** du comte de Vigny aussi bien que les comédies du libéral M. Etienne... ou les pamphlets de M. de Stendhal. Il suppose le temps, le plaisir d'écrire, le plaisir - à loisir - de lire. Sujet moderne, forme moderne. Sujet sérieux, forme sérieuse. Non plus romanesque pour marquises ou femmes de chambre, romanesque facile, mais romanesque grave. Le nouveau héros de roman est né de l'impasse des idéologies et de l'impuissance des idéologies à dire le réel, et de l'impasse formelle qui traduit alors en terme littéraire cette impasse idéologique. **Une idée revient sans cesse : la comédie moderne, le grand genre moderne, c'est le roman.** Les preuves dès lors s'accumulent : un libéral, par exemple, est un homme riche qui prête à tous et même (ô horreur !) au roi d'Espagne : **refusez-lui votre estime ! Transformez vos comédies en roman.** Qui refuse l'estime ? L'auteur, mais aussi le héros. Qui transforme la comédie en roman ? L'auteur, mais aussi, de l'intérieur, le héros, à qui il faut une forme neuve. Le héros engendre sa propre forme. On notera que le héros JE-NOUS frappe peu, ou de moins en moins, sur sa droite et sur les marquis et qu'il frappe de plus en plus sur les bourgeois, sur la vie bourgeoise, lieu de sa vie à lui, lieu où il souffre et se sent volé, pas à sa place. C'est que le vrai combat, le combat qui a un avenir, est désormais le combat liberté-libéralisme, le combat vraie vie - vie bourgeoise, vie dans le monde moderne qui est la vie selon la loi bourgeoise et ses fétiches. C'est que l'axe et le lieu du combat, l'axe et le lieu des luttes de classes se sont déplacés. Pour les libéraux classiques il n'y a pas d'idées nouvelles depuis 1789. Pour JE-NOUS il y en a. Lesquelles ? Et comment les dire ? Et ces idées ne sont-elles pas plutôt des exigences ? Le '' nouvel ordre de choses '' est cette situation qui se définit par delà les partis officiels. Une littérature nouvelle doit le dire. Dès lors l'offensive contre Auger est claire : c'est la première offensive sérieuse contre l'idéologie bourgeoise et d'abord contre sa pratique et sa conception de la culture et de la littérature. Mais contre Auger on ne peut vraiment se battre qu'à coup de héros non à coup d'idées. Au conflit du JE émigré ou fils d'émigré/académicien classique qui était le conflit d'hier (les bourgeois installés n'aimaient ni Lamartine ni Chateaubriand ni toutes les nouveautés qui disaient des réflexes de classe mais aussi le sentiment d'exil dans le monde moderne, l'impuissance de la société bourgeoise révolutionnée à intégrer l'individu) succède le conflit JE-NOUS/académicien libéral, et JE-NOUS a parlé spontanément en héros de roman et l'exemple proposé est celui d'une écriture ouverte. Le roman s'écrit, va s'écrire contre la bourgeoisie, contre ses valeurs, contre ses pratiques, contre ses intérêts. Le roman, qui dit le problématique, s'inscrit dans un mouvement de dépassement des formes de la certitude et de l'affirmation. Il est une forme de recherche. Mais les choses vont apparaître avec beaucoup plus de netteté dans un pamphlet ouvertement politique, **D'un nouveau complot contre les industriels** qui, tout en disant plus que le pamphlet littéraire, va tourner un peu court, comme incapable, à l'intérieur de sa propre forme, qui implique les conflits et une démarche critique claire, d'aller aussi loin qu'on le voudrait.

L'interlocuteur de l'industriel libéral (LUI, ou EUX), JE, est d'abord simplement un voisin, ce qui connote bon sens et non engagement, vue raisonnable et paisible des choses, réserve de la raison. L'industriel a bien dîné, ce qui en 1825 dénote très précisément la collusion libéraux-ministres (on appelait **ventrus** les députés qui se vendaient au ministère ; les dîners ne sont pas seulement ceux que l'industriel a pu se payer, ce sont aussi ceux qu'il a acceptés du pouvoir, ce qui est un sujet de chanson de Béranger). Qui est ce voisin ? Comment est-il socialement situé ? Parce qu'il ne '' marche '' pas dans les propos de l'industriel heureux et satisfait de lui-même, le voici accusé d'aristocratisme (ce que ne suffit pas à expliquer le pseudonyme '' de Stendhal ''). Spontanément et à partir de sa propre vision du monde et de ses problèmes, l'industriel renvoie au système manichéen libéral-ultra, dans lequel, on le sait, JE-NOUS n'a pas sa place. Mais aussi, l'accusation d'aristocratisme étant évidemment absurde, du moins si l'on donne à '' aristocratisme '' son sens étroit de classe, si on ne lui donne pas son sens large de qualité d'âme et d'esprit, si le voisin n'est ni libéral-industriel ni aristocrate, QUI et QUEL est-il ? On retrouve le JE-NOUS de nulle part. Sinon d'un lieu à inventer, à écrire. Qui, DE QUEL PARTI est ce voisin pour l'instant à la troisième personne, personnage encore, au début du pamphlet, vu, et non réellement et directement assumé, semble-t-il, par l'auteur ? Mais voici que JE reparaît et s'explicite : '' Moi qui ne suis ni riche ni noble je ne m'en trouve que mieux placé pour apercevoir le ridicule des deux camps opposés, l'industrialisme et le privilège ''. JE est noble, en ce sens qu'il est moralement propre. JE est industriel en ce sens que, écrivain, il vit de son travail. Mais, noble, il n'a rien à voir ni avec les marquis à privilèges, ni, industriel de l'esprit, avec les industriels à profits. Des séries plus claires se constituent. On peut être :

> noble et riche
> industriel et riche

mais on peut être aussi :

> noble et non riche
> industriel et non riche

et l'on a ainsi deux ensembles, deux partis, l'un de fait, l'autre potentiel :

> 1   riche/noble/industriel
> 2   non riche/noble/industriel

Mais dans l'ensemble 2, nécessairement, **noble** et **industriel** n'ont pas le même sens que dans I. Il y a des gens qui sont riches/nobles/industriels (cf. leur solidarité de fait fait déjà dans **Racine et Shakespeare** contre JE-NOUS, et ici par les dîners). Il y a des gens qui sont non riches / nobles / industriels. Mais de **quelle** noblesse ? De **quelle** industrie ? On a avancé lorsqu'on a appris que le voisin était un écrivain. C'est la littérature, JE-NOUS, qui dit le droit (désintéressement, humanité, exercice d'un métier) contre le parti de EUX, toujours le même. Or ce parti

se définit par
$$\begin{cases} \text{noble} \\ \text{industriel} \end{cases}$$
$$\begin{cases} \text{privilège} \\ \text{industrialisme} \end{cases}$$

JE-NOUS est donc **noble sans privilège** et **industriel sans industrialisme,** le privilège étant - cette idée n'est pas neuve - trahison et dégradation de la noblesse, l'industrialisme étant - cette idée par contre est nouvelle - trahison et dégradation de l'industrie. Dans le champ apparent on a le conflit :

Noblesse contre $\begin{cases} \text{industrie} \\ \text{JE} \end{cases}$

Dans le champ réel on a :

JE-NOUS contre $\begin{cases} \text{industrie} \\ \text{noblesse} \end{cases}$

et la double opposition de JE entraîne d'elle-même l'équivalence révolutionnaire : industrie = (nouveau) privilège, c'est-à-dire aristocratie de l'argent et argent = nouvelle féodalité. Deux idéologies se font face, mais qui retardent sur l'évolution du réel. Liberté du libéralisme contre autoritarisme de l'aristocratie, mais entre elles et parce que justement le réel change, parce que l'oppression majeure (et donc la mystification idéologique majeure) n'a plus sa source dans l'aristocratie mais dans l'industrialisme capitaliste qui, d'instrument de progrès et de liberté devient pure machine à profit, perce JE-NOUS qui va essayer d'élaborer sa propre pratique, sa propre théorie du monde et sa propre écriture. Mais JE-NOUS, ici, franchit une étape : il appartient à ce que Stendhal appelle **la classe pensante** c'est-à-dire l'ensemble, vague mais réel, de tous ceux qui ont assez pour vivre ou qui vivent, sans faire de profits, de leur travail, et qui seuls accordent activité créatrice, liberté, progrès, dignité, sens de l'humain. Et comme les industriels, leur seule règle étant le profit, soutiennent à l'occasion les tyrans, on a deux séries :

I $\begin{cases} \text{industriels gagnant de l'argent} \\ \text{industrialisme} \\ \text{libéralisme (·⊦ ultras, malgré apparences)} \end{cases}$ II $\begin{cases} \text{industriels pensants} \\ \text{industrie vraie} \\ \text{liberté} \end{cases}$

Le conflit JE-Nobles pourra encore interférer dans la mesure où les nobles sont dans la colonne I (ils jouent à la Bourse, par exemple, l'indemnité qu'on leur a votée pour les dédommager de la vente de leurs biens pendant la révolution), mais il cesse d'être premier, moteur. On a donc une série de trahisons et d'impasses et plus clairement cette fois deux partis :

I $\begin{cases} \text{industrialisme} \\ \text{privilège} \\ \text{libéralisme} \end{cases}$ trahit $\begin{cases} \text{industrie} \\ \text{noblesse} \\ \text{liberté} \end{cases}$

Contre ces trahisons JE-NOUS est :

II $\begin{cases} \text{noble (de cœur)} \\ \text{industriel (de l'intelligence)} \\ \text{démocrate} \end{cases}$

Mais si I est un parti concret, II n'est qu'une possibilité pour laquelle il faut - c'est un signe ! - créer un mot : **classe pensante,** de même que, deux ans plus tôt il avait fallu créer **romanticisme**. Or s'il faut créer un mot c'est bien qu'une chose nouvelle existe. **Romanticisme** c'était romantisme remis à l'endroit, romantisme progressiste dans la culture comme dans la politique, et ceci **à la fois** contre les ultras et contre les libéraux. **Classe pensante** c'est intelligence et activité remises à l'endroit, industrie dans la culture comme dans la politique, et ceci contre les industriels bourgeois sans pour autant rejoindre leurs adversaires (?) ultras. **Romanticisme** et **classe pensante** se sont constitués contre le bloc conservateur. Mais comment **romanticisme** et **classe pensante** ne seraient-ils pas figure pour (et annonce de) la seule vraie force de relais et de progrès, alors muette, non constituée : le peuple, qui est et sera de plus en plus à la fois **industrie** (au sens classique de production, d'activité créatrice), **intelligence, liberté ? Romanticisme** et **classe pensante** ce sera bientôt dans le roman (conséquences, et non applications mécaniques) soit des aristocrates qui recherchent la vraie noblesse soit des plébéiens qui rejettent le libéralisme. C'est que :

- le privilège trahit la noblesse (Octave de Malivert, vicomte, refuse sa propre classe) ;
- l'industrialisme trahit l'industrie (Octave polytechnicien refuse l'industrie selon les capitalistes) ;
- le libéralisme trahit la liberté (Julien Sorel est haï et méprisé par les riches fabricants de toile peinte de Verrières et par Valenod, pourtant d'origine plébéienne, autant qu'il est méprisé par les aristocrates, et son principal adversaire, M. de Rénal, est à la fois aristocrate et propriétaire d'une fabrique de clous qui exploite les jeunes filles prolétarisées de la montagne).

C'est que les trahisons sont malthusiennes :

- le **privilège** empêche la vraie **noblesse**
- l'**industrialisme** empêche la vraie **industrie**
- le **libéralisme** empêche la vraie **liberté**

alors que le héros vrai cherche l'absolu, l'accomplissement, le total développement de soi et du monde, de soi dans le monde et par le monde, du monde en soi et par soi. Le héros, **noble, industriel** et **démocrate** va se constituer, se constitue déjà, donc, contre **privilège, industrialisme** et **libéralisme.** Tous trois sont des charlatanismes, et le romantisme aussi. Ce qui peut se résumer ainsi de cette manière :

	I		II	
	privilège		noblesse	
	industrialisme		industrie	
	libéralisme		liberté	
	romantisme (de droite)		romanticisme (de gauche)	
	s'enrichir !		être vrai et efficace (par exemple faire des canaux et des chemins de fer, exercer valablement sa science au service des hommes)	

Mais II - c'est là tout le problème ! - a-t-il une chance quelconque à court terme d'exister ? Il n'existe en fait pour le moment que par quelques individus significatifs : Byron (noble), l'écrivain (industriel pur), Santa Rosa (patriote). On va le faire exister par des héros de roman. Courage, noblesse, pensée : ceci n'a pas de lieu collectif, et la classe pensante est sans pouvoir, sans lieu donc sans existence en tant que force réelle. Elle n'existe que par un besoin et par un public. Dès lors, on voit bien ce qui se passe : privé de perspectives claires, le pamphlet ne peut que tourner court, abandonnant au bout de quelques lignes cette forme simple du dialogue, pour chercher dans la prose analytique mais non encore narrative une issue d'écriture, et il va se poursuivre, se transformer, sous forme de romans. Le pamphlet est impossible, inécrivable, dès lors que le monde ne peut plus être coupé en deux camps clairs, dès lors qu'il existe un tiers terme confus mais réel, en avant, dès lors que la dialectique de l'Histoire et de la vie est repartie, dès lors qu'il ne s'agit plus d'appliquer un schéma mais d'exprimer une nouvelle contradiction vécue. Le pamphlet (Voltaire, et juste avant Stendhal le libéral Paul-Louis Courier) suppose une situation claire, un combat non douteux d'une vérité contre une erreur, chacune étant incarnée ou portée par des groupes humains ou par des individus non problématiques. Dès lors que les partis, de deux deviennent trois, le troisième n'étant pas au milieu mais en avant, dès lors que des oppositions mécaniques ne marchent plus, le pamphlet n'est plus possible et cède la place à une forme plus complexe et plus riche qui, ici, dise et puisse dire entre et contre les rivalités dépassées la recherche, l'effort, le drame d'un individu à la fois problématique et représentatif à la recherche d'une vérité que nul camp social ne saurait plus lui offrir. JE-NOUS continuera longtemps à chercher un parti. **Lucien Leuwen** dira en 1837 qu'être humain est un parti : un parti sans adhérent, sans militant, sans profiteur, mais un parti, pour l'instant, de lecteurs, actuels et à venir (c'est l'un des sens du **happy few**, sans doute le plus intéressant). Dire à quelles conditions, quand et comment JE-NOUS trouvera son parti est évidemment une autre histoire, et qui nous conduirait à ces temps où, parce que des forces nouvelles se sont levées et organisées, JE-NOUS peut n'être plus seul. Ce temps-là, Stendhal ne le connaîtra jamais. Mais le **happy few** deviendra large public, celui qui découvre aujourd'hui l'une des significations les plus vraies de Stendhal pour qui est faite aujourd'hui cette édition **nouvelle**, dans plus d'un sens du terme en ce sens qu'elle s'y adresse non à quelques rares amateurs et spécialistes sachant goûter une certaine et rare qualité mais à une humanité de plus en plus consciente, de plus en plus nombreuse, qui a vu **Lucien Leuwen** à la télévision (il n'y a plus pour les mass media de happy few), pour qui il n'est plus du tout d'aristocratie nobiliaire, pour qui il est plus que jamais une féodalité de l'argent, mais qui sait ou du moins qui peut savoir comment sortir de cette crise dont Stendhal a donné une première lecture. C'est l'évolution de l'Histoire qui a rendu possible et nécessaire cette édition. Le JE stendhalien cherchait un NOUS ; ce NOUS, désormais, il existe, plus clairement et fortement qu'en son temps et il porte un nom, il est une force réelle. La classe pensante existe aujourd'hui : elle est la classe révolutionnaire qui, avec ses alliés, a pris le relais historique de la noblesse vraie, de l'industrie vraie, et de la liberté vraie. La lecture nouvelle de Stendhal par des milliers de JE peut aujourd'hui contribuer à ce que le nouveau NOUS se renforce et s'élargisse encore. On n'est pas pour autant dans le paradis, dans un univers désormais béni et sans problème. On est dans ce monde nouveau où la conscience sert de plus en plus à quelque chose, où l'action peut n'être plus décevante et dérisoire mais fondatrice et libératrice. Les vrais lecteurs de Stendhal aujourd'hui sont les descendants, à la fois de tous ces intellectuels du XIXe siècle, de tous ces écrivains qui, comme Stendhal, cherchaient, comme ils pouvaient et avec les moyens du bord, à se sortir d'affaire, et de ces ouvriers que Lucien Leuwen refusait de sabrer. A partir de là on peut mieux comprendre le sens et l'intérêt de ces deux grands romans qui fixent l'image de cette lointaine (?) Restauration.

Pierre BARBÉRIS
E.N.S. de Saint-Cloud

"Est-il bon, est-il méchant ?"
Les catégories morales dans la *Vie de Henry Brulard*

En 1764, à l'âge de 52 ans, Jean-Jacques Rousseau prend la plume pour tracer les premières pages de ses **Confessions.** '' Je forme une entreprise qui n'eut jamais d'exemple, et dont l'exécution n'aura point d'imitateur. Je veux montrer à mes semblables un homme dans toute la vérité de la nature ; et cet homme, ce sera moi ''.

En 1835, âgé également de 52 ans, Stendhal jette à son tour sur le papier l'exorde de ses propres '' Confessions '' qui s'intituleront la **Vie de Henry Brulard.** '' Il serait bien temps de me connaître. Qu'ai-je été, que suis-je, en vérité je serais bien embarrassé de le dire... Ai-je été homme d'esprit ? Ai-je eu du talent pour quelque chose ? ... Ai-je eu le caractère gai ? ''.

Stendhal se rend parfaitement compte de la différence entre sa manière d'aborder l'autobiographie et celle de son grand prédécesseur. Faisant part à Levasseur, libraire parisien, de son nouveau projet, il parle de la **Vie de Henri Brulard** comme d' '' un livre qui peut être une grande sottise ; c'est mes **Confessions** au style près comme Jean-Jacques Rousseau, avec plus de franchise '' (1). Entre le style '' parlé '' plein de négligences, de néologismes, de tournures dauphinoises dont s'est servi Stendhal et le style fleuri, pour ne pas dire emphatique, du rhéteur Rousseau, il n'y a pas de comparaison possible : Stendhal lui-même l'a bien senti. De même pour la franchise. On a déjà signalé (2) l'énorme écart qui existe entre la '' sincérité '' de Stendhal, qui ne note que les faits dont il est à peu près sûr, et les tricheries de Jean-Jacques que lui-même a, par ailleurs, tranquillement avouées. '' J'écrivais mes **Confessions**, dit-il, de mémoire ; cette mémoire me manquait souvent ou ne me fournissait que des souvenirs imparfaits, et j'en remplissais les lacunes par des détails que j'imaginais en supplément de ces souvenirs '' (3). Rousseau écrivait, en vue d'une publication qui aurait lieu de son vivant, le roman de sa vie : roman, histoire, mémoires, n'oublions pas qu'au XVIIIe siècle on n'avait point encore établi entre ces trois genres les lignes de stricte démarcation auxquelles nous sommes habitués aujourd'hui. Stendhal, par contre, envisage tout au plus la possibilité d'une publication posthume ; il destine son livre à des lecteurs qui, au moment où il l'écrit, ne sont peut-être pas encore nés.

Ce qui constitue cependant la différence profonde qui sépare la **Vie de Henry Brulard** non seulement des **Confessions** de Rousseau mais encore de toute la série d'œuvres autobiographiques qui nous ont été léguées par les contemporains de Stendhal, depuis les **Mémoires d'outre-tombe** de Chateaubriand jusqu'à l'**Histoire de ma vie** de George Sand, c'est que Stendhal, lui, fait une enquête, alors que les autres proclament des vérités acquises. Quel contraste entre les tâtonnements de Beyle et les certitudes de Rousseau, qui s'imagine au Jugement dernier, devant la barre de la justice divine, faisant hommage au Tout-Puissant de ses **Confessions** imprimées, et lui déclarant modestement : '' Voilà ce que j'ai fait, ce que j'ai pensé, ce que je **fus** ''. Stendhal, lui, ignore ce qu'il a été, et d'après son propre aveu, c'est uniquement pour le savoir qu'il entreprend de rédiger la **Vie de Henry Brulard.** '' Le soir, en rentrant assez ennuyé de la soirée de l'ambassadeur, je me suis dit : Je devrais écrire ma vie, je saurai peut-être enfin, quand cela sera fini dans deux ou trois ans, ce que j'ai été, gai ou triste, homme d'esprit ou sot, homme de courage ou peureux, et enfin au total heureux ou malheureux, je pourrai faire lire ce manuscrit à di Fiori '' (4). Rousseau veut éclairer Dieu le Père, Stendhal espère intéresser son vieil ami Domenico di Fiore.

C'est d'ailleurs sous l'impulsion d'une curiosité identique que Beyle s'était mis, trois ans plus tôt, à rédiger ses **Souvenirs d'égotisme** qui portent sur une autre époque de sa vie. '' Quel homme suis-je ? Ai-je du bon sens, ai-je du bon sens avec profondeur ? Ai-je un esprit remarquable ? En vérité, je n'en sais rien... Je ne me connais point moi-même et c'est ce qui quelquefois, la nuit quand j'y pense, me désole. Suis-je bon, méchant, spirituel, bête ? '' (5). Ainsi, dans les **Souvenirs d'égotisme** comme dans la **Vie de Henry Brulard,** ce sont les mêmes incertitudes qui incitent Stendhal à prendre la plume : il voudrait savoir quelles catégories morales conviennent le mieux à son propre caractère. Appartient-il au genre des sanguins ou des mélancoliques ? Est-il spirituel ou sot, timide ou courageux ? Bref, est-il bon, est-il méchant ?

Le malheur, c'est que l'enquête n'aboutit jamais à des conclusions bien nettes. Sans doute cela tient-il en partie au fait que ni la **Vie de Henry Brulard** ni les **Souvenirs d'égotisme** n'ont été menés à bonne fin. Mais le fait même que Stendhal les a laissés en plan ne s'expliquerait-il pas par l'échec auquel il se voit finalement acculé ? Dans le chapitre 28 de la **Vie de Henri Brulard,** l'écrivain revient momentanément à son point de départ, pour nous avouer qu'il n'est pas plus avancé dans la solution du problème en dépit des vingtaines de feuillets déjà noircis : il ne sait toujours pas comment se définir. '' Mais au fond, cher lecteur, je ne sais pas ce que je suis : bon, méchant, spirituel, sot. Ce que je sais parfaitement, ce sont les choses qui me font peine ou plaisir, que je désire ou que je hais '' (6).

Il est indéniable que l'impression que tout lecteur garde du petit Henri est celle d'un enfant aux réactions très vives, désirant fortement, haïssant ferme, et qui se passionne facilement pour ou contre les adultes qui l'entourent : pour son grand-père, contre sa tante Séraphie ; pour Lambert, contre l'abbé Raillane. Ainsi, pour les uns il est bon, pour les autres méchant. Mais qu'est-il au fond ?

Ces adultes - surtout ceux qui appartiennent au cercle le plus intime de la famille - ne se font pas faute de porter des jugements sur l'enfant, autrement dit de faire entrer en jeu certaines catégories morales, généralement pour le blâmer. Le tout premier souvenir qu'il garde est d'avoir mordu à la joue une jeune femme qui exigeait avec trop d'insistance qu'il l'embrasse. '' Ma tante Séraphie déclara que j'étais un monstre et que j'avais un caractère atroce ''. Opinion confirmée par un autre incident, survenu peut-être un an plus tard : l'enfant, jouant seul dans sa chambre qui donne sur la rue, laisse tomber par mégarde un couteau qui aurait pu blesser grièvement une certaine Mme Chenevaz qui se trouvait passer sur le trottoir directement sous la fenêtre. Accusé d'avoir voulu tuer la dame, Henri est de nouveau '' déclaré pourvu d'un caractère atroce '' (7). Cette réputation, il la gardera longtemps. Nous sommes en 1793. On apprend avec indignation dans la famille que

Chérubin a été inscrit sur la liste des suspects. Henri, qui a maintenant dix ans, prend sur soi de protester contre l'inconséquence de ses aînés. " Mais, dis-je à mon père, Amar t'a placé sur la liste comme notoirement **suspect** de ne pas aimer la République ; il me semble qu'il est **certain** que tu ne l'aimes pas ". Ce fut, ajoute Stendhal, " une naïveté qui confirma mon caractère **atroce** " (8).

Le mémorialiste veut-il que nous acceptions à la lettre ce jugement selon lequel il aurait fait preuve - au moins durant son enfance - d'un caractère " atroce " ? Nullement. Les trois incidents qui ont provoqué cette appellation infamante sont sans gravité réelle : un enfant de trois ans est taquiné outre mesure et, comme ferait un jeune chien, il mord sa persécutrice ; il laisse tomber un couteau en jouant et fait peur à je ne sais quelle commère qui passe : il s'agit d'un simple accident dont il serait ridicule de faire porter la responsabilité à un enfant de cet âge. Enfin, la remarque qui lui échappe en parlant à son père est tout au plus une " naïveté ". Ainsi, chaque fois qu'il rapporte un jugement défavorable, Stendhal a soin de le réfuter séance tenante. C'est une façon entre autres d'échapper à la catégorisation.

De toute façon, ces opinions sur son caractère exprimées par Séraphie et par son père, en tant qu'elles proviennent de témoins déjà prévenus contre lui, sont sujettes à caution. Ce que Stendhal redoute bien davantage, c'est le jugement du lecteur, car il prévoit que certaines confidences qu'il doit lui faire vont l'horrifier. Il est amusant de le voir anticiper chaque fois ce jugement et tenter de le mitiger, comme s'il disait à ce lecteur imaginaire : Prenez garde, ne concluez pas trop vite, il est vrai que les apparences sont contre moi, que vous serez tenté de me ranger dans la catégorie des sans-cœur, des sadiques même ; cependant je vous supplie de faire entrer en compte toute une série de circonstances atténuantes qui rendront fragiles les hypothèses que vous aurez formulées sur mon caractère. Ainsi, en apprenant la grande nouvelle de l'exécution de Louis XVI, " je fus saisi, nous raconte Stendhal, d'un des plus vifs mouvements de joie que j'aie éprouvés en ma vie. Le lecteur pensera peut-être que je suis cruel mais... " et il ouvre ici une énorme parenthèse, s'étendant sur deux ou trois pages, en justification de la peine de mort quand il s'agit de crimes politiques (ou contre-révolutionnaires) : il cite pêle-mêle le comte de Peyronnet, le duc de Blacas, la reine du Portugal, pour enfin conclure que ceux qui se scandalisent de la férocité de sa logique " prennent l'étiolement de leur âme pour de la civilisation et de la générosité ". Ce sont des **faibles** : " je puis dire que l'approbation des êtres que je regarde comme **faibles** m'est absolument indifférente. Ils me semblent fous ; je vois clairement qu'ils ne comprennent pas le problème " (9).

Une lecture même superficielle de la **Vie de Henry Brulard** permettra de relever plus d'un exemple de cette façon de repousser une catégorisation défavorable en jetant du discrédit sur le juge présumé. En apprenant la mort de Séraphie, le petit athée qu'est déjà Henri s'agenouille sur-le-champ " pour remercier Dieu de cette grande délivrance ". Mais l'apologiste ajoute immédiatement : " Si les Parisiens sont aussi niais en 1880 qu'en 1835, cette façon de prendre la mort de la sœur de ma mère me fera passer pour barbare, cruel, atroce " (10). Encore une fois, le jugement est cassé d'avance ; l'inculpé, en dénigrant ses accusateurs (qu'il dénonce comme " niais "), échappe lui-même au dénigrement. Autre exécution qui remplit de joie le petit Beyle : celle des deux prêtres guillotinés place Grenette en 1794. " Mon lecteur de 1880, éloigné de la fureur et du sérieux des partis, me

prendra en grippe quand je lui avouerai que cette mort... me fit **pleasure** " (11).
Cette fois, le lecteur n'est ni **faible** ni **niais** ; pourtant, il se voit toujours récusé
comme incompétent : c'est qu'il est trop étranger aux passions de l'époque pour
comprendre l'attitude de Stendhal. De quelque biais qu'on le prenne, l'auteur se
dérobe constamment à toute condamnation, et partant à toute catégorisation.

Cela arrive même lorsqu'il est amené, exceptionnellement, à se condamner
lui-même. Il ne peut nier qu'il n'aimait pas son père, et en constatant le fait, tout de
suite il se voit menacé d'une catégorisation défavorable : voyons comment il tourne
la difficulté. " Quant à mon père... j'observai, avec remords, que je n'avais pas pour
lui **une goutte** de tendresse ni d'affection. Je suis donc un monstre, me disais-je. Et
pendant de longues années je n'ai pas trouvé de réponse à cette objection " (12). En
d'autres termes, l'objection n'est pas vraiment valable, seulement il a fallu à
Stendhal " de longues années " avant qu'il s'aperçoive en quoi elle est mal fondée.
Au moment de son départ pour Paris, Beyle remarque que son père, en lui faisant
ses adieux, verse quelques larmes ; mais ces démonstrations d'une sensibilité
intempestive ne provoquent chez l'adolescent qu'une froide exaspération, un
énervement déplaisant : il trouve le vieil homme " bien laid " en ce moment. Fils
dénaturé ? C'est bien vite dit. " Si le lecteur me prend en horreur qu'il daigne se
souvenir des centaines de promenades forcées aux Granges avec ma tante Séraphie ;
des promenades où l'on me forçait **pour me faire plaisir**. C'est cette hypocrisie qui
m'irritait le plus " (13).

Jusqu'ici nous avons fait état surtout des définitions hostiles que Stendhal
craint de se voir appliquer et qu'il repousse en contestant le bon sens, voire même la
bonne foi, de ceux qui seraient tentés de lui reprocher ses prétendus défauts de
caractère. Mais même quand il s'agit de traits assez anodins du point de vue de la
morale, il persiste à en repousser l'attribution ; il est clair qu'il préférerait échapper
à **toute** catégorisation, en bien comme en mal. Ayant constaté qu'il lui a toujours
répugné d'avoir à frayer avec le petit peuple, Stendhal convient - à contrecœur -
qu'il s'agit là d'instincts aristocratiques ; seulement il n'admet pas que ces instincts
appartiennent au substrat de son caractère. Il est faux qu'il soit par nature
dédaigneux de la foule ; c'est qu'on lui a inculqué cette aversion ; il s'en prend au
genre d'éducation qu'on lui a donnée. " Car il faut l'avouer, malgré mes opinions
alors   parfaitement   et   foncièrement   républicaines,   mes   parents   m'avaient
parfaitement communiqué leurs goûts aristocratiques et réservés " (14). Ce n'est pas
la première ni l'unique fois dans la **Vie de Henry Brulard** que Stendhal fera allusion
à l'influence funeste qu'ont eue sur son caractère ses parents ou ses précepteurs ; il
voudrait nous persuader qu'il naquit avec certaines tendances de base - toujours
bonnes - qui furent contrecarrées ou dévoyées par des pressions exercées sur lui, à
son insu ou contre son gré. Dans le passage bien connu où Stendhal parle de l'espèce
de claustration qui lui fut imposée pendant toute son enfance (" jamais on ne m'a
permis de parler à un enfant de mon âge. Et mes parents, s'ennuyant beaucoup par
suite de leur séparation de toute société, m'honoraient d'une attention continue "),
nous apprenons quels ont été les effets sur sa personnalité de cette éducation trop
étouffante. " Pour ces deux causes, à cette époque de la vie si gaie pour les autres
enfants, j'étais méchant, sombre, déraisonnable, **esclave** en un mot, dans le pire sens
du mot, et peu à peu j'ai pris les sentiments de cet état ". Enfin, un aveu : " j'étais
méchant ! ". Oui, mais le verbe est mis au passé. Méchant, il l'était, mais il ne l'est
pas resté. Stendhal enchaîne : " Par un grand hasard il me semble que je ne suis pas

resté méchant, mais seulement dégoûté pour le reste de ma vie des bourgeois, des jésuites et des hypocrites de toutes les espèces " (15).

Ne dirait-on pas que quelque génie bienfaisant, quelque ange gardien veillait sur le petit Henri, pour tourner en bien tout ce qui risquait de corrompre son caractère ? Il raconte quelque part comment son oncle Romain Gagnon, l'ayant surpris dans un mensonge enfantin quelconque, le lui a reproché, mais avec douceur. " La leçon me fit une impression profonde. En me **grondant** (reprenant) avec cette raison et cette justice, on eût tout fait de moi. Je frémis en y pensant : si Séraphie eût eu la politesse et l'esprit de son frère, elle eût pu faire de moi un jésuite " (16). De sorte qu'on arrive à cette conclusion surprenante, que c'est grâce aux brimades de ses plus proches parents que Stendhal doit d'avoir été préservé du jésuitisme. Il leur doit donc une fière chandelle ! Ce raisonnement est, d'ailleurs, repris dans d'autres endroits du livre. Ainsi, en parlant des " accès de colère abominables " dans lesquels il se souvient d'être entré au moindre prétexte, Stendhal nous fait observer que " dans ces temps-là (c'est-à-dire quand il avait dix ans), un mot de Mme Colomb me faisait rentrer en moi-même, ce qui me fait supposer qu'avec de la douceur on eût fait de moi, probablement, un **plat** Dauphinois bien **retors** " (17). Quel bonheur, alors, que ce ne soit pas à sa cousine Mme Colomb qu'on a confié le petit orphelin ! " Si mes parents avaient su me mener, dit Stendhal autre part, ils auraient fait de moi un niais comme j'en vois tant en province " (18). Heureusement, ils ne l'ont pas su, et il peut s'en féliciter car c'est grâce à leur maladresse qu'il n'est pas devenu un **niais**. On croit entendre parler Pangloss.

Stendhal ne tarit pas, dans la **Vie de Henry Brulard**, sur ce qu'il n'est **pas** devenu : il n'est pas devenu un jésuite, Dieu soit loué, ni un " plat Dauphinois bien retors ", ni " un niais comme j'en vois tant en province ". A force de négatives, arrivera-t-on finalement à un jugement positif quelconque ? Non, malheureusement - car alors il faudrait avoir recours à ces catégories morales qui, visiblement, l'agacent même quand elles lui seraient favorables. Il n'ira pas jusqu'à se vanter d'être un bon patriote, il se contente d'affirmer que " tous les ménagements, quand il s'agit de la **patrie**, me semblent encore **puérils** " (19). Plus loin, il se demande pourquoi il n'a jamais pu faire fortune. Il a eu la chance, après tout, d'entrer en relation avec des gens fort influents, Thiers, Mignet, Béranger, qui auraient pu le " pistonner ", comme on dit de nos jours ; il ne les a pas cultivés alors qu'il les voyait tous les soirs, et quand ils sont montés au pouvoir ils n'ont rien fait pour lui. " Quelle absence d'ambition, ou plutôt, quelle paresse ! " (20). Est-ce donc un paresseux ? Eh non ! c'est tout simplement qu'il a toujours été guidé par un sûr instinct de ce qui constitue pour lui le vrai bonheur : " de rêver, mais rêver à quoi ? Souvent à des choses qui m'ennuient. L'activité des démarches nécessaires pour amasser 10.000 francs de rente est impossible pour moi " (21).

Est-ce à dire, en fin de compte, que Stendhal ne trouve jamais de réponse à la question qu'il s'était proposé de résoudre au début de la **Vie de Henry Brulard** : " qu'ai-je été ? que suis-je ? " Cela ne serait pas tout à fait exact. C'est au chapitre 20 qu'il parle de l'influence qu'a eue sur son caractère une première lecture de **la Nouvelle Héloïse** de J.J. Rousseau. Cet ouvrage lui aurait communiqué le goût de la volupté lequel, par un effet assez inattendu, aurait maintenu en lui la pureté du cœur. " Sans mon goût pour la volupté, je serais peut-être devenu, par une telle éducation dont ceux qui la donnaient ne se doutaient pas, un **scélérat noir** ou un coquin gracieux et insinuant, un vrai jésuite, et je serais sans doute fort riche. La lecture de **la Nouvelle Héloïse** et les scrupules de Saint-Preux me formèrent profondément honnête homme : je pouvais encore, après cette lecture faite avec larmes et dans des transports d'amour pour la vertu, faire des coquineries, mais je me serais senti coquin. Ainsi c'est un livre lu en grande cachette et malgré mes parents qui m'a fait honnête homme " (22).

Donc, ni bon ni méchant finalement ; ni homme d'esprit ni sot, ni homme de courage ni peureux, mais **honnête homme** : c'est la seule définition qui lui convient, la seule catégorie morale dans laquelle il consent à être classé. Convenons qu'il a d'abord parfaitement raison en ce qui le concerne, et qu'ensuite l'éloge qu'il se décerne n'est pas mince. Car ils sont rares, les écrivains dont on peut dire qu'ils ont été non seulement hommes de talent mais, de plus, honnêtes hommes ; on citera sans doute Montaigne, peut-être La Bruyère, et encore Montesquieu - tous les trois, d'ailleurs, fort goûtés par Stendhal. Un honnête homme par siècle parmi les gens de lettres : et au XIXe, lequel mérite mieux ce titre que Stendhal ? Même si, au cours d'une vie difficile, les circonstances l'ont parfois contraint à dissimuler ses propres sentiments, il a toujours agi vis-à-vis de nous, ses lecteurs, avec une sincérité exemplaire, avec une parfaite honnêteté.

F.W.J. HEMMINGS
Université de Leicester (Angleterre)

Notes

1. Lettre du 21 novembre 1835. **Correspondance,** éd. Henri Martineau et V. Del Litto (Paris, Bibliothèque de la Pléiade, 1968), tome III, p. 140.

2. Voir par exemple, Hiroshi Ishikawa, " Mémoire et récréation du passé chez Stendhal dans la **Vie de Henry Brulard** ", **Études de Langue et Littérature françaises,** nº 12 (1968), pp. 34-47.

3. Rêveries du promeneur solitaire (Quatrième Promenade).

4. **Vie de Henry Brulard,** éd. V. Del Litto et E.Abravanel (Genève, Cercle du Bibliophile, 1968), tome I, p. 7.

5. **Souvenirs d'égotisme,** éd. V. Del Litto et E. Abravanel (Genève, Cercle du Bibliophile, 1970), pp. 3-5.

6. **Vie de Henry Brulard,** tome II, p. 122.

7. Id., tome I, pp. 36-7.

8. Id., p. 171.

9. **Id.,** pp. 162-4.

10. **Id.,** tome II, p. 16.

11. **Id.,** tome I, pp. 241-3.

12. **Id.,** tome II, p. 69.

13. **Id.,** p. 225.

14. **Id.,** tome I, pp. 222-3.

15. **Id.,** pp. 146-7.

16. **Id.,** p. 210.

17. **Id.,** p. 231.

18. **Id.,** tome II, p. 3.

19. **Id.,** tome I, p. 164.

20. **Id.,** tome II, p. 325.

21. **Id.,** p. 355.

22. **Id.,** tome I, pp. 280-1.

Henry Brulard
ou la quête romanesque du Moi

Délimitation du champ d'étude

Quand il s'agit d'**Henry Brulard,** l'inachèvement de l'œuvre semble poser a priori sa non-autonomie en tant qu'œuvre littéraire et son nécessaire rattachement au reste de l'œuvre autobiographique. Mais comment départager de façon pertinente l'œuvre autobiographique de l'œuvre romanesque quand chez Stendhal la frontière entre réel et romanesque est si ténue ? Cela revient soit à étendre à l'infini le champ d'étude, soit à opérer d'arbitraires et artificielles délimitations pour se restreindre.

Une autre méthode du parti pris contraire consiste à poser l'autonomie, littéraire s'entend, du texte, puisque, quel qu'il soit, il reste tributaire d'un contexte historique et social, sa clôture hermétique sur lui-même, son fonctionnement interne, parfaitement autarcique organisé autour de ce phénomène singulier de l'inachèvement, envisagé désormais non plus comme le vice rédhibitoire qui empêche son existence littéraire à part entière, mais comme l'élément constitutif essentiel du récit qui, en même temps qu'il y met un terme, vient lui donner aussi toute sa signification.

Le problème est donc de mettre à jour cette cohérence interne du récit, de mettre en évidence les structures qui le sous-entendent et la dynamique qui l'achemine peu à peu vers ce refus du dire.

C'est, en effet, ce refus qui autorise notre hypothèse. Car le fait que le récit prenne fin sur un acte délibéré, une décision consciente et non sur un hasard malencontreux, suppose que ce refus est l'aboutissement de tout un processus préalable qui, inéluctablement a amené le récit à cette impasse qu'est l'impossibilité de l'écriture où il s'achève.

Le projet de l'écriture : genèse et élaboration

Au cours de la fameuse scène liminaire sur le Janicule, la conscience stendhalienne se saisit dans sa temporalité fragile, soumise au flux du temps inexorablement emporté par le mouvement des choses :" Ah ! dans trois mois j'aurai cinquante ans ; est-il bien possible" (I.3).

Parvenu désormais à cet âge de la vie où il occupe au regard de sa propre existence la même position éminente d'où il pourrait par la pensée embrasser le passé, il est contraint de reconnaître à travers l'éparpillement du sens des événements qui ont marqué sa vie, le naufrage de son identité et d'en fonder le caractère problématique.

Le point de départ de la recherche autobiographique, c'est l'appréhension du passé comme seul espace possible ou se puisse mouvoir désormais la réalité individuelle, puisque aussi bien il est trop tard pour qu'elle puisse se définir par un quelconque projet et c'est en même temps l'appréhension du passé comme substance indissociablement liée à l'individualité, en tant que lieu privilégié où elle s'est peu à peu acclimatée et définie.

Dans la découverte de la dilution du passé, l'individualité se prend à devenir sa propre fin car ce qui au déclin de sa vie lui est devenu essentiel, ce qui fait la justification de toute une existence désormais révolue, elle le découvre en elle non comme une réalité conquise mais comme un objet de désir, un objet de quête.

"Je vais avoir cinquante ans, il serait bien temps de me connaître". La quête de l'identité se donne d'abord comme une revanche sur la constatation que ce qui a été vécu, a été subi et non voulu :

> " Après tout je n'ai pas trop mal occupé ma vie. C'est-à-dire que le hasard ne m'a pas donné trop de malheurs, car en vérité ai-je dirigé le moins du monde ma vie " (I. 3).

C'est-à-dire comme une tentative de dépassement de cette aliénation que constitue ce moi problématique soumis au vécu sur le mode de la non-réflexivité et égare par l'ambiguïté d'une réalité dont la signification lui échappe.

Ce désir de soi est accru par l'évidence d'un écart entre son être social et l'être problématique dont la conscience immédiate de soi lui donne l'intuition ; il y a donc un second impératif pour exiger la résolution du problème de l'identité : c'est que la personnalité s'aliène dans cette contamination de l'être social. Il ne s'agira pas de résoudre l'écart du moi social au moi intime, mais bien au contraire de le porter à son point de distorsion extrême pour qu'émergent, dans leur totale divergence et leur irréductible contradiction, ces deux personnalités, et que la médiocrité de l'une trouve sa justification dans la valeur inestimable de l'autre. C'est qu'il lui faut désormais assumer à ses propres yeux sa différence aux autres non plus sur le mode de la conviction interne, mais sur celui de la réflexion adulte.

Une fois admis le principe de la recherche autobiographique, il reste à en définir les modalités. Comment fixer sous le regard ce donné mouvant, fragmentaire, incertain, du passé, et surtout comment en rendre compte sur le plan de l'authenticité ? Comment résoudre ce préalable de la vision que constitue la nécessaire existence de ces trois éléments ?

Un sujet voyant, un objet à voir et une distance : c'est l'absence de ce dernier point qui décourage tous les efforts de l'introspection, renvoie aux mêmes désillusions. Car prier un tiers d'être le regard objectif, scrupuleusement tenu à l'écart de tout ce qui fait la singularité de cette conscience jalouse du secret de ses moindres mouvements, un autre ne pourrait jamais qu'en refléter l'image la plus grossière et la plus erronée.

Il faut donc conclure à une impossibilité fondamentale de l'objectivation synchronique de soi. C'est dire que la seule objectivation possible de soi est diachronique, et que le temps dans son écoulement est le seul espace possible de la vision de soi. Quant à l'écriture elle est à proprement parler le lieu de projection du processus d'objectivation, en ce qu'elle en est à la fois l'espace de transcription symbolique, et de fixation objective.

" Je devrais écrire ma vie " (I. 7).

Organisation de la quête de soi

Les titres successifs donnés par Stendhal lui-même à son œuvre provoquent et entretiennent délibérément l'équivoque (Vie de H. Brulard, Roman moral, Roman à détails... etc.).

D'entrée Stendhal ancre l'œuvre à venir dans le domaine de la fiction tandis qu'au même instant il la restaure en un lieu d'authenticité en faisant d'une autobiographie le sujet de son roman.

C'est par ce biais apparemment formel de l'ancrage délibéré de toute écriture dans le plan de la fiction romanesque qu'il décide d'aborder les problèmes de l'autobiographie.

Ce héros qu'a priori Stendhal a supposé différent de lui est arbitrairement placé au centre du récit pour générer plausiblement de l'intérieur la reconstitution du passé, mais aussi pour se charger d'une densité, propre, en relation directe avec l'action progressive du passé reconstitué, avec lequel il se trouve en osmose. Dans cette hypothèse où **JE** est un autre et Stendhal différent de Brulard se dessinent deux plans, un plan romanesque : Stendhal écrit sur Brulard, et un plan autobiographique : Brulard écrit sur lui-même.

En posant ce personnage en quête de réalité chargé de réinvestir le temps privilégié de sa propre histoire, Stendhal accomplit une démarche exactement opposée à la démarche traditionnelle des Mémoires ; l'œuvre se présente comme une quête de l'identité menée par un héros romanesque sur un mode autobiographique.

Le principe général de la mémorisation

A - Images fort nettes dépourvues de charge émotive : " J'ai le souvenir le plus net et le plus clair de la perruque ronde... " (69).

B - Images plus ou moins floues associées à une charge émotive plus ou moins forte, les deux éléments variant dans un rapport inversement proportionnel :

" L'abbé Rey embrassa mon père en silence, je trouvai mon père bien laid " (55).

C - Charge émotive si forte qu'elle a tué l'image :

" Je n'ai aucune mémoire des époques ou des moments où j'ai senti trop vivement " (153).

Tous les phénomènes de mémorisation oscillent sur cet axe le plus souvent entre les points A et C, cas limites. On voit donc une incompatibilité entre la résurgence de l'image et celle de la charge qui l'a accompagnée au moment où elle s'est fixée dans la mémoire.

Si dans le souvenir l'image se développe au détriment de la charge émotive, Stendhal parvient à la physionomie objective des choses. Poussée à son point de netteté maximum, l'image devient croquis.

Si émotion et image sont affectées dans la mémoire d'un coefficient d'intensité à peu près égal, il parvient à ce qu'il appelle la physionomie subjective des choses, mais cet état du souvenir ne peut guère le renseigner sur la vérité des situations :

'' Je vois une suite d'images fort nettes, mais sans physionomie autre que celle qu'elles eurent à mon égard... '' (262).

Enfin, si dans le souvenir, la charge émotive se trouve très supérieure à l'image, nous enregistrons dans le récit un refus du dire (mort de la mère, mort de Lambert, voyage aux Echelles et enfin voyage à Milan). Il y a alors un refus nettement affirmé d'altérer l'émotion au profit de l'image. Ces blancs volontairement laissés dans le récit témoignent d'un renversement de sa dynamique.

C'est dans la première partie du récit, cherchant à faire resurgir le passé dans une cohérence et une objectivité certaine afin que peu à peu Brulard y puise sa substance héroïque. Stendhal s'est appliqué à privilégier l'image, au détriment de l'émotion, aidé en cela par la nature même des souvenirs qu'il veut mettre à jour, souvenirs d'enfance très lointains dont le temps s'est chargé dans l'ensemble d'émousser la teneur émotive :

'' Je cherche à détruire le charme, le **dazzling** des événements en les considérant ainsi militairement. C'est ma seule ressource pour arriver au vrai '' (25).

Mais, peu à peu, la personnalité de Brulard subit un changement qualitatif dans la montée et le déroulement de la vague émotive. **Je** n'est plus un autre, mais un personnage qu'il ne lui est plus possible de tenir à distance, parce qu'il s'identifie tout à fait à lui.

A ce niveau du récit se pose à nouveau le problème de parler de soi, de se mettre en écriture. L'alternative est soit de se résoudre à faire passer par force l'émotion dans l'image pour l'objectiver, ce à quoi Stendhal se refuse sachant trop combien la mise en image tue l'émotion pour l'amener à n'être plus que cette chose morte, un croquis : '' En me réduisant aux formes raisonnables, je ferais trop d'injustice à ce que je veux raconter '' ; soit essayer de '' peindre l'émotion '' et se vouer à ces ridicules élans lyriques qu'il exècre : '' J'aime mieux manquer quelque trait que de tomber dans l'exécrable défaut de faire de la déclamation... '' (337).

Impuissant à peindre l'excessif bonheur que tout lui donnait, il préfère renoncer à poursuivre un récit où désormais par le biais de la réappropriation de l'émotion il renoue avec lui-même. La suite ne devant plus être que l'infinie répétition dans le bonheur ou l'infortune de ces élans de folie.

La structure romanesque

Quel est maintenant sur le plan romanesque l'itinéraire suivi par le héros dans cette quête psychodramatique de l'identité ?

I - A l'origine est l'âge d'or primitif : celui de l'authenticité mythique de l'univers matériel : lieu et temps de la parfaite adéquation au monde, marqué par la présence de la mère principe de féminité et d'harmonie qui règle tous ses échanges au monde. La séparation de cet univers est consommée par le récit de la mort de la mère et la découverte de sa disparition se fait à travers la saturation subite de l'univers enfantin par la présence du père... et la modulation de tout le système thématique attaché au père.

II - Le refus du père s'affirme par le principe de la dissociation systématique. Il s'exprime d'abord par le refus de la filiation paternelle ('' car je me regardais comme un Gagnon, et ne pensais jamais aux Beyle qu'avec une répugnance qui dure encore ''). Cet abandon volontaire de l'identité du père va être la pierre d'achoppement de toute la quête d'une identité susceptible de régler ses rapports avec les autres.

III - L'oncle Romain est le premier à lui présenter un modèle d'identification plausible, celui de la séduction par le jeu des apparences. Il est au centre d'un système thématique de l'apparence (élégance, beauté, jeunesse, etc.) comme mode de captation (théâtre) de la bienveillance d'autrui. Le paroxysme de cette tentative d'identification coïncide avec le voyage aux Echelles qui constitue, depuis la mort de la mère, le premier moment de réconciliation au monde. C'est alors aussi qu'il enregistre sur le plan de la séduction amoureuse son premier échec symbolique. Il lui faut aller prendre en considération ce donné irréversible qu'est la conscience de sa laideur. Conduite de la superficialité, la séduction est dévoilée dans son impuissance à satisfaire les exigences de l'authenticité :

'' Je me révoltai par jalousie, une demoiselle que j'aimais avait bien traité un rival de 20 ou 25 ans ... ''.

IV - La tentation de l'héroïsme. La grand-tante Elisabeth va déterminer la deuxième tentative d'identification qui s'exprimera en deux dynamiques distinctes. D'abord une dynamique d'évasion, lecture, rêverie (associée aux thèmes de la fenêtre, de l'arbre, escapades, etc.) ; ensuite une dynamique de l'agressivité (réflexions atroces, duels avec Séraphie, Odru, attentat contre l'arbre de la Fraternité, chasse, carrière militaire, etc).

Mais la conduite héroïque va souffrir par contamination de l'aspect caricatural qu'en présente la noblesse contemporaine de Stendhal, caste sclérosée, figée dans des formes vidées de tout contenu historique. La noblesse est toujours associée à des modulations de comportement artificiels qui s'épuisent dans leur simple apparence (élégance, politesse, esprit, vanité, peur du ridicule), mais aussi en contrepartie, ennui, etc.

Personnage de la mesure, le docteur Gagnon s'oppose diamétralement à celui de l'oncle et de la grand-tante en ce qu'il nie l'apparence et en démystifie les faux-semblants, à la continuelle tension qu'exige l'identification du héros. L'attitude, sage et mesurée, du vieil homme oppose une certaine séduction, et surtout il sait concilier les exigences d'une individualité qui s'exprime avec les devoirs d'une réelle sociabilité. Cet art de vivre qui essaie de maintenir l'équilibre entre les diverses exigences de la vie est certainement très éloigné de la vision du monde enfantine ou adolescente, cependant il va constituer le contrepoids nécessaire à la fascination de l'héroïsme en le dévoilant dans sa nature aliénée et chimérique de telle façon qu'il ne puisse plus désormais se concevoir comme mode de vie plausible, mais tout au plus comme mode d'action très éphémère ; mais surtout il ouvre la voie à la recherche d'un système de valeurs, cette fois authentiques, et non plus par l'idée d'un hypothétique devoir que la conscience s'impose.

L'arrivée à Paris marque simultanément le point extrême de la dynamique de l'héroïsme, mais voit s'amorcer également le mouvement de démystification progressive qui va le conduire à un repli tout stratégique de la personnalité qui s'enferme dans un système de négativité générale du comportement, solitude, timidité, silence, continence, méfiance, jusqu'à ce que le départ pour Milan et le retour à la patrie mythique de l'enfance s'accomplissent fermant la boucle de l'itinéraire romanesque et scellant la réconciliation définitive avec lui-même.

C'est alors qu'apparaissent modulés très intensément tous les thèmes généraux du beylisme (Italie, musique, amour-passion, sentiment de la nature), et c'est ici que structure romanesque et structure autobiographique se rejoignent et que s'achève un récit qui ne tendait qu'à cette clôture.

Christine VASSILOPOULOS
Université d'Athènes

Débat

Henri-François IMBERT

Je voudrais faire deux remarques. La première à propos de Stendhal et de Chateaubriand. En mai 68, s'est tenu à Rennes, un congrès sur Chateaubriand et il y a eu, je crois, au moins deux communications sur Stendhal et Chateaubriand, une de moi, par exemple sur " Politique et religion ". Je crois que Stendhal, quoi qu'il en ait dit, appréciait Chateaubriand. - Une remarque concernant plus directement notre congrès : si nous engageons une discussion sur tous les sujets que propose M. Lejeune, nous allons nous trouver, chacun d'entre nous, mal à l'aise, pour faire nos communications. Elles seront désamorcées par une communication-promenade.

Pierre BARBERIS

Lejeune a fait une promenade, mais c'était une promenade sérieuse. Personnellement, elle ne me gêne pas du tout et je la crois nécessaire. Non seulement parce qu'il a tracé une programmatique et proposé des directions de recherches (cela regarde les stendhaliens ; après tout on les a provoqués), mais surtout parce qu'il a essayé de faire un travail de définition. Or, dans notre discours habituel sur la littérature nous ne faisons pas la théorie de notre propre pratique. Nous ne faisons pas cet effort de définition des concepts. Nous supposons résolus des problèmes qui ne le sont pas, et lorsque Lejeune nous oblige à faire cet effort de réflexion (Qu'est-ce que c'est que l'autobiographie ? Qu'est-ce que c'est que la biographie ?) eh bien, cela secoue les colonnes du temple parce que les choses qui nous paraissaient assises n'ont plus d'assise du tout. Donc je crois que le propos de Lejeune est capital parce qu'il nous oblige à faire un effort de réflexion théorique et à examiner le fond élémentaire de notre réflexion sur la littérature. Ceci peut gêner certaines de nos habitudes. Tant mieux.

Cela dit, pour en venir au sujet, il me semble que le propos de Lejeune peut être repris de trois moyens, à trois niveaux. Il y a un premier temps qui est le surgissement de l'écriture. Il y a un moment où l'homme se met à avoir envie d'écrire sur soi. Mais pourquoi à un certain moment a-t-on envie d'écrire sur soi ? Pourquoi a-t-on envie d'écrire sa vie ? Cela n'est pas évident. Donc : 1º) Surgissement de l'écriture autobiographique. Mais aussi, 2º) Modulation de l'écriture autobiographique, compte tenu des gens à qui on s'adresse ou dont on suppose qu'on peut être lu. Mais aussi, 3º) Il y a le temps qui est celui de la lecture. C'est une vérité qui commence à devenir banale que tout le texte n'existe que par ses lectures. Tant qu'il n'est pas lu, un texte n'existe pas. Par exemple, il y a bien des éléments autobiographiques que les contemporains de Stendhal ne pouvaient pas lire dans ses romans, mais que nous, nous pouvons lire parce que nous connaissons les œuvres directement autobiographiques. Mais, à une étape ultérieure dans les écrits mêmes autobiographiques de Stendhal, il y a des choses que nous lisons aujourd'hui que les lecteurs d'autobiographie ne lisaient pas il y a trente ans. Il est bien évident que le lecteur informé par Freud lit **H. Brulard** d'une manière nouvelle et non seulement **H. Brulard**, mais, comme l'a prouvé Geneviève Mouillaud, **Le Rouge et le Noir**. Donc surgissement de l'écriture, modulation en fonction des destinataires et destin de lecture. Si l'on pose le problème des relations de Stendhal avec Chateaubriand, on peut effectivement poser mieux le problème.

Tout d'abord il y a une question de fait à trancher. Lejeune s'est posé la question : Stendhal n'a pas pu connaître les **Mémoires d'Outre-tombe** et donc on ne peut pas savoir quelle réaction il aurait pu y avoir. Attention ! Stendhal avait vu comme tout le monde en 1826, dans le tome des voyages un chapitre des **Mémoires** que Chateaubriand avait publié à ce moment-là, le fameux chapitre dans lequel il raconte qu'il est monté dans les carrosses du roi. Stendhal cite souvent ce chapitre dans lequel Chateaubriand parle de son " enfance malheureuse ". Il y a donc bien eu une réaction de Stendhal à des éléments de l'autobiographie de Chateaubriand. Mais il y a autre chose. On a dit que Stendhal n'aimait pas Chateaubriand. On a dit qu'il se moquait de sa naïveté, qu'il n'aimait pas ce monsieur qui racontait qu'il était monté dans les carrosses du roi, etc. Mais encore, attention ! Stendhal cite à plusieurs reprises et en particulier dans **Armance**, la phrase de René sur la ville, " vaste désert d'hommes ". Or, le Chateaubriand qu'il cite là n'est pas le Chateaubriand égoïste ; c'est le Chateaubriand réaliste, le Chateaubriand qui constate que la société civile, la société civilisée est un désert comparable au désert américain, et si Stendhal cite 3 ou 4 fois cette phrase de Chateaubriand, je crois que c'est extrêmement significatif.

Mises à part cependant ces relations ponctuelles entre Chateaubriand et Stendhal, la comparaison me semble mériter d'être établie. Tous les deux à ce moment se sont dit : je vais me mettre à écrire l'histoire de ma vie. Quand Chateaubriand se décide-t-il ? C'est en 1803, à Rome. Puis ça commence avec le thème de la Bretagne qui pousse ses pointes dans des écrits qui vont de 1803 à la fin de l'Empire. Chateaubriand décide donc d'écrire l'histoire de sa vie au moment où il mesure l'échec politique de ses illusions. Or, sauf erreur, il y a cette phrase de Stendhal : " le temps est venu de cesser d'être républicain ". Dans les deux cas, la décision d'écrire l'histoire de sa vie intervient au moment où l'univers politique se fissure, au moment où disparaissent les possibilités d'optimisme politique. A ce moment-là, qu'est-ce qui se passe ? Dans les deux cas, cela fonctionne de la même manière : au moment où on perd les raisons de croire dans un avenir de l'histoire, l'enfance resurgit, elle devient signifiante. Chateaubriand découvre que Combourg avait un sens. Chateaubriand trouve que la Bretagne de son enfance avait un sens. Stendhal découvre ou redécouvre son enfance au moment où l'histoire s'écroule autour de lui. Je crois que c'est un des traits fondamentaux et constitutifs de l'autobiographie. Non seulement on redécouvre que l'enfance est signifiante, mais on s'aperçoit que le gamin dont on a raconté l'histoire est porteur de valeurs, qu'il est lié à des valeurs écroulées, à des valeurs disparues, à des valeurs corrompues. D'un côté, par exemple, Chateaubriand dit : moi, j'écris au nom des libertés de l'ancienne France. D'un autre côté, Stendhal écrit au nom d'une liberté à laquelle il a cru au moment de la Révolution, etc. L'autobiographie signifie donc pour un **passé**. Mais elle est aussi tournée vers un avenir, et c'est un autre aspect commun à Stendhal et Chateaubriand. Le " JE " est accroché à des valeurs mortes ou à des valeurs perdues ; il a valeur de protestation ; mais il est aussi tourné vers la France nouvelle, vers ce que Chateaubriand appelle la liberté fille des lumières, et il est tourné pour Stendhal vers une liberté qui peut-être un jour sera cette république qui tarde trop à venir ; il est tourné vers les gens qui le reconnaîtront un jour, etc. Ainsi, le JE, coincé par l'écroulement de l'histoire, a une valeur protestataire au nom des valeurs écroulées, mais il a aussi une valeur d'appel en direction de générations à venir, en direction de gens un jour qui pourront le comprendre. **Par conséquent,** et c'est là que je voulais en venir, **la démarche autobiographique a une signification profondément politique.**

Il faut essayer de cerner ce concept de narcissisme. Ce n'est pas par culte de soi maladif qu'on se met à écrire. C'est une constatation banale. C'est valable pour l'autobiographie. C'est valable pour les mémoires. Richelieu n'a pas écrit ses mémoires : il a écrit un testament politique. Mais Saint-Simon a écrit ses mémoires. Mais Chateaubriand a écrit des mémoires. Mais Retz a écrit des mémoires. Les gens qui ont échoué écrivent des mémoires ou des anti-mémoires. Celui qui écrit son autobiographie, le fait dans une perspective comparable. Il peut s'agir d'une tentative de justification. Mais je dirai ceci, que dans un monde où la corruption d'une politique n'aurait pas eu lieu, dans un monde où la révolution qui avait été un début dans la vie n'aurait pas été trahie, ne se serait pas abimée, peut-être l'autobiographie n'aurait-elle pas eu le même sens, ni le même intérêt. Je crois que ce rapprochement que j'opère ici avec Chateaubriand permettrait de faire avancer ce que Jean Pommier proposait dans les dernières années de sa vie, ce qu'il appelait la critique par zone. C'est-à-dire faire des comparaisons de ce genre, non pas dans une perspective rhétorique abstraite, mais d'une manière aussi scientifiquement fondée que possible comme l'a suggéré Lejeune.

Enfin, je voudrais faire une dernière remarque en ce qui concerne les rapports entre autobiographie et biographie. Tout à l'heure Lejeune disait : '' Très souvent les biographes trouvent que l'autobiographie d'un auteur, ça n'est pas utile ''. Mais je voudrais signaler qu'il y a aussi la démarche inverse qui est celle d'Henri Guillemin qui consiste à dire que pour écrire la biographie d'un monsieur, il faut commencer par démolir l'autobiographie, prendre l'autobiographie à rebrousse-poils. Or, pour moi, cela pose une question théorique extrêmement sérieuse. La biographie est-elle possible ? Est-ce qu'on peut écrire la vie de quelqu'un ? Personnellement, je ne crois pas. Je crois que scientifiquement la biographie, ça n'existe pas. Il existe un discours biographique sur un auteur. Lorsque André Maurois écrit la vie de Victor Hugo, ou la vie de Balzac, il ne parle ni de Balzac, ni de Victor Hugo : il parle d'André Maurois.

Le discours biographique, ça existe, mais la biographie, ça n'existe pas. Je pense que les découvertes du matérialisme historique ne peuvent que nous faire aller dans ce sens. La biographie, comme genre neutre, comme genre objectif, c'est faux. La biographie, est toujours une prise de parti. Alors, quel est le rôle de l'autobiographie dans cette possibilité ou cette impossibilité d'écrire la biographie ? Ma réponse provisoirement serait la suivante. Je crois que, dans l'étude du texte littéraire, l'une des choses les plus importantes aujourd'hui, c'est d'essayer de saisir comment fonctionne l'interférence de deux séries : la série des frustrations et la série des aliénations. La critique psychologiste d'un côté, la critique sociologiste de l'autre, se sont toujours et longtemps regardées en chien de faïence. On est aujourd'hui à la croisée des chemins. Il faut que ça se mette à travailler ensemble.

Or, l'autobiographie est un lieu privilégié. Il me semble que c'est dans l'autobiographie que l'on peut essayer de comprendre ce que sont les déterminations dans une pratique, ce que sont les déterminations dans une existence. Or, ces déterminations (ce que j'ai dit tout à l'heure le fait deviner un petit peu) sont les unes d'ordre privé, les autres d'ordre historique. Entre les déterminations d'ordre privé et les déterminations d'ordre historique il y a un cousinage, il y a une interférence. Les déterminations privées sont déjà profondément dans l'histoire ; quant aux déterminations historiques, elles ne deviendraient pas littéraires si elles n'étaient pas vécues par un individu, par une personnalité. Je crois donc que l'autobiographie, l'autobiographie stendhalienne au même titre que les autres, est un lieu privilégié pour essayer de faire avancer sur ce point notre connaissance de ce qu'est le discours littéraire, notre connaissance de ce qu'est la littérature. Et je crois par là que l'on sort, comme Lejeune le disait très bien, de la géographie de l'anecdote. La géographie et l'anecdote, elles ont eu leur utilité ; elles ont permis de faire avancer certaines choses ; mais, aujourd'hui, on est bien obligé de poser les problèmes dans des termes plus sérieux.

Gérald RANNAUD

Je remercie d'abord M. Barbéris d'avoir soulevé un point théorique. Avant son intervention j'étais assez affolé de la multiplicité des sujets qui pouvaient nous attendre et je crois qu'il est peut-être bon aujourd'hui qu'on en reste à des problèmes théoriques. Je crois que M. Barbéris a raison. Puisque nous commençons à débattre, autant nous mettre d'accord d'abord sur des notions de référence.

Une petite remarque de détail, c'est un peu une addition, en ce qui concerne Chateaubriand et Stendhal. De l'un à l'autre il y a eu même plus que les lectures publiques, il y a la **Préface Testamentaire** publiée en 1834 dans la **Revue de Paris** que Stendhal a très certainement lue et dont il est impossible de ne pas voir qu'elle affleure au premier chapitre d'**Henry Brulard.** C'est la même époque, il y a là une conjonction de temps qui est très importante, car la **Préface Testamentaire** revêt un caractère méthodologique et pour Stendhal cela est essentiel. N'oublions pas aussi l'équivoque qui a plané pendant tout le siècle sur les attitudes autobiographiques et le poids que le **Génie** a pesé dans la formation de Stendhal dans ses premières années. Cette chose mise à part, je reviens sur ce qui a été dit touchant le problème de l'histoire, le problème de la politique, les problèmes des valeurs. Il est un fait que d'un côté il faut désidéaliser l'entreprise autobiographique, parce que, si on ne le fait pas on arrive à ne plus voir que les problèmes de forme et les problèmes d'esthétique. Cela dit, je crois qu'il faut être assez radical et lorsque tout à l'heure on invoquait la conjonction d'une situation politique et d'une situation particulière, je me demande s'il ne faut pas reprendre au pied de la lettre ce que je considérerais comme la définition de toute l'écriture, qu'elle est un désir qui se formule à travers l'histoire. Je crois qu'il n'y a pas de conjonction, qu'il n'y a pas d'écriture possible à partir du moment où le projet inconscient ne bute pas sur les contraintes de l'histoire, sur les contraintes du temps, et que c'est dans des conditions de production d'une écriture et d'existence d'un texte que les choses se passent. En ce qui concerne Stendhal, par exemple, et indépendamment de toute autre remarque générale, je vais essayer d'appuyer un peu les remarques théoriques faites sur le texte. Il est certain que la comparaison avec Chateaubriand est aussi très intéressante à un autre point de vue. On a posé la question de savoir pourquoi un homme se mettait à parler de lui, pourquoi tout d'un coup il se mettait à retourner son langage sur lui-même parce qu'il ne pouvait plus parler du monde. Je crois qu'il est très important de remarquer que chez Stendhal dès le début le problème de la parole, pour ne pas dire du point de vue général du langage, est le problème de la parole détournée. L'enfance de Stendhal est une révolution manquée et elle est manquée dans sa vie, elle est manquée politiquement.

On a beaucoup parlé des liaisons de Stendhal et de l'Empire ; je crois que ce qu'il faut surtout voir, c'est qu'à travers l'hagiographie, à travers l'admiration pour l'homme, il y a une condamnation politique absolue dans l'entreprise impériale. Or, l'entreprise impériale coïncide avec le moment où Stendhal va prendre la parole. Ce qu'il y a de curieux chez cet homme, c'est que, dès le moment où il va penser à s'exprimer, il va tout de suite rencontrer un problème énorme pour lui, celui de l'authenticité de la parole. '' Comment parler seul de soi ? '' Et il va, chose très curieuse, non pas commencer par le roman, je crois que Ph. Lejeune se trompe, mais par deux autres tentatives : il y a la tentative que j'appellerai de la parole impersonnelle, c'est les écrits du polygraphe. On parle de peinture, on parle de musique, on retourne au discours parce que le discours est inactif, il est impersonnel, il est apparemment objectif. Et puis cette tentative antérieure, qui avortera complètement : la parole théâtrale qui est l'absolu de la parole détournée. On ne parle plus de soi, on écrit des textes qui sont sensés être la parole du personnage. En fait, ce personnage, c'est soi, tout en n'étant pas soi ; on est dans le comble de la parole distanciée, où on ne sait plus exactement où on en est. Or, cela coïncide avec la phase impériale ; c'est-à-dire le moment où une certaine façon de parler, une certaine façon de dire les choses directement qui est présente dans **H. Brulard** quand il évoque sa jeunesse en 1790-1793, disparaît complètement et laisse la parole à cet état de vacuité, c'est-à-dire d'attente. Je me souviens de cette remarque de J.Starobinski disant à propos de Stendhal qu'il a vécu plus intensément que d'autres le grand drame des hommes du XIXe siècle, qui est de devoir être doubles. Drame de gens qui ont traversé la Révolution, qui ont vécu à cette époque une expérience et qui sont non seulement obligés de la dissimuler, mais de la taire, de la démentir. Voyez, sous la Restauration, tous les préfets impériaux qui devront devenir réactionnaires. Il y a là un drame politique qui est de l'inauthenticité absolue. Il n'est peut-être pas étonnant que l'on se mette à parler de soi dans une période où tout le monde justement vit cette inauthenticité absolue. Ce qui nous ramène à Stendhal, l'autre dimension, mais dans une autre perspective : les lecteurs. Je crois que si Stendhal se préoccupe de ses lecteurs, c'est justement parce que les lecteurs sont les garants possibles de cette authenticité. C'est une façon de se rêver quelque lecteur idéal, une Mme Roland, par exemple, en qui trouver la garantie de la transparence de l'amour.

Mais il y a aussi le grand désir mythique ; écrire, comme Cellini, pour personne, même pas pour des lecteurs, pour personne, c'est-à-dire pour des gens dont je ne peux pas imaginer le système de valeurs. Je ne sais pas quel sera leur système de valeur, donc je ne peux pas mentir, je ne peux pas inventer. Je crois que c'est très important chez lui et, à cet égard, nous voilà ramenés encore une fois à la comparaison avec Chateaubriand. On disait qu'ils ont changé les conditions de production de l'autobiographie. C'est vrai, ils les ont changées ; mais, je crois, en insistant plus - je vais plus loin que Lejeune -, que sur le temps de l'écriture, sur l'écriture elle-même. Il y a, par exemple, chez Chateaubriand ce parti pris systématique qui nous rend quelquefois les **Mémoires** si insupportables et si étrangères qui est ce parti pris de la stylisation. Chez Chateaubriand, il est certain

5

que ce n'est plus ce qu'il dit, ce n'est plus même le discours dans son déroulement, mais c'est littéralement le style de François-René qui signifie. Songeons à cette fameuse incantation du livre III, à ce moment de littérature pure, de production pure, d'un sens qui n'a rien à voir avec rien. C'est ça l'autobiographie pour Chateaubriand, c'est un style qui n'a plus de référence que lui-même, s'isole dans sa propre production et se tait. Chez Stendhal, à mon avis, ce qui est curieux, c'est la déstylisation. On transgresse le langage, on sort de tout ce qu'il peut y avoir de contraintes, de préfabrication, on transgresse toute rhétorique, et, à ce moment-là, à travers cette transgression, peut-être trouvera-t-on la vérité, mais peut-être en tout cas on dira quelque chose dont soi-même on ne peut pas présumer à l'avance. Une autobiographie aboutit-elle à un oracle ? Je ne le crois pas. Comme chez Rabelais, l'oracle peut n'être qu'un bruit énigmatique ; la réponse est dans le texte lui-même qui cherchait à y conduire.

René BOURGEOIS

Je voudrais poser une question à M. Barbéris : Est-ce que vous voyez une différence de nature, étant donné cette nouvelle constitution du " Je " après le " Je " du pamphlet, entre le " Je " du roman et le " Je " de l'autobiographie ? Est-ce que ces " Je " ne sont pas ce " Je " qui va s'exprimer ; noblesse, industrie, liberté, romanticisme, être vrai, qui va s'exprimer de la même façon par la fiction ?

Gérald RANNAUD

Vous parlez, M. Barbéris, du " Je " du pamphlet ; je suis un peu surpris que vous n'ayez pas pris les trois termes du " Je " pamphlétaire, du " Il " romanesque, qui au demeurant retourne au " Je " autobiographique. J'ai été un peu gêné que vous parliez du " Moi " direct, didactique, pamphlétaire, et que vous nous situiez dans une zone beaucoup plus intermédiaire et beaucoup plus équivoque en parlant du " Je ". On ne sait plus si vous parlez du narrateur, de l'auteur, ou si vous parlez du personnage, alors qu'en fait nous avons trois zones. Personnellement, je me demande si cela ne consoliderait pas encore plus ce que vous avez dit.

Pierre BARBÉRIS

Quand j'ai parlé du " Je " romanesque, j'ai voulu parler du " Je " du scripteur et de ce qu'il investit de lui-même dans le personnage du roman. Il y aura là, il est bien évident, une distinction à faire, je suis bien d'accord.

C'est un problème qui a été posé ce matin : celui de la distance critique du héros sage, enfin de l'instance jugeante par rapport au héros. Je pense à l'épisode du **Rouge** dans lequel le narrateur se moque de la naïveté de Julien qui lit **Le Constitutionnel** en secret au séminaire. Conduite de gauche, n'est-ce pas ? Mais Stendhal a expliqué, dans le **Courrier anglais**, que **Le Constitutionnel** était un pseudo journal de gauche, une affaire financière qui rapporte de l'argent à Thiers. Il faut donc que Julien Sorel soit bien naïf pour s'imaginer que... Il y a donc là une prise de distance du narrateur par rapport à Julien Sorel. Il n'empêche que la naïveté de Julien Sorel a quand même fonction et valeur critique par rapport au monde contre lequel il réagit.

Gérald RANNAUD

Oui, le passage au " Il " est non pas une distanciation du " Je ", mais une dramatisation du " Je ". Ce qui était vécu au niveau du pamphlet se dialectise à partir du moment où l'on passe au " Il ", c'est-à-dire à cette espèce d'ensemble problématique puisqu'il n'est pas personnel où finalement les figures s'investissent réciproquement les unes aux autres.

Pierre BARBÉRIS

Tout à fait d'accord. Je pense que si, après l'impasse du " Je " pamphlétaire, le " Je " du roman était un " Je " direct et sans cette distanciation par le " Il ", on avait toutes les chances de tomber dans le roman à la G. Sand, dans le roman idéaliste, dans le roman romantique révolutionnaire. C'est justement parce qu'il y a cette distanciation du " Je " par le " Il " qu'on ne tombe pas dans le piège du romantisme révolutionnaire.

V. DEL LITTO

Un point de détail. Barbéris, en finissant, a fait allusion aux " **happy-few** ". Je n'ai pas très bien compris la signification qu'il donne à cette expression par rapport à Stendhal.

Pierre BARBÉRIS

Par rapport à Stendhal, je vais répéter ce que j'ai déjà dit : j'ai l'impression que pour lui, dans l'immédiat ça visait le petit nombre de lecteurs capables de le comprendre, et, dans les décennies qui suivraient, un nombre un peu plus grand de lecteurs qui comprendraient, mais qui ne seraient jamais la grande foule.

V. DEL LITTO

Comment expliquez-vous la grande foule actuelle ?

Pierre BARBÉRIS

D'abord la grande foule actuelle pour lire Stendhal... S'il n'y avait pas eu la télévision pour **Lucien Leuwen**... Ou bien s'il n'y avait pas la prochaine édition Livre-Club Diderot des œuvres de Stendhal dont je suis le responsable, eh bien ! la diffusion populaire de Stendhal me paraîtrait assez limitée...

V. DEL LITTO

Cependant Stendhal se vend bien. Et pas seulement en France. Voyez les chiffres spectaculaires du tirage des traductions des romans de Stendhal parues en U.R.S.S. ...

Pierre BARBÉRIS

Il faudrait demander à Pierre Sipriot si, par exemple, **Lucien Leuwen**, le jour où ce roman a été édité en livre de poche, s'est vraiment vendu. Depuis la télévision, oui. Mais, avant, il ne semble pas qu'il y ait vraiment eu, par exemple, des lectures populaires de Stendhal, et elle n'approche absolument pas de la lecture de Balzac ou de la lecture de Zola. Ça reste quand même une lecture pour spécialistes, intellectuels, hommes cultivés, etc. Je me demande d'ailleurs si une certaine image de Stendhal véhiculée par l'école (je dis école au sens large, cela englobe l'Université), si une certaine image psychologiste du " cœur " de Stendhal n'a pas contribué à cette absence d'intérêt populaire pour Stendhal. Il me semble que toute la dimension politique historique a été largement et pendant des années occultée.

J'ai lu récemment toutes les présentations critiques d'**Armance** ; je n'en ai trouvé aucune dans laquelle il soit question de la machine à vapeur. Or je regrette ; il ne s'agit pas là d'un réseau thématique obscur. C'est écrit en toutes lettres au début d'**Armance** : '' depuis que la machine à vapeur est la reine du monde ''. Dès lors, quand on vient nous bassiner avec l'impuissance sexuelle d'Octave, quand on vient nous dire, comme ce matin, que c'est un sujet '' délicat '', je vois bien , moi, que c'est un sujet délicat, mais je regrette d'avoir à le dire : l'impuissance sexuelle d'Octave est figurative pour une impuissance historique, et c'est bien ça l'intérêt du roman.

Je pense que l'éclairage exclusivement psychologique et moraliste qui a été longtemps donné de l'œuvre de Stendhal explique peut-être en partie que, dans des couches très populaires de lecteurs, on le considère comme un auteur étranger, et que, peut-être, la signification historique et politique justement rééclairée, on pourrait réconcilier un large public populaire avec un auteur qui est peut-être plus proche de lui qu'on ne croit.

V. DEL LITTO

La dédicace aux '' **happy-few** '' n'implique pas une prise de position aristocratique. Stendhal était conscient qu'il était en avance, et dans tous les domaines, sur son siècle. Il entendait s'adresser au petit nombre de ses contemporains susceptibles de le comprendre. Aujourd'hui, la situation n'est plus la même : il n'y a plus de lecteurs '' privilégiés ''.

Pierre BARBÉRIS

Et c'est là que je dis qu'il y a un écran qui sépare le large public de Stendhal, qu'il y a une légende, qu'il y a toute une manière de présenter Stendhal, qu'il y a eu une dépolitisation systématique. Cela dit, je peux répondre à votre question sur un autre point. Je crois que Stendhal est un bon exemple de ce que l'on appelle aujourd'hui l'avant-garde en littérature, c'est-à-dire qu'à partir de mutation au niveau de la forme, s'opèrent parfois des révolutions ou se manifestent des symptômes de révolution qui ne seront compris que beaucoup plus tard. Stendhal est le type même de l'écrivain d'avant-garde en ce sens que, par les mutations mêmes de sa propre forme littéraire, il manifeste l'apparition dans le champ du réel de contradictions nouvelles. Cela demande quelquefois très longtemps avant d'être lu, perçu, compris par un large public. Il ne s'agit pas de faire alors de l'écrivain un détenteur de vérité supérieure, une espèce de Moïse au sommet de je ne sais quel Sinaï, mais simplement je crois qu'on a ici, avec Stendhal, un important témoignage du pouvoir de connaissances de la littérature. La littérature n'est pas seulement un instrument de démarquage et de reflet ; elle est un instrument de connaissances et, très souvent, l'exemple de Stendhal montre que la littérature formule dans son propre langage et en termes littéraires des choses qui ne seront formulées, qui ne seront théorisées politiquement que bien plus tard.

C'est la raison pour laquelle la littérature en tant que formes de connaissance, et que formes d'expression du réel, n'est pas condamnée à mourir. Bien au contraire. Elle est constamment l'une des sentinelles à l'avant-garde de la conscience politique. Le phénomène Stendhal est aujourd'hui un phénomène culturel important car, effectivement, cet homme a dit et vu les choses que nous commençons à mieux décoder. Mais pourquoi est-ce que nous commençons à mieux les décoder ? Parce que non seulement nous l'acceptons, mais parce que nous le voulons. Et pourquoi est-ce que, pendant longtemps, elles n'ont pas été décodées, pourquoi est-ce que, pendant longtemps, elles ont été insuffisamment décodées ? Je crois que là je vais finir par employer les mots qu'il faut employer, c'est qu'entre Stendhal et nous s'interposaient l'idéologie dominante et une lecture conforme qu'on a voulu nous donner de Stendhal. Il suffit de faire un dépouillage des manuels scolaires, de voir comment **Le Rouge et le Noir** et **La Chartreuse de Parme** sont présentés dans Lagarde et Michard, et ailleurs pour voir l'image que l'école nous donne de Stendhal.

Henri-François IMBERT

J'ai écouté avec beaucoup d'attention l'exposé de Barbéris qui s'écoute très facilement parce qu'il est très net, mais c'est précisément parce qu'il est très net, qu'il m'inquiète. Parce qu'au fond Stendhal n'a jamais une netteté aussi jacobine que celle de...

Pierre BARBÉRIS

Je n'ai jamais dit que c'était la netteté de Stendhal. C'est la mienne.

Henri-François IMBERT

Oui, justement. Le problème est là. Je me demande si cette manière de percevoir la création du roman stendhalien à partir d'un manque de présence historique est conforme à la vérité. Stendhal ne s'est jamais préoccupé de politique au même titre que, par exemple, en ce moment nos candidats à la présidence de la République ! Il s'est préoccupé de politique d'un point de vue " d'honnête homme ". Il ne trouverait pas de parti dans lequel il aurait pu s'insérer, parce qu'aucun ne lui permettait de réaliser, non pas les inspirations de la classe pensante à laquelle il aurait pu appartenir, mais toutes ces subtilités de bonheur, de justice qu'il sentait en lui, et qu'il ne sentait qu'en lui.

Je passe immédiatement au problème de la célébrité de Stendhal. J'ai peur de faire de la peine à V. Del Litto. Je ne crois pas que Stendhal soit de nos jours un écrivain célèbre, un **best-seller**. Ce n'est pas parce qu'on a occulté la véritable image de Stendhal. On ne l'a jamais fait. Il existe dans le journal de Maurice Barrès, **La Cocarde,** des articles absolument extraordinaires sur " l'actualité " de Stendhal. On lit, par exemple, dans une des " Chroniques stendhaliennes " de Léon Bélugou, que l'anarchiste Émile Henry ne trouva rien de mieux, pour se défendre, que de commenter devant ses juges le discours de Julien Sorel devant les siens. Non, je crois que la difficulté d'un Stendhal **best-seller** vient d'ailleurs. Un Balzac, un Zola, décrivent des aventures politiques ou morales, - d'une manière quasi " traditionnelle ". Ils mettent tout en œuvre pour alerter l'imagination du lecteur, intéresser son amour-propre. Stendhal lui, n'a jamais songé qu'à faire plaisir à Stendhal, à partir des éléments beylistes dont il disposait. Pour lire l'œuvre beyliste, il faut d'abord posséder sa langue. Ce mot de " langue " est essentiel. A plusieurs reprises, Stendhal utilise la notion de langue étrangère. Provincial, il parlait maladroitement la langue des salons et il ne fut jamais très à l'aise pour parler italien ou anglais. On ne pénètre vraiment dans son œuvre que si l'on est capable de refaire cet effort poétique d'une langue de Stendhal.

Gérald RANNAUD

Je voudrais parler un peu de l'autobiographie, car nous tournons autour du problème. Je voudrais néanmoins faire une remarque préjudicielle. Quand on parle de Stendhal, je voudrais bien savoir de qui on parle. Si c'est d'un certain H. Beyle qui est mort en 1842, je ne peux connaître aucune de ses motivations, aucune de ses données, je ne peux connaître aucune de ses intentions, aucun de ses désirs. Je considère donc que pour moi tout ça est lettre morte. Je préférerais de Stendhal, qu'on me dise que ce sont les 50 volumes de la dernière édition que M. Del Litto a donnée. C'est tout ce dont je dispose. Mais 50 volumes, c'est un texte. Un lecteur de Stendhal ce n'est pas quelqu'un qui communie mystiquement avec un mort ; rien à voir avec le spiritisme. C'est quelqu'un qui ouvre un livre qui est fait de papier et de signes typographiques, qui prend des mots et leur donne un sens. La seule chose que je peux dire, c'est qu'il y a un texte et que ce texte est la seule réalité sur laquelle on peut s'interroger.

Une fois posée cette remarque préjudicielle, je dirai qu'il faudrait s'entendre sur ce que l'on veut essayer de faire apparaître. Si on veut faire apparaître quelles sont les liaisons du '' Moi romanesque '' ou du '' Il romanesque '' et du '' Je autobiographique '', cela veut dire qu'on est en train de chercher comment fonctionne un système textuel ; un système textuel qui est en train de mettre en forme un certain nombre de discours, un discours épars. Un homme qui écrit un livre est un homme qui combine finalement tout un ensemble de paroles qui sont autour de lui. Il ne les invente pas ; il n'y a que le verbe de Dieu qui soit premier. On ne fait que combiner les paroles. Or il faut bien considérer à partir de ce moment-là, que Stendhal ne fait qu'organiser des discours dans lesquels il essaie de se retrouver, quitte à s'y réaliser d'ailleurs, poétiques ou autres. Il organise des discours qui sont des discours ambiants ; mais, quand un discours existe, il est d'ordre historique, il n'est pas d'ordre transnaturel. Il n'y a pas de transcendance en matière de langue, en matière de discours. Toute langue, toute parole, tout langage est inclus dans une pratique sociale. Il y a des mots qui sont permis, il y a des mots qui sont interdits. Il y a des schémas qui sont tolérés, il y a des schémas qui sont réprouvés. La langue est le premier échelon de pratique sociale. Je crois que c'est extrêmement important.

Cela dit, en ce qui concerne l'autobiographie et le '' Moi '', je pense qu'on en arrive à quelque chose qui consiste à poser le problème au lieu même où il se situe, c'est-à-dire au niveau même de l'écriture. On a là quelqu'un qui est confronté à chercher dans cette pratique quotidienne une solution à un ensemble de problèmes qui ne trouvent d'autres formes que dans la forme où ils existent. Je ne peux pas dire ce que voulait être **Le Rouge et le Noir**. Je dis ce qu'il est. Or, ce qu'il est, pose un problème d'occultation qu'on retrouvera, je crois, dans les écrits autobiographiques. La forme stendhalienne demande une lecture - et là c'est une opinion personnelle -, qui, méthodologiquement, idéologiquement, et pour d'autres raisons, n'était pas possible jusqu'à présent, parce que la lecture de Stendhal est une lecture qui, pour simplifier, exige d'être '' étudiée '', dans la mesure où le texte fonctionne au niveau de ses structures, au niveau de ses mutations, au niveau de toute cette signification intra-textuelle qui n'a rien à voir avec le discours et la signification superficiels.

Quand on lit **Le Rouge et le Noir**, qu'est-ce qu'on lit ? On lit l'histoire d'un jeune précepteur qui, d'adultère en détournement, monte jusqu'à la noblesse et l'échafaud. Mais qu'est-ce qu'il y a derrière ? Il y a tout le premier chapitre, la description de Verrières. C'est la scierie, c'est la machine à faire les clous. C'est l'histoire d'une mutation.

Qu'est-ce que c'est que **Le Rouge et le Noir** ? C'est Valenod prenant la place de Rênal, l'histoire d'une mutation politique. Or, on retrouve des schémas de même ordre dans l'autobiographie, à condition de ne pas chercher le simple souvenir de la cloche de l'enterrement de la mère, ou des cloches suisses. **H. Brulard**, c'est quand même autre chose ; c'est, dès les premières pages, après la mise en place des tout premiers souvenirs, une chose extraordinaire dans un souvenir d'enfance, l'Assemblée de Vizille. L'une des premières pages d'**H. Brulard**, c'est la naissance de la Révolution française, c'est le départ de Grenoble pour préparer ce qui va être l'élément majeur, l'élément politique ; c'est tout cet arrière-plan par rapport auquel l'enfance se situe. Il y a là tout un ensemble de choses qui fonctionnent au point de vue du texte. Évidemment, le problème du décodage est important, mais je crois que nous ne débattons pas pour savoir si l'Université a occulté, si les universitaires sont coupables de tricherie intellectuelle et autre. Il y a eu tout un temps où Stendhal était lu à fleur de texte et où on prenait pour le fond du texte ce qui y était éléments emblématiques. La transgression morale est évidente. Mme de Rênal est une femme qui jette par-dessus bord absolument tout le système social. Elle va se donner à son amant en prison, ce qui est un acte irrémédiable dans le cas d'une '' notable ''. Mais si on réduit cela à la '' psychologie '' d'une femme qui a perdu conscience et qui a perdu le sens des réalités parce qu'elle aime, il est évident qu'on fausse complètement le sens, exactement comme dans **La Chartreuse de Parme** qui finit par cette phrase admirable : '' le prince était aimé de ses sujets, les prisons étaient vides et le comte immensément riche ''. C'est quand même le dernier mot de **La Chartreuse** dont, il faut le dire, la dernière phrase est une phrase politique et le premier chapitre un chapitre politique. Il est certain que nous avons là un homme qui se situe à l'intérieur d'un certain discours dans lequel il vit, dans lequel il subit même. Le problème de la lecture de Stendhal, c'est le problème de la réalisation d'une écriture dans laquelle, au-dessous du système narratif habituel, par des mécanismes que j'ignore, un auteur institue tout un système de structures et de renversements qui sont dans le texte, qui constituent le texte et vous en avez donné le meilleur exemple. Le moment où Julien Sorel donne la signification du **Rouge**, c'est lorsqu'il transforme son intervention devant ses juges en un véritable réquisitoire social et politique. On est là au niveau de la pure transgression, c'est-à-dire de la répudiation peut-être de tout système politique existant au profit de ce que Stendhal recherchera dans l'écriture régressive de l'autobiographie, mais qu'il faudra trouver dans l'exercice d'une écriture politique.

Concernant le complot, la classe pensante et les Saint-Simoniens, je voudrais vous demander quelle est la signification de cette distance que Stendhal a pris par rapport à cette classe pensante et aux Saint-Simoniens ?

Pierre BARBÉRIS

Distance par rapport à cette classe pensante et distance par rapport aux Saint-Simoniens, ça n'est pas la même chose. Stendhal a pris sa distance par rapport au Saint-Simonisme au moment où il a vu que le Saint-Simonisme risquait (et à cet égard, il a été prophète) de devenir une idéologie de l'industrialisme du profit et non plus seulement une théorie scientifique du développement et de la libération par la croissance. A partir du moment où l'industrialisme risquait de devenir une caution idéologique pour la recherche du profit, il rompt avec ce qui est déjà la déviation saint-simonienne et qui se vérifiera dans les déviations technocratiques de la monarchie de Juillet. Il n'y a pas rupture avec la classe pensante, il y a rupture avec certains éléments de la classe pensante qui s'égarent dans l'industrialisme saint-simonien. Entre 1825 et 1830, il y a une crise idéologique, une crise théorique extrêmement grave à l'intérieur du Saint-Simonisme.

René BOURGEOIS

M. Hemmings, parlant de l'épisode bien connu du couteau qui tombe dans la rue, a dit : " il est tombé sur je ne sais quelle commère ". Je crois que là il y a un problème important. Ce n'est pas sur " je ne sais quelle commère ", mais sur Mme Chenevaz qui était la bigote la plus célèbre de la ville. Alors il me semble que, si le souvenir s'impose à Stendhal, ce n'est pas parce qu'il a laissé tomber un couteau à côté de quelqu'un, plutôt que sur quelqu'un, mais parce que, ce quelqu'un étant une bigote, il y a immédiatement une réaction de la tante Séraphie. Donc, cela est vraiment lié au système de valeurs global, je ne dirai pas de l'enfant, car l'enfant ne doit pas avoir de système de valeurs aussi défini à cette époque, mais de l'adulte. Je crois qu'il est important de savoir à quel système de valeurs se réfère Stendhal quand il écrit ses souvenirs d'enfance. C'est certainement à son système actuel qui répond à cette espèce de construction du moi dont nous a parlé tout à l'heure Pierre Barbéris. D'autre part, j'ai un peu sursauté devant la question que vous posez : " Stendhal se demande : suis-je bête ? ". Je crois que c'est la question que l'on ne peut pas se poser. Parce que si l'on répond non, on ment, car on sait très bien au départ que l'on n'est pas bête ; au moment où l'on pose la question, on a déjà répondu ; si on répond oui, on n'écrit pas. Il semble qu'il y ait une fausse naïveté et je reprendrai les termes de M. Lejeune : il ne faut pas prendre au pied de la lettre ce que dit l'auteur dans son autobiographie. Je me demande même si, lorsque Stendhal dit : " Je voudrais bien me connaître moi-même ", il n'y a pas une énorme naïveté ; précisément au moment où il écrit le premier mot de son autobiographie, il se connaît parfaitement, il est parfaitement " constitué ".

Philippe LEJEUNE

L'autobiographe a besoin de se poser cette question initiale pour lancer sa recherche. Mais le lecteur, qui a devant lui l'œuvre achevée, ne doit pas attribuer la même valeur à cette question ; il serait naïf d'attendre à la question une réponse précise, et même, de croire que l'auteur croyait qu'il allait vraiment trouver une réponse. J'en donnerai un autre exemple : **La Règle du jeu**. Michel Leiris se donne pour but, dans cette autobiographie, d'explorer son être intérieur en suivant tous les fils de son langage et de ses associations d'idées, pour finir par élaborer une règle du jeu qui serait à la fois une règle de vie et une règle d'écriture. L'idée de cette " règle du jeu " est une sorte de mythe, ou de mirage, qui lui sert à orienter et à motiver sa recherche. Tout en écrivant son texte, il rassemblait à part dans un petit dossier tous les préceptes qui devaient peu à peu lui servir à construire cette règle. Mais il n'était pas dupe. Il savait fort bien, ou, du moins il a rapidement compris, que cette règle était impossible à trouver, et, à la fin du troisième volume, il expose le contenu de son petit dossier sous la forme d'un catéchisme laborieux dont il n'a pas de mal à montrer lui-même le caractère dérisoire. Mais, en même temps, il suggère à son lecteur que, s'il n'a pas trouvé " la règle du jeu ", il a écrit **La Règle du**

jeu. La question n'aboutit pas à une réponse, mais à un texte qui constituera comme objet, visible pour les autres, ce que le moi lui-même ne peut jamais saisir.

Je voulais poser à Mme Vassilopoulos une question. Le pacte d'identité certifie au lecteur que l'auteur, connu du public par les textes qu'il a antérieurement publiés, va ici exposer directement sa propre vie. Or, vous appuyant sur certaines expressions de Stendhal, vous avez parlé de la **Vie de Henry Brulard** comme d'un roman. Quel est le sens de la présentation du texte ? Les titres prévus par Stendhal ne font-ils pas partie d'un maquillage ironique qu'il ne faut pas prendre trop au sérieux ?

Christine VASSILOPOULOS

Je crois qu'au départ il est ambigu. Il ne sait pas où vont le conduire ses recherches.

René BOURGEOIS

Il fait plutôt semblant de ne pas savoir où vont le conduire ses recherches.

Philippe LEJEUNE

La question que je posais était de savoir à qui étaient destinés les titres que l'on trouve reproduits à la suite du texte dans l'édition de la Bibliothèque de la Pléiade. Stendhal semble avoir rédigé ces titres pour '' MM. de la Police ''. C'est là un maquillage qui se présente candidement comme tel, et qui ne saurait faire fonction de pacte de lecture pour les véritables destinataires du texte.

Christine VASSILOPOULOS

Cela traduit bien une ambiguïté de la recherche. Il faut que ce soit quelque chose que Stendhal lui-même envisage d'une façon plus sérieuse. C'est une façon de mettre en forme une certaine interrogation sur son identité.

Gérald RANNAUD

J'ai sous les yeux le texte de Stendhal. Je ne sais pas si c'est une réponse à la question. C'est peut-être une réponse de Normand - ou de Dauphinois. Stendhal dit au chapitre VII de la **Vie de Henry Brulard** : '' Que fait cet ouvrage au lecteur ? Et cependant si je n'approfondis pas ce caractère de Henri si difficile à connaître pour moi, je ne me conduis pas en honnête auteur cherchant à dire sur son sujet tout ce qu'il peut savoir ''. Stendhal est parti dans cet ouvrage indépendamment des projets sur l'autobiographie, en s'interrogeant sur ce que sont les procédés réels de l'écriture dramatique. Il y a chez lui deux perspectives : l'une de réfléchir sur soi, l'autre de réfléchir sur le mot narrer. C'est un aller-retour constant dans l'écriture de **Brulard** où à chaque instant le récit s'interrompt.

V. DEL LITTO

La **Vie de Henry Brulard** pose le problème de la connaissance. C'est là une constatation banale. Un point qu'on ne doit jamais oublier, c'est que Stendhal progresse sans plan préétabli. C'est sa manière habituelle de composer. Il ne faudrait pas en déduire qu'il s'est livré à je ne sais quelle sorte de jeu littéraire. Littérature et Stendhal sont deux notions antinomiques.

Henri-François IMBERT

Je voudrais répondre à mon collègue Del Litto, et en même temps répondre à la communication de M. Hemmings. M. Hemmings nous a souvent présenté Stendhal comme hésitant entre deux versions de lui-même.

F.W.J. HEMMINGS

Il ne s'agit pas de la connaissance de soi ; il s'agit des jugements que les autres portent sur lui.

Henri-François IMBERT

Et en ce qui concerne lui-même.

F.W.J. HEMMINGS

Lorsqu'il dit : '' Suis-je bête ? '' Cela veut dire : Ai-je la réputation d'être bête. C'est le jugement que les autres portent sur moi.

Henri-François IMBERT

Ce problème de la connaissance de soi ne m'en paraît pas moins de première importance chez Stendhal. Il n'a pas cessé de se le poser, en raison de l'incompréhension dont il se découvrait la victime, tant lui-même que ses héros. Il a répondu par avance à toutes les questions que pose, sur la connaissance de soi, la **Vie de Henry Brulard** dans ses lettres à Pauline qu'il écrivait tout au début de sa formation de beyliste. Dès cette époque, le problème essentiel pour lui, c'est le problème scientifique de la délimitation, de la vérité de soi. Cette expérience, on ne peut la faire que dans les rapports avec autrui. Stendhal montrait à sa sœur que les gens n'étaient jamais gentils avec elle que s'ils y avaient quelque intérêt. Nous n'avons pas de projection de nous-mêmes pour nous voir marcher, nous entendre parler, etc. Stendhal a voulu faire sur lui-même l'expérience idéologique qu'il faisait sur les autres. Il l'a faite dans le vivant romanesque, dans le vivant de ses essais, à travers ces vies célèbres de Haydn, Michel-Ange, Rossini, etc., dans ses romans mêmes, en se faisant '' varier '' dans des situations qui ne sont plus tout à fait les siennes. Il essaie de se voir autre à travers ses personnages. Lorsqu'il s'aperçoit que décidément on a bien mal compris **Le Rouge et le Noir**, parce qu'il n'existait pas dans la société de ce temps l'équivalence de la langue beyliste, alors il revient sur lui-même pour faire l'expérience de soi, pour voir si une introspection méthodique comme celle du **Brulard** ne lui apporterait pas de réponse à ses doutes, et pourquoi pas, une justification de soi.

René BOURGEOIS

M. Del Litto a montré depuis fort longtemps quel était le rôle qu'avaient joué les Idéologues dans la formation intellectuelle de Stendhal ; ce rôle n'est-il pas capital pour tout ce qui concerne un essai autobiographique, qui est un essai d'étude sur l'homme ?

V. DEL LITTO

Les Idéologues ont effectivement joué un rôle essentiel dans la formation intellectuelle de Stendhal, non seulement dans le domaine de la connaissance, mais encore dans celui de la quête de la vérité. Vérité est un des mots clefs du langage stendhalien. Tout le monde se souvient de l' " âpre vérité " qui figure dans l'épigraphe de **Rouge et Noir.**

René BOURGEOIS

On a parlé ce matin de l'acheminement entre le journal et le récit autobiographique constitué, le journal étant le premier stade. Le **Journal** de Maine de Biran se situe exactement dans cette perspective de la constitution d'une science de l'homme. Je me demande dans quelle mesure le projet global de Stendhal, non seulement celui d'**Henry Brulard,** mais déjà celui du Journal, n'est pas une tentative analogue.

II

L'autobiographie
et la personne

La *Vie de Henry Brulard*
ou le salut par l'autobiographie

L'interrogation sur laquelle s'ouvre la **Vie de Henry Brulard** pourrait à bon droit nous surprendre : " Je vais avoir cinquante ans, il serait bien temps de me connaître. Qu'ai-je été, que suis-je, en vérité je serais bien embarrassé de le dire " (1).

On pourrait penser au contraire que Stendhal se connaît bien. Il s'est d'ailleurs beaucoup raconté, à lui-même, à ses amis, à ses lecteurs.

Son **Journal** tenu régulièrement de 1801 à 1815 nous renseigne abondamment sur sa formation intellectuelle et morale, sur ses lectures, sur ses idées, sur ses relations, sur sa vie sentimentale, sur son apprentissage du monde et de la politique. Dans les **Souvenirs d'Égotisme** il a tenté d'évoquer la riche période d'activité intellectuelle et de relations mondaines de 1821 à 1830. **De l'Amour** nous en apprend probablement plus sur son cœur que des écrits plus clairs. Sa **Correspondance** si importante suffirait sans doute à nous renseigner non seulement sur les événements de sa vie, mais sur ce qu'il a pensé et ressenti. L'**Histoire de la Peinture en Italie, Rome, Naples et Florence**, les **Promenades dans Rome** comportent, à côté d'éléments autobiographiques, des aperçus sur les opinions de Stendhal en matière d'art, de politique ou de morale. Et l'on sait tout ce que Stendhal a prêté de sa propre personnalité à Julien Sorel et la part d'expérience personnelle qu'il a mise dans la peinture du milieu où il le fait évoluer.

Si Stendhal cherche aussi à se connaître, c'est moins pour retrouver les événements de sa vie ou les étapes de sa formation que pour répondre à une question grave, angoissante, portant sur la signification de son existence. Et ce n'est pas par hasard que l'idée d'écrire son autobiographie lui est venue à la suite d'une sorte de contemplation où se mêlaient l'admiration du paysage romain aperçu de San Pietro in Montorio et la méditation sur la succession des empires dont il a les vestiges sous les yeux, méditation qui l'amène insensiblement à s'interroger sur son destin et sur la réussite de sa vie. En s'interrogeant sur son existence et sur son identité Stendhal veut sauver sa vie de l'insignifiance et de la destruction opérée par le temps. Il veut l'arracher au néant en discernant dans ce qu'il a été et dans ce qu'il est des valeurs comparables aux vestiges de la Rome ancienne et aux monuments de la Rome moderne. En réalité, cette interrogation existentielle se réduit à une question précise : ne s'est-il pas trompé dans sa poursuite du bonheur ? Avait-il déjà enfant et adolescent la même manière d'aller, selon son expression, à la chasse au bonheur ? Cette question est parfois clairement exprimée (2), le plus souvent elle court en filigrane dans la trame du récit.

Si les **Souvenirs d'Égotisme,** par ailleurs fort intéressants pour la connaissance de Stendhal, de ses relations et du milieu dans lequel il a vécu, n'ont pas apporté à leur auteur la satisfaction attendue, c'est précisément qu'il n'a donné dans cet ouvrage qu'une image superficielle de lui-même, l'image qu'on se faisait alors généralement de lui et qu'il récuse en commençant la **Vie de Henry Brulard** : '' Je passe pour un homme de beaucoup d'esprit et fort insensible, roué même, et je vois que j'ai été constamment occupé par des amours malheureuses '' (3).

Lorsqu'il commence la **Vie de Henry Brulard**, Stendhal ne sait pas dans quelle voie il s'engage. Il ignore quel genre de découvertes il va faire. Pendant quelques pages l'autobiographie hésite. Stendhal est tenté de réduire son projet à une simple chronologie enrichie de faits et de dates. Son projet a failli sombrer dans l'anecdote. Mais quelques pages plus loin, en faisant le récit de la rêverie des bords du lac d'Albano au cours de laquelle il a évoqué les femmes qui ont occupé sa vie et inscrit leurs initiales sur la poussière, il retrouve ses émotions passées. Désormais il va pouvoir non seulement faire apparaître les souvenirs de son enfance comme des lambeaux d'une fresque qu'on croyait effacée, mais il va revivre les événements de sa vie avec une intensité parfois si grande qu'il doit se lever de sa table de travail. Il expérimente ainsi la profonde identité de l'être qu'il a été et de sa personnalité du moment.

En ce sens la **Vie de Henry Brulard** marque un tournant décisif dans la vie de Stendhal en lui faisant trouver une certaine sérénité avec la certitude qu'il ne s'est pas trompé dans sa chasse au bonheur et qu'il n'a rien à regretter de sa vie. Il note à plusieurs reprises la satisfaction qu'il éprouve ainsi à revivre son passé et le récit se déroule avec une allégresse perceptible dans le rythme et dans le ton. Certes la **Vie de Henry Brulard** ne marque pas pour Stendhal la fin des déceptions. Il continue de s'ennuyer à Civitavecchia et, dès l'annonce de son congé, il quittera sans regret cet exil et abandonnera son récit pour ne plus le reprendre. Mais cette autobiographie, même inachevée par rapport au dessein primitif, a procuré à Stendhal un apaisement dont on peut discerner la trace dans son œuvre. C'est sans doute ce qui explique que l'agressivité de **Rouge et Noir** a fait place à un plus grand détachement de l'auteur et de ses héros dans **La Chartreuse de Parme**.

La satisfaction apportée à Stendhal par la **Vie de Henry Brulard** n'est pas purement formelle. L'angoisse contenue dans l'interrogation initiale : '' Qu'ai-je été, que suis-je ? '' n'a pas cessé par le seul fait que Stendhal ait évoqué son enfance et qu'il en ait fait le récit. Si Stendhal s'est reconnu dans celui qu'il a été autrefois, c'est qu'il a découvert chez lui des attitudes, des comportements qui découlent de la conception qu'il se fait de la vie ; c'est qu'il a pu donner de son personnage une image qui n'est pas sans rapport avec les thèmes habituels de son œuvre. Stendhal sauve son personnage en faisant de lui un héros en l'arrachant à la bâtardise, en le dotant d'une enfance heureuse et en racontant sa vie sous la forme d'une œuvre d'art.

Le premier souci de Stendhal est de faire de son personnage un héros et il découvre avec plaisir chez le jeune Henri Beyle les signes d'une énergie dont il a fait le symbole de ses propres luttes et qu'il a déjà incarnée dans le personnage de Julien Sorel. Afin de manifester son énergie, le héros doit d'abord reconnaître les forces maléfiques qui s'opposent à son bonheur et les personnes ou les groupes sociaux qui les représentent. Stendhal découvre avec plaisir que l'enfant qu'il a été ne s'est pas trompé et que très vite il a été amené à dénoncer l'hypocrisie, la tyrannie et la laideur représentées par sa famille et par le parti royaliste, par la religion et les jésuites, et par Grenoble.

L'hypocrisie est l'attitude de ceux qui prétendent faire son bonheur et qui, en réalité, poursuivent une ambition personnelle ou cherchent à assurer leur pouvoir. Cette attitude est particulièrement dangereuse pour le héros stendhalien qui risque, s'il n'y prend pas garde, d'être trompé sur son bonheur et de ne pouvoir réaliser ses aspirations personnelles. L'hypocrisie est représentée pour le jeune Henri Beyle dans sa propre famille, par son père. Stendhal nous indique lui-même que l'opposition qu'il a toujours manifestée à l'égard de son père s'est transformée en une véritable haine le jour où il a découvert que son père, malgré les apparences, ne l'aimait pas, mais qu'il n'était qu'un tartuffe, un hypocrite ne recherchant que son intérêt personnel. Il découvre aussi l'hypocrisie dans la religion et ses représentants, ceux qu'il nomme les jésuites, le plus célèbre d'entre eux étant l'abbé Raillane. Il constate avec plaisir qu'il a découvert l'hypocrisie de l'abbé Raillane avec la même perspicacité qui l'a fait dénoncer l'hypocrisie des jésuites et de la congrégation sous la Restauration. Parfois il révèle une forme plus subtile d'hypocrisie qui consiste soit dans un faux raisonnement, lorsqu'on affirme, par exemple, que des parallèles peuvent se rencontrer, soit par un style dont l'enflure fait illusion, comme celui de Chateaubriand.

La tyrannie était un des thèmes favoris de la propagande révolutionnaire. Tout, autour du jeune Beyle, dénonçait les tyrans ; les chants patriotiques, les journaux et les affiches, les discours et les proclamations. Dans ce climat il a vite fait d'assimiler son cas d'enfant tenu sous une surveillance très étroite à la situation des peuples opprimés. La **Vie de Henry Brulard** rapporte avec complaisance les manifestations de rébellion et de jacobinisme précoce.

Le signe auquel on peut généralement reconnaître les forces hostiles au bonheur de l'individu est la laideur physique ou morale. Stendhal dénonce la laideur morale des bourgeois intéressés et mesquins au milieu desquels il a passé son enfance grenobloise. Il trouve que son père est laid et sa sensiblerie lui répugne. Il a tracé de l'abbé Raillane un portrait où la laideur expressive atteint presque au sublime. Malgré son jacobinisme il ne peut s'empêcher de trouver laids les gens du peuple de la Société des Jacobins qui se réunissaient à l'église Saint-André. Il a horreur de ce qui est sale, triste, noirâtre. Aussi le **Noir** représente-t-il à ses yeux tout ce qui s'oppose à son bonheur et qu'il doit combattre. Pour lui le **Noir**, c'est sa famille, la religion et les jésuites, la tyrannie des ultras ; c'est la douleur de la mort de sa mère et de la mort du domestique Lambert. Certains lieux semblent marqués à ses yeux de cette tonalité : l'appartement de son père et la triste rue des Vieux-Jésuites, le ruisseau des Granges où il devait accompagner son père et Séraphie à la promenade, et surtout Grenoble avec ses rues étroites et sombres, avec surtout son ambiance de mesquinerie.

Une fois qu'il a reconnu les forces d'oppression, qu'il les a décrites, dénoncées, le héros doit mener contre elles un combat épique, qui va lui permettre d'exercer son énergie. Il doit participer à un combat d'autant plus méritoire qu'il est souvent solitaire. L'énergie est le privilège d'individus d'élite, même si l'énergie se manifeste plus souvent chez les gens du peuple à la faveur des bouleversements sociaux. Stendhal découvre avec plaisir qu'il s'est ainsi souvent opposé à la tyrannie de sa famille, en se révoltant ou en manifestant publiquement des idées opposées, par exemple à l'occasion de la mort du roi ou dans l'affaire du billet Gardon. Il vibre aux mouvements collectifs d'héroïsme, aux chants révolutionnaires, aux défilés militaires. Il applaudit aux victoires des armées révolutionnaires ou au châtiment des traîtres : le roi, les deux prêtres exécutés sur la place Grenette. D'autres manifestations d'énergie peuvent sans doute paraître gratuites, comme l'attentat contre l'arbre de la liberté ou les duels. Mais toujours on assiste à une exaltation de l'individu tendu vers la réalisation de son bonheur, dût-il attaquer de front les obstacles ou s'en créer pour rechercher la prouesse.

Si le **Noir** représente l'oppression, on peut dire que le **Rouge** est la couleur de l'énergie ; couleur du sang répandu, celui des traîtres et des héros ; héros : l'ouvrier chapelier de la Journée des Tuiles, les soldats massacrés sur les champs de bataille ; traîtres : le roi décapité et les deux prêtres exécutés sur la place Grenette. Le **Rouge** c'est aussi l'exaltation virile des cortèges, des chants et des combats dont l'écho parvient jusqu'au jeune Henri Beyle et déclenche en lui des sentiments ardents. On pense à son aîné Julien Sorel auquel il arrive à Stendhal de comparer l'enfant qu'il a été.

Voilà donc le jeune Henri Beyle constitué en héros avec un relief saisissant. Cette présentation était nécessaire. Sinon la personnalité de l'enfant risquait de disparaître sous les convenances, les préjugés et le conformisme de son milieu familial. Et le Stendhal anticlérical, jacobin admirateur de Napoléon risquait de ne pas se reconnaître chez l'enfant qu'il avait été, d'être déçu par l'image qu'il se serait faite de lui-même. Mais le résultat dépasse son espérance et l'on peut dire que la présentation de son personnage a un relief comparable à celui de ses héros romanesques.

En découvrant ses véritables ennemis dans son entourage, parmi ses éducateurs, en la personne de l'abbé Raillane ; dans sa propre famille, en la personne de son père ; dans la religion, puisqu'il rend Dieu responsable de la mort de sa mère et de ses malheurs, le héros fait l'expérience de sa bâtardise. On peut dire qu'il assume glorieusement cette bâtardise puisqu'il proclame lui-même la déchéance de ses pères, son père naturel, et ses pères spirituels. Mais comme le héros a besoin d'une généalogie, d'une famille dont il puisse se réclamer et se glorifier, le jeune Beyle se les choisit lui-même. Ayant rejeté l'ascendance Beyle, il va se réclamer de l'ascendance Gagnon. Son grand-père Gagnon se substitue à son père. Il veut en assumer l'héritage spirituel et les traits de caractère. Les pères spirituels ne manqueront pas, qu'ils soient choisis parmi les prêtres qui fréquentaient le salon du docteur Gagnon, comme l'abbé Chêlan, - qui a donné son nom à un personnage de **Rouge et Noir**, ami et protecteur de Julien Sorel -, le père Ducros, - dont le rôle fait penser à celui de l'abbé Blanès auprès de Fabrice -, ou qu'ils soient choisis parmi les professeurs de l'École Centrale, les Gattel, Dubois-Fontanelle, Jay, Gros... Dieu lui-même, dont la rigueur épouvante, est remplacé par la Vierge, plus proche et dont la douleur émeut. Sa mère elle-même, non reniée, mais trop tôt perdue, est représentée par ces visages de femmes que l'on voit apparaître tout au long du récit et qui manifestent à son égard de la sympathie et de la tendresse, comme sa grand-tante Elisabeth et comme ces femmes qui constituaient la compagnie aimable des Echelles.

Cette nouvelle famille que le héros se choisit le sauve de sa bâtardise et de sa condition morale d'orphelin. Elle le rassure sur ses origines, sur ses tendances profondes et ses aptitudes au bonheur, et en définitive sur sa destinée.

Lorsque Stendhal entreprend d'écrire son autobiographie, ce sont les déceptions amoureuses et le souvenir douloureux de la mort de sa mère qui s'imposent à lui et qui déclenchent le mécanisme de la mémoire affective dont le rôle est essentiel pour faire resurgir les faits du passé.

En reconnaissant que malgré les apparences il a été " constamment occupé par des amours malheureuses ", et quelques pages plus loin qu'à la mort de sa mère " commencent ses malheurs " (4), en faisant ainsi l'aveu de sa détresse, Stendhal lève l'obstacle qui s'opposait à la rédaction d'une autobiographie vraiment sincère.

En même temps, il lui faut aussi s'arracher à cette détresse, sauver sa vie du malheur. Nous avons vu la joie qu'il éprouve à rappeler et à revivre ses heures d'exaltation héroïques. Il lui faut aussi trouver dans son enfance de ces moments heureux comme il en a goûtés parfois et qui se caractérisent par une douce rêverie provoquée par la contemplation d'un beau paysage ou d'une œuvre d'art, et par le sentiment d'échapper à la tristesse, à la mesquinerie, à la noirceur du milieu dans lequel il vit. Ces moments de bonheur sont souvent attachés pour lui à certains lieux : c'est l'appartement du docteur Gagnon où il vit sous le regard indulgent de son grand-père et d'où il peut contempler l'animation de la place Grenette ; c'est l'École centrale où il respire l'air de la liberté au milieu de camarades de son âge et dont les fenêtres s'ouvrent sur une " vue délicieuse " ; c'est l'appartement du père Ducros exposé au midi et d'où l'on découvre la montagne ; c'est la propriété de Claix-Furonières où il a vécu des moments de vraie liberté en chassant dans les environs ; c'est surtout la propriété des Échelles en Savoie, dans la belle-famille de son oncle Romain Gagnon, où il oublie les rues sombres et la petitesse de Grenoble en compagnie de femmes vives et charmantes et au milieu de paysages qui évoquent pour lui les lieux enchantés de la **Jérusalem délivrée**. Le séjour aux Échelles reste pour Stendhal l'un des moments les plus heureux de son enfance, comme la période de l'arrivée des Français à Milan. Ce sont là des souvenirs capables à ses yeux de racheter toute la tristesse de son enfance. On comprend alors la joie intense qu'il éprouve à se les rappeler.

Il arrive aussi que Stendhal reconnaisse avoir trouvé le bonheur du côté de la religion. On sait qu'il a toujours considéré la religion comme l'une des forces d'oppression et de mensonge qui se sont opposées à son bonheur. Et il a souvent dénoncé ceux qui, se réclamant de la religion, n'ont fait que tromper les gens et établir leur domination : prêtres, jésuites. Cependant les positions de Stendhal sur la religion sont parfois plus nuancées et plus ambiguës. Nous avons vu qu'il parle de la Vierge avec respect et sympathie et qu'il attribue à certains prêtres un rôle bénéfique dans la formation de sa personnalité. Il va même plus loin en évoquant la piété de son enfance, les messes qu'il servait régulièrement dans le salon à l'italienne de son grand-père, le dimanche sous la Terreur, et celle qu'il servait au couvent de la Propagation, et surtout en rappelant sa première communion qui lui apparaît manifestement comme un souvenir heureux. Il reconnaît à ce propos : " Toute ma vie les cérémonies religieuses m'ont extrêmement plu " (5). Il entre certainement dans ce sentiment religieux une part d'émotion esthétique : Stendhal était sensible à la beauté des offices religieux, aux chants et au décor des églises italiennes. Mais n'évoque-t-il pas aussi avec une certaine tendresse le souvenir d'une candeur, d'une piété sincère, d'une innocence perdue ? Il salue avec un sourire amical cet Eliacin qu'il a été. Il se reconnaît en lui. Et il évoque avec joie ces moments de bonheur d'une essence si différente. Stendhal a bien été aussi un enfant heureux et, s'il avait pu en douter, son autobiographie lui a permis d'en prendre conscience. Elle le rassure définitivement à ce sujet.

Enfin, Stendhal sauve son passé par la manière même dont il le restitue, par la beauté et la perfection formelles de son autobiographie : c'est le salut par l'esthétique. Il en va de sa vie comme des civilisations arrachées à l'oubli et à la destruction du temps par les œuvres d'art qui lui ont survécu. Et nous savons que ce sentiment éprouvé en contemplant le paysage romain aperçu de San Pietro in Montorio a pu inciter précisément Stendhal à se pencher sur son passé et à tenter de le sauver en l'exprimant.

Une longue pratique de l'écriture, jointe à un goût très sûr formé par la lecture, par la réflexion, par la contemplation des œuvres d'art et des beaux paysages, avaient préparé Stendhal à donner spontanément une forme presque parfaite et définitive à l'expression de ses pensées et de ses rêveries, à la narration des faits vécus ou imaginés. Et cet accord entre ce qu'il écrit et la manière dont il l'écrit décourage souvent les critiques tant les procédés chez lui sont peu apparents.

Ce qui frappe d'abord, c'est l'extraordinaire impression de vérité et de vie que donne le récit de ses souvenirs. Cet effet est obtenu par la rapidité de la phrase du récit, par le choix des faits significatifs, par la brièveté et la densité des répliques, qui font penser parfois à des répliques de théâtre, par le relief de certains portraits. Que l'on se reporte par exemple au célèbre portrait qu'il trace de l'abbé Raillane et qu'on le compare à un portrait qui nous en est resté.

L'on découvre aussi que cette œuvre écrite d'un seul jet, souvent dans la fièvre, prend tout naturellement un rythme où alternent les différents thèmes, celui du **Noir,** tableau du malheur, avec ses tonalités sombres, ses personnages tristes ou répugnants, avec aussi les plaintes du héros ; celui du **Rouge** où se mêlent le pamphlet, le récit soutenu ou familier, le dialogue incisif et un troisième thème - mais quelle tonalité lui donner ? - où Stendhal évoque ses moments de bonheur dans une phrase plus lente aux cadences mineures. Parfois, il atteint à un lyrisme très pur, grâce à l'émotion contenue dans la sobriété de la phrase ; mais ces passages sont généralement très courts. C'est le cas en particulier des contemplations de San Pietro in Montorio et du lac d'Albano, et surtout de l'évocation des femmes qu'il a aimées après le récit de la mort du domestique Lambert.

On peut dire qu'avec la **Vie de Henry Brulard** on a affaire à une autobiographie romanesque, non pas romancée, où le personnage et les événements qu'il a vécus sont en quelque sorte recréés par le dedans comme s'il s'agissait d'une œuvre d'imagination, où l'auteur pratique spontanément un choix, une stylisation. Sa vie échappe ainsi à la grisaille du banal et du quotidien, impression que ne manquerait pas de donner une simple énumération des faits. Ainsi la **Vie de Henry Brulard** est une véritable œuvre littéraire, fruit d'une véritable création du réel à partir du réel. Avec Stendhal il pouvait difficilement en être autrement. Lui qui a dit si souvent le plaisir qu'il éprouvait à écrire, il fait de nous en quelque sorte les témoins de son plaisir d'écrire sa propre vie sous nos yeux. Ce plaisir, nous lecteurs, nous le partageons et nous constatons ainsi que cette enfance et cette adolescence qu'il nous restitue si attachantes, si intéressantes et si belles valaient vraiment la peine d'être vécues et qu'elles valaient aussi la peine d'être sauvées de l'oubli.

On sait dans quel état d'exaltation Stendhal a écrit les dernières pages de la **Vie de Henry Brulard**. Le travail est interrompu en raison des circonstances, son départ en congé. Il ne sera pas repris. C'est qu'en fait, sans peut-être s'en rendre très bien compte, Stendhal a atteint son but. Il a découvert que l'enfant qu'il a été se comportait déjà dans sa manière d'aller à la chasse au bonheur comme il a choisi de le faire à l'âge adulte. En constatant l'identité profonde de son moi, Stendhal rachète non seulement les heures sombres de son enfance, mais aussi tout ce qu'il a pu souffrir plus tard parce qu'il appelle ses amours malheureuses. A ses yeux, il a sauvé sa vie.

Au terme de cette étude, trois questions peuvent se poser, entre autres.

L'une a été soulevée hier, je n'y reviendrai pas. Elle serait à poser aux spécialistes : quel rapport y a-t-il entre l'acte d'écrire son autobiographie et la cure psychanalytique ?

La seconde vient tout naturellement à l'esprit. Le vocabulaire de cette étude, son titre en particulier, sont empruntés au vocabulaire religieux. Le salut dont nous parlons ici est-il de nature religieuse ? Je crois qu'il faut répondre non en ce qui concerne le projet et la rédaction de la **Vie de Henry Brulard**. On a évoqué hier les **Confessions** de Saint Augustin et les autobiographies religieuses. Par les **Confessions**, Saint Augustin se met en relation personnelle avec Dieu à qui il s'adresse. Il confesse ses fautes et en attend le pardon. Son autobiographie le fait entrer dans un processus de rédemption. Ici, Stendhal se met seulement en relation avec lui-même. Les '' **happy few** '' qu'il invoque par une sorte de **captatio benevolentiae**, ceux du passé, Montesquieu, ceux du présent, Di Fiori, les lecteurs futurs, ne sont que des émanations, des auréoles de son propre moi. Et Stendhal n'a rien à se faire pardonner ; ni bon, ni méchant, comme on l'a montré hier, il ne fait que vérifier sur lui-même l'application de son système de chasse au bonheur, où s'intègrent des éléments de nature religieuse, défavorables souvent, favorables parfois. Ceci dit, le problème reste de savoir quelles étaient les positions exactes de Stendhal en matière religieuse.

Enfin, dernière question, elle est implicite dans nos débats depuis le début de ce colloque : y a-t-il un salut par la littérature, et particulièrement par la littérature romanesque ?

Alain CHANTREAU
Université de Nantes

Notes

1. **Vie de Henry Brulard**, (Oeuvres intimes, Bibliothèque de la Pléiade).
2. Ibid., p. 129.
3. Ibid., p. 38.
4. Ibid., p. 60.
5. Ibid., pp. 195-196.

Signification du premier souvenir

Il n'y a rien de bien original à souligner l'importance du premier souvenir : Charles Baudouin, Charles Mauron, Jean-Paul Weber l'ont fait, avec un bonheur inégal. Mais le problème du premier souvenir dans l'autobiographie, récit cohérent, constitué dès l'origine comme tentative pour appréhender le sens général d'une vie, nous paraît autre. Et sans plus tarder, je dirais que mon hypothèse de lecture part de l'idée qu'un récit autobiographique est d'abord un texte littéraire, discours comme un autre, mais discours qui prend plus nettement pour objet que le roman - fût-il '' autobiographique '' - une donnée intangible fournie par des faits auxquels l'auteur ne peut rien changer sous peine de se renier lui-même. Celui qui écrit son autobiographie est ainsi lié par le schéma dramatique que lui fournit son souvenir : il y a donc une contrainte, à laquelle on peut échapper dans tout autre genre de récit. Mais si le souvenir s'impose d'une façon aussi autoritaire dans ce qu'on pourrait appeler sa matérialité, l'écrivain lui impose à son tour, consciemment ou non, sa forme : formulation, traduction de l'image par le mot, liaison avec d'autres souvenirs, bref ce que je nommerais globalement son interprétation, au sens musical du mot. En d'autres termes, il ne me paraît pas possible de dire que le premier souvenir rapporté dans un récit autobiographique puisse être traité comme la découverte par le psychanalyste d'un '' traumatisme '' fondamental de l'enfance, et à plus forte raison considéré comme l'origine de la thématique d'une œuvre. En fait, j'irais jusqu'à dire que dans bien des cas l'écrivain (qui souvent ne cherche son premier souvenir qu'à l'occasion du projet autobiographique) élit ce premier souvenir parmi une série d'images qui peuvent indifféremment remplir ce rôle, en fonction de la signification qu'il lui attribue ou qu'il pressent. On observe d'ailleurs dans mainte autobiographie une hésitation sur la chronologie, le premier souvenir étant souvent présenté en couple avec, si je puis dire, un second premier souvenir...

Ce premier souvenir, ainsi élu, constitué, formé par l'écrivain en fonction de l'image globale qu'il se fait de lui-même, perd ce caractère d'authenticité absolue que nous lui reconnaissions il y a un instant : problème secondaire d'ailleurs, puisque l'authenticité ne vient plus dès lors d'une stricte adéquation à une réalité extérieure, dont l'auteur, dans beaucoup de cas, n'a pas une conscience claire. Je ne dirais donc pas que le fait d'avoir mordu à la joue Mme Pison du Galland, devient, grâce aux '' cristallisations de la morsure '', le thème de l'œuvre de Stendhal ; il me semble au contraire que ce tout premier souvenir (avoué) n'existe que dans un contexte global : il ne surgit que par la référence faite à tante Séraphie et à la répression morale qu'elle exerce sur le narrateur, donc à un modèle parfait de l'univers élaboré de l'adulte. Le second souvenir, complémentaire du premier, en donne une paraphrase, où l'écrivain intervient avec une admirable candeur : '' ie couteau tomba près d'une Madame Chenavaz. C'était la plus méchante femme de toute la ville (mère de Candide Chenavaz) qui, dans sa jeunesse, adorait la Clarisse Harlowe de Richardson, depuis l'un des trois cents de M. de Villèle et récompensé par la place de premier président à la cour royale de Grenoble, mort à Lyon non reçu ''.

Si nous ne contestons pas la matérialité du fait (le couteau est bien tombé, et c'était bien Madame Chenevaz) nous pensons que l'essentiel du souvenir réside dans sa liaison avec une image globale de la société et de lui-même, comme de leur conflit, image constituée en 1833 et non en 1786.

Nous admettons volontiers une certaine continuité de la personnalité ('' individu, pour s'en tenir à l'étymologie, cela veut dire indivisible, rappelle J. Giono, et par corruption politique inutilisable '') ; nous pensons toutefois que le premier souvenir n'est en soi qu'un balbutiement non littéraire qui ne devient, par définition, langage, c'est-à-dire forme et signification, que par l'acte même de l'écriture.

Puisque nous avons évoqué cet épisode de la morsure, nous poserons une question. La même anecdote se retrouve chez Hugo, qui enfonce la griffe de fer de sa peau de mouton dans la cuisse de Mlle Rose, lors d'une représentation théâtrale, et chez Gide, qui '' y va d'un grand coup de dent '' dans l'épaule éblouissante de sa cousine ; or ces deux souvenirs (non '' premiers '' cependant) peuvent-ils recevoir une explication identique, analogue à celle que donne Charles Baudouin de sa **Psychanalyse de Victor Hugo**, par la révélation du '' complexe spectaculaire '' ?

Je penserais, pour ma part, que le sens de ce souvenir, sinon son existence même, se révèle par contiguïté. En effet, dans la même séquence narrative, Hugo, par l'intermédiaire de sa femme, évoque d'autres souvenirs dont aucun ne possède seul le pouvoir de refléter globalement la personnalité de l'enfant, et à plus forte raison de l'adulte : mais l'auteur se livre ici à une interprétation de type polyphonique, et nous ne pouvons pas dissocier un souvenir des autres : c'est l'ensemble de ces éléments qui compose le premier souvenir, fait du puits, des bas de Mlle Rose, de l'ouvrier écrasé par une pierre de taille, d'une pluie torrentielle et du coup de griffe dans la jambe de Mlle Rose. Alors le texte s'éclaire, non pas comme le modèle d'une thématique ultérieure, mais comme l'illustration sommaire et rétrospective de cette thématique. C'est en effet le paradoxe du premier souvenir : il est le passé le plus parfait et le présent le plus absolu, joignant au donné brut de la mémoire la conscience qu'a l'écrivain de l'ensemble d'une '' expérience ''.

'' L'oubli, dit G. Sand, n'est peut-être que de l'inintelligence ou de l'inattention '' : le souvenir n'est-il pas d'abord intelligence et attention ? La plupart des premiers souvenirs sont dangereusement significatifs et révélateurs non d'une réceptivité passive mais d'une volonté de reconstruction systématique.

Cependant, nous observerons que le souvenir n'est pas toujours perçu par le narrateur comme signifiant ; il peut même se faire que son '' interprétation '' soit soumise à des variations, selon le moment où elle se fait. De là provient une grande diversité dans la façon de rapporter le premier souvenir : entre la signification aveuglante et l'absence (apparente) de signification, toutes les nuances peuvent exister.

Voici deux exemples qui illustrent les deux attitudes extrêmes. Benvenuto Cellini rapporte comme premier souvenir l'anecdote suivante : à l'âge de trois ans, il avait pris dans sa main un scorpion de grande taille. Son père accourut, Benvenuto ne voulut pas lâcher le scorpion, le père coupa les pinces et la queue de la bête : " Quand il me sentit sauvé d'un si grand danger, il vit dans l'aventure un heureux présage ". Le deuxième souvenir forme une redondance : Benvenuto reçoit une " maîtresse gifle " de son père, pour qu'il se rappelle avoir vu une salamandre. Dans les deux cas, Cellini veut à l'évidence attirer l'attention de son lecteur sur le caractère prodigieux de l'événement, qui annonce un destin hors du commun. A l'inverse, Quinet rapporte une anecdote dont la signification semble nulle. Il se rend, avec sa mère, en 1806 (il a donc un peu plus de 3 ans) de Paris à Cologne :

" J'ai le sentiment assez distinct du voyage, lorsque, blotti au fond de la voiture, tout à moi-même, je jouais avec un affreux poupard rembourré de son, en carrick à galons d'argent, dont notre vieux tailleur boiteux m'avait fait présent et que je mettais cent fois au-dessus de tout ce qui s'offrait à mes yeux. Nous traversâmes Bruxelles où je devais être confiné un demi-siècle après ".

Apparemment, ce souvenir s'impose tel qu'il est, sans que sa relation avec la personnalité actuelle de l'écrivain puisse être affirmée en quelque manière. A peine se devine-t-elle dans la dernière phrase. Mais un deuxième souvenir forme le complément indispensable du premier, à qui il confère une signification plus éclatante :

" Mes souvenirs se réveillent à Cologne. Nous y fîmes notre entrée par une pluie battante, et le timon de la voiture se brisa dans le faubourg. Ma mère et moi nous nous mîmes à la recherche d'un abri. Tout était encombré par je ne sais quel synode ecclésiastique, nous errions, sans pouvoir nous faire comprendre. Ayant perdu mes deux souliers dans la pluie, je marchais pieds nus sur le pavé, avec de l'eau à mi-jambe. Ma mère était au désespoir, ma bonne humeur dans cet ouragan la soutint ".

Sous l'insignifiance des deux anecdotes apparaissent deux attitudes psychologiques et " historiques " constantes chez Quinet : d'une part, comme chez tout grand poète, le désir de repliement sur soi-même, d'autre part la fonction tutélaire de l'homme d'action qui brave la tempête : bref deux attitudes qui correspondent parfaitement à la description des deux régimes d'images décrits par Gilbert Durand - nocturne, diurne - et qui caractérisent **Ahasverus** comme **Merlin l'Enchanteur**. Si donc Quinet retrouve ces deux souvenirs, c'est parce qu'il les reconnaît implicitement comme cohérents et significatifs, même si dans l'instant, ils se présentent à lui avec une certaine gratuité.

Ainsi, d'une façon ou d'une autre, soit qu'il recrée son souvenir dans un désir naïf d'apologie personnelle, comme Cellini, soit qu'il pense au contraire que ce souvenir n'a pas de sens particulier, l'écrivain fait une œuvre de recomposition analogue à celle qui pourrait être tentée pour un quelconque de ses personnages : la différence est que les faits lui sont immédiatement connus, du moins dans leurs grandes lignes, sans qu'il ait besoin de faire appel à son imagination.

A cet égard, l'exemple de Jules Vallès est des plus significatifs : étant donné le " personnage " de Jacques Vingtras, on ne peut s'étonner que les deux premiers souvenirs de l'enfant soient celui d'une fessée (" quel que soit le sein que j'ai mordu, je ne me rappelle pas une caresse du temps où j'étais tout petit : je n'ai pas été dorloté, tapoté, baisoté ; j'ai été beaucoup fouetté ") et de la blessure de son père, qui s'est enfoncé un couteau dans le doigt en construisant un chariot pour l'enfant (" je puis avoir cinq ans et me crois un parricide "). Il serait là encore aventureux de déclarer que cet épisode est à l'origine des obsessions de l'adulte : il n'est, selon moi, qu'un moment, certes privilégié, dans l'évolution de la personnalité de J. Vallès, et dans ce moment l'auteur se reconnaît conforme à l'image globale qu'il s'est faite de lui-même.

Nous citerons encore Tolstoï, où le souvenir d'enfance est saisi comme une sorte de prémonition de la Weltanschauung de l'adulte, reconquis par lui, d'ailleurs sur l'oubli et le silence, au plus profond et au stade le plus primitif de la mémoire. Dans ce cas, encore, nous avons deux souvenirs complémentaires, et comme deux pôles, négatif et positif, de ce qu'on pourrait appeler une attitude existentielle :

> " Je suis attaché. Je voudrais dégager mes mains et ne le puis. Je crie et je pleure et mon cri m'est désagréable à moi-même, mais je ne puis cesser (...). J'éprouve la cruauté et l'injustice non des hommes, car ils ont pitié de moi, mais du destin, et je me prends en pitié moi-même (...). Il s'agit pour moi de la première et de la plus forte impression de ma vie. Et ce dont je me souviens, c'est moins encore de mon cri que de ma souffrance, ainsi que de la complexité même du caractère contradictoire de cette impression : j'aspire à la liberté, une liberté qui ne dérange personne, mais on me martyrise ".

Le souvenir complémentaire est celui d'un bain dans une eau " bien chaude et fumante ", tandis que l'on frotte l'enfant avec du son.

Tolstoï, ainsi, reconstitue pleinement l'unité de son moi, dans ses deux pulsions essentielles, en donnant au souvenir d'une sensation pure un aspect fortement moral, voire métaphysique.

Nous noterons au passage que G. Sand fait état d'un premier souvenir presque identique, tout au moins en esprit : après une chute accidentelle des bras de sa bonne, à l'âge de deux ans, l'enfant reçoit des soins et doit garder très longtemps le lit. Le souvenir noté est celui de quelques objets et de quelques gestes (le marbre rougeâtre de la cheminée, le sang qui coule, la figure égarée de la bonne, les sangsues derrière l'oreille) qui se trouve complété par une impression unique : celle de la captivité dans le berceau. Si le premier souvenir, dans ce cas, est bien un événement fortuit, qui ne peut donc guère être transformé par l'écrivain, il faut bien reconnaître que la manière dont il est rapporté suffit à elle seule à lui donner un sens particulier ; comme chez Tolstoï, le sentiment d'être condamné à l'immobilité, d'être réduit à une totale passivité (dans la chute et dans ses conséquences) n'est pas sans rapport avec l'appréhension globale d'une vie présentée comme l'apprentissage et la maîtrise de la liberté.

Nous pourrions multiplier les exemples de ce type, où le premier souvenir reçoit sa valeur et sa signification en étroite relation avec le projet même de l'autobiographie : c'est le cas de Goethe, qui casse ses poteries, puis les assiettes de ses parents par jeu, et, dirait-on, par plaisir esthétique ; c'est le cas de Graham Greene qui, dans son premier souvenir se revoit " assis dans un landau d'enfant, en haut d'une colline, un cadavre de chien en travers des pieds ". Il serait possible d'attribuer à ce " traumatisme " l'obsession de la mort qui se manifeste dans les romans de Greene ; cependant il me paraît plus vrai de dire que si le premier souvenir de Greene (et les suivants, d'ailleurs : l'histoire des jeunes enfants qui meurent de faim et de froid dans la forêt, ou la vision du retraité qui va se couper la gorge) se rapporte précisément à la mort, c'est que d'autres " premiers souvenirs " virtuels ont été censurés dans le champ du projet autobiographique comme non conformes - ou moins conformes - à l'image que l'auteur se crée de lui-même.

Peut-être mes explications seront-elles jugées excessivement rationnelles et intellectualistes, mais ne nous faut-il pas trouver ici un point de rencontre entre la création littéraire et le vécu, tel que le vécu malgré son " authenticité " puisse entrer, sans en altérer le sens général, dans cette composition ambiguë qu'est l'œuvre autobiographique, cette rassurante saisie diachronique du MOI ?

S'il y a un hasard dans la vie, nous ne pouvons, sans danger, l'admettre dans l'art ; l'écrivain est doublement responsable de son premier souvenir par son choix d'abord, par son utilisation littéraire ensuite ; il n'y a pas, comme le dit Tolstoï, " d'hésitation entre le songe et la réalité ", il y a bien ici une autre réalité, sur quoi se fonde toute littérature.

R. BOURGEOIS
Université des Langues et Lettres de Grenoble

Le Moi et ses figures
Souvenirs d'Égotisme et *Vie de Henry Brulard*

Je voudrais que l'on me permette de faire, avant de commencer, une remarque sur ma façon de procéder. Je donnerai sans doute quelquefois l'impression de jouer le rôle de l'avocat du diable, mais c'est à dessein. J'ai beaucoup plus envie, si je le puis, de gêner que de rassurer, mais je me dois d'avouer aussitôt que si je cherche à in-quiéter c'est que je suis moi-même inquiet et que je souhaiterais que les propos que je vais vous soumettre puissent m'être renvoyés avec des éléments de réponse ou des éléments de discussion. Je voudrais, en toute honnêteté, mais non sans conviction, avancer des éléments pour un débat plutôt que produire des arguments pour une thèse.

L'histoire raconte qu'à Degas qui se plaignait un jour à lui de ses insuccès poétiques, malgré la profusion de ses idées, Mallarmé répondit laconiquement : " Un poème ne se fait pas avec des idées, il se fait avec des mots ". Pertinence du " technicien " qui ne se laisse surprendre au piège des approximations. De la même façon il serait bon de poser une fois pour toutes et sans équivoque que l'autobiographie est un fait verbal. On entend presque toujours parler de " Moi qui se regarde " de " miroir ". Or il n'y a pas de miroir sous l'œil de l'autobiographe.

L'autobiographie n'est pas du registre ou du ressort de l'autoportrait. Le peintre qui fait son autoportrait dispose lui de deux surfaces ; l'une réfléchissante qui lui renvoie une image qu'il transfère sur l'autre disponible, mais limitée. Évitons donc de nous laisser prendre, nous, au piège de la métaphore. Il ne s'agit pas dans l'autobiographie de cette reproduction synthétique, globale, qui fixe - fût-ce au prix d'analyses, " d'études " préalables -, l'objet même du regard. On pourrait dire, si ce n'était un peu faux, qu'il y a simplement transfert.

De cette différence fondamentale de nature, notons un indice, relevé chez Stendhal lui-même. Alors que chez lui la référence picturale soutient très fréquemment, pour ne pas dire toujours l'analyse " littéraire ", jamais, parlant de son œuvre autobiographique il n'a fait allusion aux problèmes de l'autoportrait. Sans doute l'autoportrait n'est-il pas une dominante de la peinture italienne, objet privilégié pour ne pas dire unique de la réflexion stendhalienne (encore que Titien !...). Il n'en reste pas moins que la liaison ne s'est faite à aucun moment.

Je proposerai donc de substituer à l'expression " moi qui se regarde " cette autre : " moi qui se **parle** ". Cela conduit à concevoir au lieu d'un " moi " qui se contemple et se reproduit dans la lumière du regard un moi qui se cherche dans la matière des mots. D'où l'on déduirait que l'autobiographie n'est pas du domaine de la ressemblance, mais de l'analogie.

Il n'est pas de la capacité de l'autobiographie de copier, de recopier. Elle ne peut que mimer, étant à l'autoportrait dans le même rapport qu'au peintre le mime qui ne figure pas du tout l'apparence tangible et perceptible de l'objet, mais en dessine l'existence en en soulignant l'absence dans la matière du vide. Ce qui revient à repenser cette situation de l'autobiographe qui loin de disposer de la plénitude, même inconsistante, d'un miroir ne se confronte qu'à la blancheur de la page. La seule image première qu'il reçoive de son moi, c'est la vacuité du papier. Autant dire que cette présence, - pourtant indubitable -, cet être dont il s'assigne à donner ici les traits lui apparaît d'abord comme un vide incommensurable. Au delà de la rêverie de soi le vertige est l'expérience première de l'autobiographie.

Il s'agit en effet de confronter, dans l'acte autobiographique, cette conscience immédiate du moi, foisonnante, mais évidente et cet autre foisonnement, tout autant inépuisable mais totalement différent, et qui revendique le moi dans ses figures : le discours. Or le discours est ce qui m'est le plus étranger, parce que général et sans conscience. Et la conscience, sauf à s'y égarer, en ressent la première difficulté : la nécessité d'y tracer la voie d'une cohérence : le problème de la narration.

Tous les autobiographes, dans le " pacte " autobiographique posent la même question : " comment me raconter ? " Parce que se raconter n'est, dans aucun sens, un acte innocent. Ce n'est pas accomplir un acte évident, ce n'est pas, comme on l'imaginerait trop facilement, dérouler la chronologie claire et sans appel d'une vie. Se raconter, c'est faire des choix, constituer en cohérence organisée, fondée sur une logique narrative, - et qui quelquefois échappe à la vigilance du scripteur -, ce qui ne peut jamais être dans sa conscience que moments épars, figures diverses. De là cet autre vertige, celui de la " fausse évidence ", sensation d'une cohérence, et d'une cohérence inaccessible, malaise de la conscience qui n'est pas œuvre de psychologie moderne. Les scholastiques déjà en avaient institué la formule : " Ego est indicibile ".

Tout tient dans ce vertige donc où l'espace scripturaire, encore blanc, attend de devenir l'espace d'une signification. L'inquiétude de tout autobiographe est dans le surgissement de cet être fictif qui le menace de saisie, prétendant à l'être sans en avoir l'évidence et qu'on ne peut désigner que par ce vocable équivoque " moi ", qui est à la fois une affirmation et une incertitude absolue. P. Barbéris rappelait en s'appuyant sur les données de l'histoire qu'il n'y a rien de plus problématique que le moi. On ne peut envisager le problème de l'autobiographie hors de cette interrogation qui n'est pas examen de conscience, mais méditation sur le statut même de la personne. Ce critère permet ainsi de distinguer de l'autobiographie les mémoires qui, eux, ne posent pas le moins du monde cette question dans la mesure où ils supposent d'emblée l'existence d'un modèle préalable. Le mémorialiste n'aura donc pas à cerner une probabilité, mais à affirmer une conformité. Le " je " de Grondi est déjà tout entier prédéfini par la valeur éminente de ce substantif astreignant qu'est ici le patronyme. Le " Nom " est ici valeur de référence absolue, le mémorialiste se donne à tâche de produire les preuves de son droit à s'en prévaloir, en terme nobiliaire de sa non-déchéance. Ce n'est pas simple hasard si l'un des premiers débats qui agitent les **Mémoires de Saint-Simon** porte sur les préséances et les prétentions qu'y manifeste M. de Luxembourg. Les **Mémoires de Metz** faisaient déjà place à tel litige.

Dans l'autobiographie, au contraire, telle qu'elle se constitue à partir de Rousseau, la perspective est totalement différente. Il ne s'agit plus ici de conformité, mais de revendication de singularité. Il s'agit d'affirmer sans savoir encore ce qui s'y substituera, la non-réduction du sujet au discours public, à ce murmure confus dans lequel on se reconnaît sans se reconnaître et qu'on appelle du nom de réputation. Il y a à l'origine de l'intention autobiographique cet " écart " fondateur, l'affirmation du " moi seul " qui revendique comme la seule instance d'appréciation, l'instance suprême et hypothétique où toute singularité sera reconnue pour elle-même et en elle-même, le jugement dernier, seul instant où tout solipsisme peut et doit disparaître.

En l'occurrence à partir du moment où l'on poserait en ces termes le problème de l'autobiographie, on est obligé - en désaccord en cela avec Ph. Lejeune sur l'étymologie qu'il propose -, de reconnaître dans le vocable trois termes premiers : auto, bio et graphie. Le problème de l'autobiographie ne serait-il pas de savoir s'il peut y avoir une véritable concomitance entre les trois termes, à défaut d'absolue identité. Peut-on atteindre en fin de compte à une coïncidence aussi exacte que possible entre le " moi-même ", la vie et l'écriture ?

Le fait de s'interroger sur la possibilité d'admettre que ces trois termes pourraient être indistinctement et indifféremment l'un et l'autre pose un problème très grave. Toute autobiographie qui s'institue, - à distinguer en cela des productions plus ou moins rêveuses où tout esprit s'accoutume un jour à un abandon complaisant à soi, mais qui, fort communes au demeurant, ont en général comme commun avenir l'oubli, la poubelle ou l'incinération, ainsi de Julien dans la grotte de Vergy -, c'est-à-dire qui se destine explicitement à la publication, à la communication, requiert, à partir du moment même où elle s'entame, le regard d'autrui. C'est-à-dire qu'elle est explicitement " littérature ". Ainsi se crée la contradiction propre à toute autobiographie, et peut-être en cela dimension fondamentale du " genre ", de se constituer à la fois comme " parole " c'est-à-dire usage propre du langage, lieu de la singularité sans autre sens à donner qu'à soi-même, donc incommunicable, mais peut-être dans la plus parfaite et exacte coïncidence avec le moi, " parole " et forme du moi ; et comme " littérature ", c'est-à-dire comme forme éminente de " communication " et même la forme la plus repérable parce que la plus " codée ". Toute autobiographie, comme le soulignait Ph. Lejeune, se situe, comme toute œuvre littéraire, dans un horizon d'attente dans lequel elle ne peut affirmer une liberté que relative. Prise dans un réseau de procédures de signification dont elle ne saurait s'évader, elle est lieu et enjeu d'un conflit entre cette parole qui ne demande d'autre juge qu'elle-même à sa légitimité et la littérature qui lui impose la référence à tous les codes qu'elle met en œuvre.

Toute autobiographie est ainsi paradoxale dans la mesure où elle est toujours, à un moment ou à un autre, quelque peu insurrectionnelle. Elle est insurrectionnelle parce qu'elle est profondément sécessionniste, en prétendant de se mouvoir à l'intérieur du langage en mettant en doute - sinon en le refusant -, le principe de communication. Elle est répudiation de la valeur du discours social, revendication de légitimité d'une parole singulière ; elle se situe pour ainsi dire aux frontières du langage. La question a été posée par Rousseau : " Il faudrait pour ce que j'ai à dire inventer un langage aussi nouveau que mon projet : car quel ton, quel style prendre pour débrouiller ce chaos immense de sentiments si divers, si contradictoires, souvent vils et quelquefois si sublimes dont je fus sans cesse agité ? " (**Manuscrit de Neuchâtel**). Or si l'on est ainsi confronté au problème du langage, c'est qu'il s'agit de savoir comment vont coïncider les formes prévisibles, codées, qui vont se succéder et d'autre part cette matière informelle qui s'impose de façon instante, mais qui justement parce qu'elle n'est que parole confuse et interne n'a pas a priori de procédure pour se manifester. Nouveauté d'un " langage ", nouveauté du " projet " ! Peut-il y avoir une rhétorique du " chaos " ?

On est donc là confronté à un problème de représentation. Il s'agit de savoir comment va cheminer cette parole qui vise à exprimer l'irréductible à travers le reconnu, c'est-à-dire à travers ce qui fonde toute communication, toute littérature. Au terme même de la phrase y aura-t-il connaissance ou reconnaissance ? Écrire sa vie est-ce se découvrir dans une épiphanie du moi ou chercher à se reconnaître, et quelquefois y parvenir ? - dans des discours préalables ou du moins précédents. Il ne saurait y avoir de parole première que " divine " ; toute parole humaine ne fait que circuler indéfiniment dans les formes contraignantes de la représentation.

Cela revient à poser sur le plan de l'autobiographie un problème qui est celui de tout discours, de tout récit, celui du vraisemblable. Mais l'autobiographie y achoppera-t-elle plus durement que tout autre car le **vraisemblable** pourrait bien être l'élément **critique** de toute autobiographie ; à savoir la possibilité de **reconnaissance** par le lecteur de l'authenticité de l'image que le scripteur entend fournir de lui-même. Or prétendre une image " authentique " en refusant en même temps à toute lecture toute possibilité de " reconnaissance ", c'est s'exposer immédiatement à la récusation de cette image par le lecteur. Il faut donc transiger ou plus exactement assumer le déchirement.

Déchirement de quiconque cherche à prendre la parole, à formuler un désir, et se trouve ainsi confronté à l'attente d'une image à venir (il n'y a jamais d'image passée ou préalable à sa formulation) et simultanément aux images préfabriquées, préexistantes. Tout est dans ce jeu de la préfabrication et de son refus, de cette image à venir et des formes contraignantes qui pèsent sur elles.

Il y a des schémas tout faits dans toute langue, dans toute littérature, pour décrire l'enfance. Stendhal nous y renverra : " Quand j'entendais parler des joies de l'enfance... ". On ne peut pas dire que quelqu'un parle impunément, librement, de son enfance. Il parle de **son** enfance mais **à travers** une représentation préalable, et qui n'est pas la sienne. Cette image préalable sur laquelle l'écrivain travaille n'est pas - ou pas obligatoirement - celle qu'il ressent, ou qu'il attend, mais celle que le discours commun lui propose - ou lui impose d'emblée. Ainsi l'écriture à venir se déchire entre cette évidence intérieure, mais qui ne dispose d'aucune image, et les formes de la convention, contraignantes sinon toujours évidentes.

De là le titre de ces propos, " le moi et ses figures ", en laissant au mot " figures " son sens premier de " représentations ". De là le sens de cette interrogation sur un " genre " (?) où il s'agit de médiatiser une relation (moi-moi) où tout se situe d'ordinaire au niveau de l'immédiateté. Le caractère du moi, - laissons de côté le problème de son existence et de son statut -, est qu'il est à la fois immédiat, évident et indéfinissable. Dès qu'il s'agit de le dire, il faut le passer à travers une matière qui n'est pas lui. Problème de limites et de limitations. Il y a ainsi dans toute autobiographie une espèce de lutte avec les " figures ", dont la forme la plus apparente et la première est ce malaise de l'écriture autobiographique dont on connaît les deux extrêmes : l'ironie et la mauvaise foi.

Ironie et mauvaise foi parce que a priori et faute de l'alibi impersonnel de l'être romanesque fictif, l'autobiographe est coincé entre la double sensation de l'extérieur et de l'intérieur. Ce qui ne saurait conduire à limiter par dérivation le sens du mot " figures ", à celui de " masques " mais, laissant cet aspect de côté, à l'étendre au contraire au sens plus large de " figures du discours ". Le moi va se formuler à travers des figures qui sont de l'ordre de l'image, mais aussi de la rhétorique. Les " tropes " sont dans une autobiographie des figures du moi.

Le moi se constitue dans ses figures, progressivement, successivement mais elles ne donnent jamais de lui-même qu'une transcription. Il n'y a pas décalque ; il n'y a que ce changement qu'est la réécriture, changement de matière, changement d'optique. On se trouve ainsi devant un texte qui met en relation le moi, qui est par définition obscur et silencieux, - on peut en apercevoir quelques fragments, mais le moi dans sa totalité n'est qu'un immense silence -, cette sorte d'étranger intérieur donc sur lequel on se retourne et d'autre part ces figures qu'il se donne provisoirement et qui ne sont jamais que la matière du texte. Le moi se cherche donc à travers des discours convenus. Ce n'est pas par souci de chronologie, mais par soumission aux modèles et aux schémas qu'il mène son enquête à travers les figures préalables et constantes que sont l'éducation, l'amour, le métier, la carrière, la gloire, la religion, les armes, etc... la politique aussi. Autant de figures, de façons de trouver à l'intérieur du discours commun la marque de la singularité, l'indice de l'écart possible. Ainsi l'écriture conduit-elle le moi à une dispersion, une fragmentation. Ainsi est-elle elle-même conduite à assumer ou à refuser, - et c'est un choix profond pour l'autobiographe -, cet aller et retour incessant qui parvient dans la matière du langage à cerner comme le mime par ses gestes l'image absente. Toute phrase d'une autobiographie, et le texte lui-même, pourraient bien ne viser rien d'autre que, sur l'espace du point, le silence de l'évidence. Chaque phrase quête à chaque instant une image qu'elle ne dit pas, mais qu'elle attend.

Les figures mimeraient donc ce silence essentiel et cette écriture qui se voudrait émergence du moi ne nous renverrait qu'au texte. La fameuse question : " Qui suis-je ? " est-elle autre chose qu'un artifice pour légitimer la production du texte ? Y a-t-il dans une autobiographie autre chose qu'elle-même. Peut-on, doit-on attendre l'oracle, doit-on attendre la " vie " ? Pour autant que s'anime la parole, peut-elle viser autre chose que son propre déroulement sur les pages blanches ? Au terme de l'autobiographie s'il n'est pas certain qu'il y ait salut ou révélation, il est certain qu'il y a la mort du discours.

Parallèlement à ces " jeux " de la parole et du silence on pourrait mesurer dans l'autobiographie les jeux de la lumière et de la nuit, de l'éclairage et de l'ombre et à cela la **Vie d'Henry Brulard** nous convie.

On a beaucoup parlé de la scène inaugurale de San Pietro in Montorio sans jamais souligner nettement que l'événement sur quoi va se greffer immédiatement le propos autobiographique est une remarque apparemment incidente : " C'est donc ici que la **Transfiguration** de Raphaël a été admirée pendant deux siècles et demi. Quelle différence avec la triste galerie de marbre gris où elle est enterrée aujourd'hui au fond du Vatican ! Ainsi pendant deux cent cinquante ans ce chef-d'œuvre a été ici, deux cent cinquante ans !... Ah ! dans trois mois j'aurai cinquante ans, est-il bien possible !... " (chapitre I).

Or il est remarquable que cette remarque associe ici dans une imbrication cumulative les thèmes du temps, de la lumière et de l'ombre, de la contemplation et du dévoilement et, titre lexicologiquement très dense du tableau, de la trans-figuration.

Ce jeu de la lumière et de l'ombre on pourrait le trouver dans ce que l'on pourrait appeler dans l'autobiographie les dangers du plein jour. Dangers dont Stendhal était conscient et qui sont ceux de la fiction, de la rationalisation narrative. La fresque n'a de sens que dans sa pénombre, elle se détruit dans la restauration indécente qui voudrait la reconstituer. Il y a là danger d'une mise à distance, d'une contemplation de l'œuvre pour elle-même, esthétique, naissance d'un caractère ; l'autobiographie s'enfuit dans le roman. Il y aussi l'autre danger, le danger de la nuit et de la rupture : l'inévitable brisure du récit qui n'est peut-être rien d'autre que le morcellement de l'objet recherché dans ses figures éparses, danger de cette démarche errante, - et toute autobiographie n'est-elle pas une errance ? -, limitée par ces deux pôles extrêmes du moi : la mémoire et la conscience. On peut noter liant l'un à l'autre dans les formes qui leur correspondent, la mémoire au récit et la conscience au discours, que toute autobiographie oscille indéfiniment d'un registre à l'autre cherchant désespérément la parole absolue où le discours se ferait récit et le récit discours. Mais ses figures ne sont au moi qu'hypostases et non hiérophanies. Le moi se disperse donc dans son propre morcellement, dans la série des approximations. Certaines seront conscientes, images recherchées, sollicitées même ; d'autres, et il peut y avoir simultanéité, s'installent d'elles-mêmes, imprévisibles. On a parlé du premier souvenir (1). Il y a dans le premier souvenir quelque chose de ce double jeu ; double jeu de cette rationalisation qui s'installe ici en même temps que cette montée d'une autre image avec laquelle la conscience immédiate entre peut-être en conflit, par rapport à laquelle elle cherche à se situer et que j'associerai au phénomène de symbolisation. Le souvenir a en effet valeur de symbolisation. Loin de n'être que la résurgence d'une anecdote dans laquelle le moi se situe ici ou là, il est symbolique dans la mesure où il est global, à la fois moi et décor, anecdote et structure, figure privilégiée parce que globale et épreuve pour l'écriture. Il s'agit là encore de se mimer dans chaque situation redécouverte, de dire un impossible non-dit et je pense ici tout particulièrement à **Henry Brulard** et à la façon dont les dessins assureront entre autre chose la localisation et les relations '' scéniques '', permettant au texte de recueillir en regard cette globalité d'alors et de maintenant, de là-bas et d'ici, où le moi cherche sa résonance.

Souvenir et projection. Tout dans le souvenir mériterait d'être pris comme ensemble de symboles. Tout souvenir amène à saisir les relations de signification des contenus, mais aussi des structures. Ainsi dans **H. Brulard** rien de plus symbolique que la constellation familiale. Il n'y a pas seulement la répartition manichéenne, et prévisible, des bons et des méchants mais, projetée sur l'ensemble familial, cette figure première du moi de Brulard qu'est la déchirure. La famille est déchirée par ses tensions intérieures, déchirée aussi dans ses deux branches irréductibles, opposées jusque dans une thématique des couleurs, source possible de l'énigmatique **Rouge et Noir** (cf. G. Mouillaud, '' **Le Rouge et le Noir** '', ou le roman possible). Mais cette déchirure est une déchirure interne car si on laisse l'opposition des deux versants familiaux pour s'intéresser aux personnages centraux, et a fortiori au plus central d'entre tous qui est le grand-père, on constate que c'est un personnage déchiré et à cet égard une des figures premières les plus éminentes de ce moi qui se cherche encore de très loin, mais se formule ainsi comme la source première de toutes ces déchirures. C'est ainsi poser la question du double jeu de la signification, et donc de la vérité, dans le texte autobiographique : à la fois signification concertée et signification latente. D'une part donc signification concertée à laquelle on s'arrête en général où l'écriture vise à informer la vie, à postuler ou présager un sens. A partir de discours confus et mal organisés la vie va se composer, mais à ce niveau l'autobiographie n'ébauche qu'une allégorie du moi, très imparfaite et tout compte fait très artificielle. D'autre part signification latente au niveau du déroulement du texte lui-même, de ses pleins et de ses vides, de ses lacunes, de ses échecs, de ses alibis et qui est véritable symbolisation. Or cette symbolisation nous ramène justement à essayer de discerner dans un texte, et surtout dans un texte autobiographique, la trace de ces deux pôles de toute écriture dont nous parlions hier, le désir et l'histoire. Dans la mesure où toute autobiographie serait une attitude par laquelle l'homme se retourne sur son moi pour le maîtriser, pour le contrôler, pour lui donner une forme perceptible, voulant donner une forme palpable à ce qui n'est pas jusque là palpable. Mais à ce compte l'autobiographie est-elle autre chose qu'un désir ? Elle est la trace d'un désir, le plus informulable même, ne serait-ce que par les tabous qui pèsent sur lui. Et l'autobiographie va être condamnée à ce compte, à parcourir ce que j'appellerai les détours du sens qui ne peuvent délivrer au terme qu'un sens, - et je choisis à cet égard une formule elle aussi non signifiante -, un sens à la fois signifiant et non signifiant. Y a-t-il autre chose au bout d'une autobiographie que cette ambiguïté irréductible qui nous ramène au problème déjà évoqué hier de l'inachèvement. Considérer l'inachèvement autobiographique comme un échec, c'est je crois postuler que l'écriture est un exercice, un lieu de complétude personnelle. Je crois que si on l'admet, - et on revient aux inquiétudes de tout à l'heure -, c'est admettre que l'on peut remplir un être par le jeu de l'écriture et qu'à ce compte l'autobiographie peut très bien se saisir entre les deux termes qui la limitent : le bilan et, au terme du bilan, l'attente de la Formule. Eh bien ! je crois qu'il faut être sincère et dire que poser la question en ces termes, c'est se condamner soi-même à l'échec et l'inachèvement, dans la mesure où il ne peut y avoir d'autre réponse à la question initiale du texte que le texte lui-même dans son existence ; cette espèce d'analogie du Moi qui est arrivée à se constituer, ce qui est déjà énorme, mais qui pour autant ne donnera rien d'autre que cette équivalence analogique, ce qui est à la fois un sens, et ce qui n'en est pas un. L'inachèvement sans doute, mais l'inachèvement dans la mesure où il s'agit de voir que le terme, le silence de l'autobiographie, c'est l'épuisement de la question. La question initiale est épuisée, ce qui ne veut pas dire qu'elle est résolue ; il y a arrêt de l'écriture parce que la question n'a plus de sens. Le silence qu'on trouve au terme d'une autobiographie sera quelquefois, et c'est le cas de Chateaubriand, un silence tautologique : d'autres fois, chez Stendhal, par exemple, c'est peut-être un silence aphasique parce qu'il n'y a plus rien à dire, parce que le personnage et la parole ne sont plus en concomitance avec le texte.

Je terminerai par quelques remarques plus précises sur Stendhal en notant que les problèmes énoncés sont aggravés chez lui par le souci qu'il a de l'écriture et des problèmes qu'il y rencontre. C'est-à-dire qu'il faut ajouter à ces remarques l'acuité de l'attention stendhalienne au problème de la vérité, de la véracité, qui est un problème pour lui de langage. On a toujours vanté chez lui cette exigence d'exactitude qui se manifeste par le sentiment souvent formulé de l'insuffisance des mots et du danger du style. Ce soupçon du mot, ce soupçon du terme, ce soupçon du style est un soupçon d'inauthenticité par rapport à une parole qui a perdu sa signification, par rapport à une parole qui ne peut plus assumer sa propre singularité. Ainsi l'authenticité ne serait que l'exactitude de la parole. Je crois qu'il y a dans ce choix du discours même sur lequel se fonde l'autobiographie la première figure du moi et la figure la plus contraignante. C'est dans le choix du style que l'autobiographe affirme déjà la première dimension de son moi. On en a parlé hier. Je crois qu'on ne peut pas ne pas prêter attention au choix de ce que j'appellerai le solipsisme lyrique chez Chateaubriand, ce recours à la parole pure, cette façon de s'isoler en soi dans sa propre musique en postulant que la forme seule est un sens et unique, et d'autre part, chez Stendhal, ce que j'appellerai la transgression rhétorique, cette façon de rechercher une déstylisation systématique, une écriture brisée, autrement dit une écriture du possible, quelque chose qui lui permette enfin de résoudre la contradiction dramatique de l'autobiographie, passer de l'inventaire à l'invention. Et ce passage chez Stendhal s'exprime, figure emblématique d'un moi qui s'interroge et ne s'affirme, dans cette figure instante de son style autobiographique, l'ellipse qui est un sens indéfiniment suspendu, et sens perpétuellement présent, sens qui s'articule et qui se prend ainsi entre ses propres extrêmes.

Restent deux points touchant les œuvres proprement dites que je voudrais mettre en relation avec ces remarques générales. On a évoqué très justement les problèmes des **Souvenirs d'Égotisme**, - et je voudrais y insister parce qu'on en a peu parlé ces jours -, et leur relation avec **H. Brulard**. Je ferai un petit parcours très rapide. Les **Souvenirs d'Égotisme** se caractérisent, si l'on regarde la façon dont ils sont écrits, si l'on en cherche les figures caractéristiques, d'abord par le choix délibéré d'un classement méthodique et non diachronique qu'on peut, au fil des chapitres, résumer de la façon suivante :

1er Chapitre : l'amitié ; 2e chapitre : l'amour, 3e, 4e, 5e chapitres: les sociétés ; 6e chapitre : l'Angleterre -, arrêtons-nous ici pour l'instant -, tout.cela aboutissant à des découpages narratifs dans lesquels apparaissent ou n'apparaissent pas des séquences chronologiques. Ce qui est remarquable c'est de voir que par ailleurs les 5 premiers chapitres s'articulent selon une série de figures d'approche et constituent ainsi une sorte de panorama des modèles auquel le 6e chapitre va ajouter quelque chose. Le 6e chapitre, qui est celui du voyage en Angleterre, est un chapitre dans lequel le processus s'inverse, et c'est à ce moment-là qu'on voit émerger littéralement le Moi. On ne parle plus des autres, on ne cherche plus ces figures privilégiées que sont autrui ou les décors ou les sociétés, mais on voit apparaître le **Moi**, parce que - et il pourrait être intéressant déjà de remarquer que le voyage **apparaît** comme le lieu du moi, ce voyage en Angleterre, quelle que soit l'opinion **que** Stendhal ait pu avoir de l'Angleterre, apparaît comme le lieu du bonheur, **incarné** ici dans un personnage qui est Kean, l'acteur qu'il veut voir. Or, c'est au **milieu** de cette montée vers une période heureuse que singulièrement apparaît la **plaque** mortuaire : '' Je voulais une tablette de marbre de la forme d'une carte à **jouer...** ''. On voit tout d'un coup apparaître le Moi sous sa forme, je dirai la plus **irréversible**, mais aussi la plus lointaine. Toute une interrogation sur le moi se met ici **en place**. Les figures sont abolies, et l'on arrivera pourtant quelques pages plus loin **à cette** phrase : '' On peut connaître tout, excepté soi-même ''. Au moment où le **Moi** se rencontre, il s'échappe, il se fuit. Il ne laisse en main que ses propres figures.

Deux lignes plus loin, échappant définitivement à lui-même, Stendhal ne **trouve** plus sous sa main que le discours de ses médecins, qui est peut-être le plus proche, celui qui lui semble parler de lui avec le plus d'objectivité :" Mes médecins... m'ont toujours traité avec plaisir comme étant un monstre... ". Il ne peut plus en revenir qu'à un diagnostic, c'est-à-dire un discours étranger, et trois lignes plus loin : " Mais c'est de l'égotisme abominable que ces détails ", même si cet " égotisme " se révèle sincère. On le voit tourner ici dans ce réseau de relations, où l'imbrication qui est en train de s'esquisser à ce moment-là du discours et du récit ne peut parvenir à donner naissance à une forme pleine. On verra une telle imbrication apparaître un peu plus loin au chapitre 7, lors d'un retour sur son goût pour la musique. Il parle de la musique et brusquement on voit paraître non pas " j'étais ", " j'ai fait ", mais " je suis ". A travers quelque chose qui est donc une autre image du Moi, on voit apparaître un " je suis ", qui bute d'ailleurs deux pages plus loin sur un repentir : une " pudeur d'honnête homme qui a horreur de parler de soi ". Ce repentir rétablit une sorte de clôture, prononce de nouveau une exclusion du moi, mais considéré cette fois par référence à l'honnêteté comme parole déviante. Le Moi a parlé de lui, c'est une parole déviante. La seule façon légitime de se parler, c'est indirectement à travers les autres. Cette recherche du Moi dans l'image des autres aboutira au Chapitre 10 des **Souvenirs**. Au portrait de l'oncle Gagnon dans lequel se réconcilient enfin le passé, le futur, le discours, le récit, c'est-à-dire l'image et la prédiction.

Après ces quelques remarques, j'en ferai deux sur **Henry Brulard** pour me permettre de faire une rapide comparaison. Dans **H. Brulard** le projet d'écriture va se présenter de façon toute différente. Les **Souvenirs** disent : " je veux écrire "; dans **H. Brulard,** au contraire l'écriture jaillit de la fameuse soirée de Rome. Il y a rencontre de l'écriture et non sollicitation de l'écriture, et à cet égard on revient à ce que je disais tout à l'heure sur le paysage, la méditation et l'intuition. La description première apparaît comme une approche. La première figure du moi que nous livre le **Brulard,** c'est le paysage romain, figure de sensation, sorte de bilan global du Moi à travers sa propre culture, à travers tous ces éléments premièrement repérables qui sont finalement le Moi culturel de Stendhal. Et c'est là que va se produire la cassure, dans la coïncidence ou la non coïncidence avec le moi vécu de ce Moi culturel perceptible, perceptible dans tout ce qui le relie à l'extérieur, et dont il s'agit de savoir s'il est aussi vrai à l'intérieur. Nous connaissons la suite : il rentre chez lui, l'écriture devient un besoin, sous deux formes. Il écrit sur sa ceinture et ensuite il écrira sur du papier. Mais l'écriture est bien une écriture de désir, c'est un désir, - je ne pense pas à un salut -, un désir tout court, c'est un désir qui se trace. Il écrit " je trouve quelquefois beaucoup de plaisir à écrire "... et envisageant l'échec de sa tentative, il ajoute : " j'aurai eu, grand plaisir à les écrire ". Et puis c'est aussi la Sixtine. Incommodé par le café, il ne peut éprouver de plaisir à contempler les fresques, alors il se rabat sur quelque chose de spectaculaire, l'illusion de l'évidence, le caractère illusoire. C'est la " draperie ", à côté du trône, elle est à deux pieds de l'œil et on se laisse prendre au " trompe l'œil ". Illusion de l'évidence, confusion du vrai et du faux !

Ces remarques faites, je hasarderai pour finir les éléments de comparaison suivants. Les **Souvenirs d'Egotisme,** si on les met en relation avec ce que Ph. Lejeune appelle leur " horizon d'attente ", - on pourrait relever les textes qui sont évoqués, et ceux qui ne le sont pas, au début de l'ouvrage - se rapportent à une certaine forme de l'autobiographie limitée qui est d'ailleurs romanesque, qui est l'autobiographie perçue à travers une crise. Les **Souvenirs d'Égotisme** tentent dans le domaine de l'autobiographie ce qu'a tenté **René** et ce qu'a tenté **Adolphe**. Il ne s'agit pas de raconter sa vie, il s'agit de se connaître à travers une expérience qui se veut réelle. Ainsi le texte s'inclut entre deux portraits importants. Le premier c'est Mareste, (Lussinge), long portrait de cet autre soi-même ; l'autre, de cet autre soi-même, et le dernier, celui de l'oncle Gagnon. Au contraire, **H. Brulard** s'inclut entre deux évocations de l'Italie : Rome, à un bout, Milan à l'autre. Dans les **Souvenirs**, Milan n'était qu'une terre funéraire : '' c'est là que je veux vieillir et mourir ''... Dans **H. Brulard**, Milan devient la terre du silence parce qu'il s'y produira quelque chose auquel je vais revenir. Entre les deux l'Italie apparaît encore, au chapitre 8 avec les orangers, la filiation italienne, l'apparition en plein cœur du récit du thème du retour aux origines. Mais si dans **H. Brulard**, l'Italie n'est plus la terre mortuaire, mais la terre natale, je crois qu'il faut comprendre, - c'est tout au moins une hypothèse et je la livre -, que si le livre s'y termine, c'est parce que s'y termine l'écriture régressive. Lorsque Stendhal arrive à Milan, ce qu'il découvre, c'est un nouveau point de départ. Il part de Rome, écriture régressive. Il rencontre la terre originelle en cours de route, il ne s'y arrête pas. Il retourne à Milan, parce que Milan est un point de retour, où ce n'est pas la plénitude du Moi qui est conquise, mais quelque chose de plus important qui est la plénitude de l'écriture. Ce qu'il retrouve à Milan c'est la possibilité d'écrire **La Chartreuse de Parme**, de sortir de l'écriture régressive pour rentrer dans l'écriture utopique, c'est-à-dire de reprendre en compte dans son écriture non pas lui-même, mais le monde, ce qui est complètement différent. Milan, c'est le lieu de l'utopie. La suite de **H. Brulard** est explicite. Le premier chapitre de la **Chartreuse** s'appelle **Milan en 1796.** La soudure se fait ici et la phrase qui reprend l'inexprimable excès de bonheur de Milan, pour enfin le formuler, c'est : '' Le 15 mai 1796 le général Bonaparte fit son entrée dans Milan ''... Il y a là une évidence, il y a quelque chose qui s'articule de façon très nette, et je voudrais, en tout cas sur ce plan, ajouter deux petites remarques. Les **Souvenirs d'Égotisme** sont marqués d'une autre figure, très amusante d'ailleurs et très célèbre, celle du fiasco. Elle apparaît tout de suite ; il a parlé de Mareste, puis tout d'un coup il parle de ses amours, et c'est la grande scène d'Alexandrine. Mais c'est, peut-on dire, une sorte de hors-d'œuvre. Pas du tout. Le chapitre suivant reprend exactement le thème dans ses relations avec Destutt de Tracy : '' Je fis fiasco par excès d'amour ''. Il y a donc là certitude du thème du fiasco, de l'échec, mais qui est en quelque sorte échec du texte, du projet, vanité de l'écriture autobiographique, **Les Souvenirs** sont, texte et écriture, un retour d'Italie. Au contraire dans **H. Brulard**, le thème est inverse. Dès le chapitre 2, les femmes apparaîtront aussi mais ce n'est plus le fiasco. C'est la liste des femmes aimées, le beau bras de Mademoiselle de Saint-Vallier, dans le salon de l'hôtel des Adrets, c'est l'amour, l'anti-fiasco, l'admiration amoureuse pour le père Ducros. C'est dès la première ligne, l'annonce des dernières phrases elles-mêmes sorte de préfiguration de la **Chartreuse** : '' Le lecteur a-t-il jamais été amoureux fou ? A-t-il jamais eu la fortune de passer une nuit avec cette maîtresse qu'il a le plus aimée de sa vie ? ''.

Je finirai par une petite boutade. En matière d'autobiographie, on pense toujours, et je l'avais exclu tout à l'heure, au miroir, à la source, à Narcisse. Je voudrais simplement me demander si dans l'autobiographie il n'y a pas, comme dans le mythe de Narcisse, qui est après tout affaire de langage aussi, le même mécanisme, et la même contrainte. Si la rencontre de Narcisse avec lui-même, si l'accomplissement du désir n'existe que dans son décentrement, l'accomplissement du désir autobiographique peut-il exister ailleurs que dans cet autre décentrement qu'est le plaisir même du texte autobiographique ?

Gérald RANNAUD
Université des Langues et Lettres de Grenoble

Note

1.   Cf. la communication de R. Bourgeois.

Écriture et autobiographie
dans la *Vie de Henry Brulard*

Je voudrais pour justifier mon propos me livrer à une très bı ève introduction de méthode. L'autobiographie me semble en question dans quelques études récentes, qui éprises de **littérarité** se heurtent comme à un obstacle à ce type d'écrits qui est fait pour dire le Moi, ne dire que lui et l'épouser sous tous ses aspects. Comment le Moi peut-il se vouloir la matière d'un livre ? Le discours sur soi qui se prétend étroitement '' référentiel '' (sinon il serait proche de la fiction et ne s'en distinguerait pas), se veut déterminé par ce qu'il dit, dans une relation de reflet, de ressemblance, au moins d'intimité avec non seulement l'homme, mais l'auteur qui en est le porteur. Son récit, en mettrait-on en cause la véracité, ne peut pourtant être détaché de ce qu'il dit et de qui le dit. Pourtant une certaine modernité nie ces données qui ont longtemps, et pour Stendhal, jusqu'à Valéry, passé pour des évidences. Si l'autobiographie est une **écriture**, alors son originalité qui la place aux frontières de la littérature (mais au cœur du Romantisme) est menacée de dissolution : le '' fétichisme de l'auteur '' (1) qui rapporte l'œuvre à l'homme, est ici plus nocif puisqu'il rapporte l'écrit autobiographique non seulement à l'illusion d'un auteur, mais à celle d'un '' prétexte '' qui serait aussi l'auteur. Les écoles structuralistes entreprennent dès lors une analyse du fait autobiographique qui d'une part écarte la confusion de l'homme qui a été et de l'auteur qui en parle, l'auteur qui se raconte n'est ni plus ni moins auteur que tout autre écrivain, **Brulard** n'est pas le prête-nom d'Henri Beyle, mais comme tant d'autres un **être de lettres** (et même Henri Beyle n'est-il pas un personnage de Stendhal) et qui d'autre part, en supprimant l'originalité de l'autobiographie qui était sa racine, sa valeur de confession et de littérature d'aveu, tend à la confondre avec les **formes** et structures communes du récit, quitte à se heurter à la difficulté de rechercher ensuite pour distinguer l'autobiographie de tout récit, des critères formels et simplement internes (2). Mais comprend-on encore le phénomène de l'autobiographie, si l'on en élimine non seulement l'auteur, mais aussi si je puis dire, l'**autos**, l'identité du moi qui entend soutenir de son être le livre ? A la limite on nous prévient que le moi ne devıait pas être considéré comme l'origine de l'œuvre autobiographique, mais comme sa conséquence : tant est réduite dans le temps et l'espace de la culture la place de la convention du je. L'autobiographie dès lors, considérée comme non transitive, comme mise en jeu d'une structure qui la conditionne, devient **genre** : à ce titre elle entre dans la littérature. Mais en s'y perdant : l'analyse interne, comme elle tourne le dos à la '' référence '' extérieure, n'aboutit, par exemple dans la notion de **pacte autobiographique**, qu'à des critères de pure forme, je veux dire de pure apparence, la déclaration liminaire d'intentions, la coïncidence nominale entre le narrateur-héros, et le signataire de la couverture, etc. (3). En fait le vrai problème est la possibilité de dire je, de dire le **je** dans le langage, les rapports de la structure et du moi. Le " je parle " en littérature devient une impossibilité : depuis longtemps déjà un Blanchot niant qu'il y ait le moindre intérêt à parler de soi, a placé l'acte littéraire dans une transcendance absolue relativement à son origine personnelle, et institué la mort du je, l'abolition du moi individuel, son passage au il comme la condition même de l'acte littéraire. Là où la critique traditionnelle voyait fort simplement l'expression la plus directe possible d'un Moi voué à se dire selon une élaboration littéraire minimale, et trébuchant au plus sur le problème de dire le vrai (4), il est recherché une axiomatique de la parole supposée la plus individuelle et la plus propre à un homme unique ; de la personne comme identité plénière, et pleinement présente dans sa parole, l'on passe au je comme fonction structurale et même grammaticale. L'inversion des positions critiques relativement à la possibilité d'une littérature du moi est totale : de la croyance peut-être naïve, mais encore faut-il savoir pourquoi, en une authenticité du sujet, présent à soi et présent au langage, on est passé à la clôture anti-référentielle qui établit le discours dans une extériorité radicale par rapport à qui le dit ou le forme. En même temps un certain abus de la théorie psychanalytique, ou d'autres éléments d'origines " scientifiques " diverses qui humilient la portée de l'aveu littéraire devant de prestigieux savoirs sur l'homme (ou ce qui en reste), placent le je à l'extérieur de lui-même. Le parallélisme est parfait entre la crise du moi et la montée du primat des structures : que devient l'autobiographie, cette pratique dont Taine ou Thibaudet avaient fort bien fait un degré zéro de la littérature, celle que font ou commettent ceux qui ne sont pas écrivains, celle qui s'engendre de la pureté, de l'authenticité d'une **expérience** ? **Je**, nous dit-on, ne parle jamais, il n'a pas le pouvoir de dire, hormis dans le langage impur et outil. La littérature n'est pas l'outil du moi, ni le lieu de ses aveux ; ceux-ci mêmes sont suspects : dans le " je me dis ", aucun des termes ne reste intact ; le moi est fils et non père de son discours : du soupçon de mauvaise foi si montant et si prévalant de Valéry à Sartre, du soupçon contre le pouvoir de figuration sinon de fiction du discours, on a pu passer à la radicale absorption du moi dans le langage. On est en train de créer sous nos yeux le **problème** de l'autobiographie quand nos investigations critiques sont directement opposées à la confiance des Romantiques en leur plénitude intérieure, en leur prodigalité de paroles aptes à dire même le secret de l'être unique et singulier. La critique positiviste était dans le droit fil de l'expérience romantique et autobiographique, supposant toujours derrière la littérature l'antécédent d'un vécu, d'une expérience, ou le support d'une sincérité, et rapportant l'œuvre à l'expression de l'ouvrier, en une équation du texte et du prétexte, ce qui faisait de l'autobiographie le modèle de toute littérature ; comme dit excellemment Blanchot (5), la " génialité romantique " se subordonne l'art, au risque de se soustraire " à la loi de l'accomplissement et de la réussite sur le plan même qui est le sien ", elle tend à se passer d'œuvres, l'art est sans œuvres, l'œuvre sans art. C'est le triomphe du subjectif, et du principe de l'authenticité en littérature. Le courant structural renverse simplement les termes, le moi n'est plus indépendant du langage qu'il meut, il est mû par lui, traversé, anéanti en lui. De voix pure du sujet, l'autobiographie devient son aliénation maximale, n'y parlent que des " voix vampires " (6), des sortes de divinités vaudous, des mythes (comme le mythe de l'individualité), c'est une expérience de possession. Dans ce cas l'étude structurale de l'autobiographie qui déduit l' " auteur " du texte et non le texte de l'auteur, est tout de même mal à l'aise devant le phénomène autobiographique (7). Mais du sujet souverain qui se rend dans le verbe transparent, qui est purement, angéliquement soi, ne dépend que de sa vérité, et se confond avec elle, y a-t-il une telle distance jusqu'au sujet nul, absorbé dans la transcendance d'un Verbe impersonnel, radicalement Autre, aboli par le Texte ou l'Écriture comme structures absolues ? Le sincère confond fond et forme (8) ; le structuraliste, sans doute plus fidèle à l'exigence de pureté du sincère, les confond aussi, en sens inverse, la disparition du moi est peut-être le parachèvement de sa perfection. Narcisse se noie dans son reflet : il rejoint son extériorité, comme le sincériste du XIXe siècle entend se soumettre formes et langages pour que rien d'extérieur ne le contraigne. **La parole me contient** est à peu près la même chose que **je contiens la parole**. La sincérité se retourne par crainte de la mauvaise foi en impersonnalité. Au narcissisme de l'auteur romantique nous avons substitué le narcissisme divinisant de l'absence d'auteur. On n'oubliera pas que les ébranleurs de la sincérité littéraire d'obédience romantique (Gide, Valéry) sont eux-mêmes des maniaques de sincérité ; à la limite le scrupule sincériste renversant la comédie de la coquetterie, du scandale, de la suffisance, tend à la calomnie ultime, ou au triomphe dernier, se rendre douteux, inexistant, **se faire disparaître**, dans le gouffre ou l'assomption d'une pseudo-transcendance (structure, inconscient, classe sociale, etc...). Or dès que les modalités de la littérature cessent d'être codifiées, comme les '' formes '' de l'aveu, c'est-à-dire la confession, dont la sincérité au sens moderne est absente, la **sincérité** devient le problème de la littérature ; le moi dont les doctes discutent la mise à mal, c'est celui du sincériste qu'il est le premier à rendre douteux ou inexistant, se perdant dans cette absence de **fond** qui est la vérité fondamentale de l'expérience intérieure de toujours. Le problème du sincère, c'est son expression, sa distance au langage, que le romantique résout en s'annexant le langage, le '' moderne '' (par exemple l'écriture automatique) en s'y annexant, en se perdant dans la parole pure transindividuelle qui dit tout, qui est tout. L'essentiel est d'être totalement quelque chose, en quelque chose, en soi ou hors de soi ; l'écrivain fuit en avant devant l'accusation de mauvaise foi ; le '' fou '', l'homme sans conflit, qui est purement quelque chose, sera son modèle. Ce **tabou** de la sincérité est en fait excroissance, et diversion aussi relativement au principe rhétorique de l'**ethos** : toute parole doit être gagée par celui qui la dit, par le **moi** feint qu'il met à son origine ; l'écrivain, Rousseau ou Stendhal, qui place comme porche de son œuvre son Moi, et le témoignage direct de ce qu'il a été, perpétue mais en l'isolant, et en l'hypertrophiant, la tradition de l'**ethos**. On tentera de montrer dans ces pages que Stendhal fidèle au principe de l'**aveu,** présentation de soi à Dieu, aux autres, à Soi, dont la fonction culturelle ne se réduit à nulle '' structure '', est dans **Brulard** sincériste, et non sincériste, dans la mesure où **se dire** implique plusieurs plans de vérité, et comme une prise à revers de la **sincérité** primaire, par une autre, seconde, et fonction de l'aveu littéraire ; tout moi contient un Moi (9).

C'est dire que nos débats critiques ne nous rapprochent guère de **HB**. Stendhal, c'est le référent, on me le concédera, n'est pas **avant** le langage qu'il utilise dans **HB** : il s'en sert, s'y place, pour reconquérir un passé perdu, écrire est l'acte même de la reconquête qui constitue le mouvement d'**HB** ; sans l'écriture il n'y aurait pas de résurrection de passé, et inversement : c'est bien le contraire même de toute '' forme '', l'œuvre la plus déstructurée qu'on puisse concevoir. Mais aussi l'auteur existe **après** l'œuvre, il devient grâce à elle, et il en sort autre. L'écriture autobiographique a pour fin une '' vérité '', l'être qui surgit du papier **est**, car le mouvement d'évocation du passé, qui constitue à peine une œuvre, je vais tenter de le montrer, mais une " activité " autobiographique, a dû se placer dans une certaine lumière intérieure à l'écriture, qui " fonctionne " dans la mesure où la vérité est sa fonction. Lumière et langage sont inséparables : l'écrit prolonge le moi, il n'y a pas de coupure, ou de déracinement du texte dans une solitude quasi-moşaïque ; mais elle ne le **prolonge** qu'en le confrontant à son idéal propre. L'écriture a une origine, le moi et une visée, le moi encore, mais dans une autre dimension, un point de plus grande vérité. Le je avec minuscule n'est pas réductible au Je avec majuscule, le je empirique qui écrit et se dit se dirige vers un Je moins empirique et plus idéalisé, ou plus consistant, et cette marche peut apparaître non comme un trompe-l'œil mais comme une nécessité consubstantielle à l'écriture elle-même. Écrire le moi, écrire de soi, transforme : contrairement au hiatus qui dans le structuralisme, si mallarméen d'inspiration, sépare le langage courant du langage littéraire, le moi existentiel du Sujet impersonnel qui écrit, ici au contraire il n'y a que des degrés, et des hiérarchies de présence ou de vérité. Comme il faut gagner sa place à l'intérieur de soi, il faut savoir se situer dans une relation avec le langage. Tout ceci, je vais maintenant le préciser.

A toute visée de codifier l'autobiographie et de la ramener à une catégorie, c'est-à-dire à une structure, on opposera comme objection exacte l'entreprise d'**Henry Brulard.** Lui qui est de tout temps si inquiet du mensonge inhérent au fait d'écrire, si peu que le souci du style vienne comme l'arrangement vaniteux dans l'existence apposer un masque sur le vrai, il ne peut mieux faire dans ses Confessions que refuser le fait d'écrire, prendre à contre pied l'écrivain qu'il est tout de même, déconstruire l'ouvrage qui vaille que vaille est en train de naître sous sa plume, bref travailler à défaire son livre. C'est-à-dire à faire coïncider, à rendre contemporaines et simultanées, autant que faire se peut, la quête de soi et la formulation de soi. C'est là le travail, c'est-à-dire le refus de tout travail qui ne serait pas surtout travail du souvenir, c'est là la technique, fondée sur la mise en question de toute technique éprouvée, que l'on peut relever dans **H.B.** C'est dire qu'il s'agit d'un **récit,** (10) comment l'écrivain se dispenserait-il de l'être, et aussi dans le récit, à contre-sens de son mouvement naturel, d'une constante volonté de le déconcerter, de le désamorcer pour en quelque sorte donner de nouvelles chances à la révélation du moi. A la fois, dans cette entreprise spéculaire que constitue le " tableau des révolutions d'un cœur ", le Beyliste se fie à l'enchaînement naturel des paroles qui le disent, et à la fois il s'en défie, il fait appel par toute une technique de la rupture, et de la capture de l'imprévisible, à un autre moi, à reconquérir et à libérer des sédiments de l'habitude et de la complaisance, il en appelle de ce qu'il est pour soi à ce qu'il est en soi ; ce qui implique un approfondissement du discours sur soi par son interruption, il va être troué de lacunes, et ponctué de blancs, par sa purification de toute facilité et de toute familiarité. L'équation fondamentale Moi = Moi n'est acceptable, **je** ne peut dire **moi** qu'à condition de détruire les cohérences apparentes, de doubler ce que **je** crois savoir de **moi** par ce que j'en ignore, de creuser dans la parole égotiste un dénivellement, une rupture, (Moi ≠ Moi), bref un effet de surprise qui révèle un au-delà du moi, un envers à reprendre sur l'oubli ou surtout sur le savoir de soi.

Comme l'a excellemment montré G. Gusdorf (11), l'autobiographie est par définition une construction, une réduction du vécu au su, ou une unification de la destinée par sa contemplation en quelque sorte sous le signe de la paix et de l'unité ; elle vit et souffre de sa cohérence, car le moi ne peut se raconter hors du postulat de son sens qui est un a posteriori du narrateur actuel. Le **fait** n'est alors qu'une version de lui-même ; le récit dégage le sens d'une vie, c'est-à-dire le lui donne, le moment du récit fait le récitant et le récité, le présent réfléchit le passé plus qu'il ne le dit. Certes, tout ceci est vrai, le récit du moi ne l'enregistre pas, il en est le produit et le produit : le sujet en fabriquant son langage se fabrique. Sa " vérité " est bien de l'ordre de l'histoire ou de la littérature, puisqu'elle dépend d'un **faire**. Mais **HB**, est pour nous caractéristique d'un autre effort, que peut-être Stendhal avec Rousseau est le seul à avoir entrepris, d'un effort accompli en acte, dans l'écriture, dans le livre appelé **HB**, pour reprendre les parcelles du temps écoulé, les gouttelettes des instants abolis, en dehors d'un récit justement, dans leur incohérence, leur désordre de souvenir pur soustrait à l'organisation causale et finale d'**une vie** ; effort pour demeurer fidèle au non-sens relatif du souvenir brut, au passé en soi, tel qu'il sommeille au fond du moi. **HB** apparaît moins comme une œuvre que comme un travail d'autobiographie, un **exercice** direct, in vivo si j'ose dire, de la réminiscence, qui conditionne la narration en la défaisant, en la branchant directement, sur l'affleurement du passé, et la technique de son rappel, pour qu'idéalement, comme impossible limite de l'écriture, le fait soit intérieur à la parole, contenu et porté par elle dans une indivisible unité qui fait de l'écriture une expérience. L'ordre inhérent à l'histoire d'une vie, qui tend inévitablement vers son agencement romanesque, (**HB** prépare au roman, est un " roman ", mais aussi travaille à faire rebrousser chemin à ce mouvement de " romancement "), va être soutenu du dedans par l'acte désordonné et spontané du rappel. L'autobiographie, on va tenter de le montrer, veut se confondre non avec la donnée de la mémoire, mais avec l'acte lui-même de la mémoire. Elle n'est plus le résultat d'une activité mais cette activité même, le chantier mémoriel grand ouvert, et saisi en plein travail, non le passé raconté, mais le passé tel qu'il revient, et comme il revient, non mis en forme, mais capté et dit, dans le même mouvement, sans que l'écriture (maintenue à l'état d'instrument) puisse se séparer de la genèse même de ce qu'elle va dire.

C'est là qu'il faut se souvenir de Rousseau, et de ce que Starobinski (12) a nommé, sa " nouvelle alliance dans laquelle l'homme se fait verbe ". Plus que toute autre œuvre de Stendhal, **HB,** couronnement de l'activité égotiste, répond à cette idée d'une parole immédiate, d'un moi-parole ou d'un moi-livre, où le moi, source absolue de toute vérité, **(vitam impendere sibi !)**, sans l'écran d'une vérité-jugement, ou d'une vérité-objet, se veut coextensif à ce qu'il dit ; à condition de faire vœu d'ignorance, d'irréflexion, et de non-œuvre, le moi espère parvenir à se manifester immédiatement, dans une écriture infaillible, où parole et être seront équivalents. En évitant la distance à soi que représente toute rhétorique, et tout souci formel, ou aussi toute donnée reçue du dehors sur soi, et non venue du dedans de soi, l'Égotiste entreprend de dresser son vrai monument, l'écrit dont il est la substance, et l'agent, le Speculum pur où se dire, c'est se découvrir, et se découvrir, un acte effectué dans l'étourderie du souvenir qui émerge et du mot qui s'écrit, où du moi à la parole, ne s'étend même plus la distance qui sépare le vécu journalier de sa rédaction en journal ou le romancier de sa projection fictive. Le romantique fait grief à la rhétorique d'être un discours impersonnel, excluant le sujet de lui-même ; ici c'est l'inverse : la limite de la littérature, quand elle tend vers la non-fiction, hors de toute catégorie nommable, quand faire son " livre ", est confondu avec le fait de le vivre, c'est-à-dire de se revivre. Ce qui implique que l'écriture a la vérité pour origine et pour fin, que se dire n'est ni se copier ou se répéter, ni se figurer ou se feindre ; Brulard se raconte pour se découvrir, il écrit pour s'apprendre ce qu'il a été, il dispose de son autobiographie comme de la reconquête en acte, exécutée par la plume et par le papier, de lui-même, le fait de savoir et d'écrire tendant vers l'idéal d'une pleine simultanéité. Par là Stendhal affirme une pleine confiance dans la puissance de la parole, et de l'aveu, dont il désire évacuer à la fois son aspect de répétition et de fiction du moi ; mais cette foi dans l'écrit, comme elle suppose qu'il marche en aveugle, que tout savoir nouveau et authentique sur soi ne naît que du hasard intime, contient en elle-même une autre méfiance celle de l'Égotiste pour l'ego qui doit s'abandonner, se quitter pour se retrouver.

Ce n'est pas à dire que cette direction de l'écriture vers ce qu'elle doit manifester, selon une technique de provocation du hasard, et de sollicitation de l'inconnu, soit découverte dès le début de **HB**. Bien au contraire on peut sentir dans les premiers chapitres comme un tâtonnement de Stendhal, qui sans doute a quelque peine à passer du récit **égotiste** déjà pratiqué, ou de la notice nécrologique comme il en a esquissé, à la quête rétrospective d'une vérité enfouie dans l'enfance, l'oubli, ou le discrédit. Cette hésitation se fait sentir tant qu'il s'en tient à la commémoration et à la narration, je dirais classique de soi. Ainsi pour le grand porche d'entrée dans **Brulard** : la méditation initiale sur les marches de San Pietro. Entrée en matière abrupte, '' naturelle '', sans **pacte** ni circonlocutions, présentée déjà, et symboliquement, comme plus tard la scène près du lac d'Albano comme une rêverie, une errance libre à l'intérieur de soi, elle annonce l'autobiographie, mais ne la commence pas (13). Elle légitimise l'entrée en soi, justement annoncée par la contemplation **urbi et orbi** et cette sorte d'adieu au monde que constitue le soir tombant sur Rome et le retour chez soi de Stendhal sommé de rentrer en lui-même par le temps du bilan et des échéances, la cinquantaine. Ce protocole inaugural qui raconte la découverte du projet autobiographique, ce premier chapitre dont on sait qu'il est fort littérairement fictif, par le truquage des dates qui en dénonce la composition, ne répond pas à ce qui nous semble être caractéristique de **HB** : le non retard ou la volonté de non retard entre découverte et écriture. Certes le narrateur qui a commencé à l'imparfait : '' je me trouvais ce matin... il faisait un soleil magnifique... '', passe peu à peu en quelques lignes à un présent qui semble confondre vision, méditation et rédaction : '' je vois parfaitement... bien plus loin j'aperçois '', comme s'il écrivait **in situ**, et notait ses rêveries à mesure qu'elles naissent. Il alterne ensuite, narrateur de son passé ou témoin de son présent, l'imparfait, '' ce lieu est unique au monde, me disais-je en rêvant... '', le passé simple, '' cette découverte imprévue ne m'irrita point '', et le présent, '' 1783, 93, 1803, je suis tout le compte sur mes doigts, et 1833, cinquante '', comme pour refaire le geste et la découverte. Il figure, mais au passé, le moment où il se montre projetant d'écrire ce qu'il écrit : '' je me suis assis sur les marches de San Pietro et j'ai rêvé une heure ou deux à cette idée... '', pour parvenir enfin à une identité complète entre le temps supposé de la décision d'écrire et le temps du récit qu'il fait : '' je ne continue ·que le 23 novembre 1835... Par exemple aujourd'hui 24 novembre 1835... n'étant bon à rien... j'écris ceci ''. Ce début a donc pour fonction d'expliquer le projet autobiographique et par un mouvement subtil des temps et des dates, d'arriver à situer le point temporel du regard en arrière. Dès lors nous ne le quitterons plus : l'autobiographie projetée devant le panorama romain, sera toujours située dans le temps même où elle est écrite, ce moment auquel conduit le chapitre premier, le présent où le passé se réintroduit, le site temporel où se pratique son rappel ; le souvenir n'est pas donné sans l'instant et le comment de son retour. Au reste la méditation initiale par son contrepoint, moi-l'histoire, moi et les sédiments du temps étalés dans l'espace de la Ville, depuis Annibal, jusqu'aux maîtres de la Renaissance, moi et l'histoire devenue espace (comme dans les croquis qui vont supporter l'édifice de la mémoire) est symbolique (14) : elle offre au cinquantenaire les **monumenta** de l'humanité qui tout à la fois le consolent d'être un passant de l'histoire, et le convient, archives de pierres et de souvenirs, à se reporter vers ses propres archives, à établir comme il le fait pour les autres devant Rome, la ville des siècles et des ruines, où le temps devient comme une géologie des édifices, ses archives internes, à parcourir aussi ses '' ruines '', pour que se '' **déploie** '' son passé comme se déplie devant lui la verticalité de l'histoire humaine. Comme il en voit les restes, et les souvenirs, il cherche ses traces, son monument, et avant d'écrire sa vie, il improvise le graffito célèbre dans la boucle de sa ceinture qui à sa manière commémore comme tous les édifices contemplés. Et qui annonce le graffito sur sable non moins célèbre des initiales, c'est le deuxième début de **HB**, qui donnent à Stendhal une autre contemplation historique de ses grandes dates. Encore en reste-t-on au temps extérieur, aux **moments** enregistrés selon l'histoire ; en fait l'autobiographe stendhalien sait déjà qu'il faut s'interroger dans l'intimité de sa subjectivité, s'approfondir, de l'apparence à la réalité, de l'apparence à ses propres yeux, à la réalité profonde de son moi.

Il n'y parvient pas si l'on suit le texte dans les chapitres 2 et même 3 (celui des souvenirs bien ambigus des tout premiers âges). La '' voix '' de Brulard s'apparente encore à celle de l'Égotiste, au discours relativement facile d'un homme inépuisable sur soi-même, et au courant de soi. Stendhal fait du Stendhal : P. Valéry sur ce point ne semble guère réfutable. Il en fait chaque fois que le savoir sur soi qu'il cherche ne parvient pas à ces plongées, à ces coups de sonde qui lui font toucher les dimensions enfouies de soi, chaque fois que l'autobiographe ne surmonte ni l'oubli ni peut-être le refoulement. L'ornière égotiste le tient quand fasciné par soi (15), il mesure les lots et les destins, faisant pour lui-même le bon compte, que d'exclus, de **vendus** dans **H. Brulard** dont on n'a pas assez dit qu'il est peut-être le livre le plus misanthrope (16) de Stendhal, le plus militant dans le combat d'un MOI qui semble toujours en péril d'être '' tué par les autres '' ; ou quand enchaînant le connu au connu, pris à son propre miroir, et dans sa surface, dans sa particularité insistante et pointue, justifié en tant que pure particularité, il en reste aux lieux communs de son Moi, et se répète avec l'infinie complaisance que l'on sait. On a dès lors dates, épisodes, opinions, comme glacés et vernissés par l'habitude d'être soi, de faire du soi, bien que dans **H. Brulard**, dès le début, Stendhal s'avertisse lui-même avec une certaine dureté qu'il faut aller au delà de toute légende, et se reprenne lui-même d'avoir, par un de ses arrangements héroïques dont il est somme toute coutumier, prétendu avoir été à Wagram (17). Ici l'impératif de percée par l'écriture vers une zone de soi moins connue, et serrée avec plus de rigueur défait le '' rôle '' de l'Égotiste. Libre à lui de revenir sans cesse à cette facile accointance avec soi-même : l'autobiographie va reposer sur une accointance plus profonde, car imprévisible, et impliquant une certaine rupture avec soi, pour être plus au fond de soi. Quand Brulard en arrive au '' après tant de considérations, je vais naître '', quand il se met au travail sur le premier souvenir de la morsure, travail peut-être encore décevant tant ce souvenir est sans doute un '' écran '', il lance pour la première fois l'écriture brulardienne : le retour malgré tous les sédiments à un point zéro, lointain, et plus pur, vers une parcelle de soi plus distante, plus énigmatique, plus résistante aussi. Alors que l'Égotiste s'en tient à un discours résultatif, et généralisant sur soi, (par exemple le stéréotype toujours rappelé jamais fixé des promenades-corvées aux Granges), l'autobiographe se doit d'enraciner le souvenir, soit, par la remontée vers ses tenants et ses aboutissements, d'en faire un point précis et unique du temps. Il devra réputer **plus vrai** ce qui échappant au savoir sur soi pourra être fixé entre des repères, dans l'unicité de la circonstance et de l'épisode (18). D'**une** donnée trouvée dans le matériel de la Mémoire. De la mise en scène du début, aux souvenirs ponctuels, puis aux tâches grandissantes explorées par l'écriture, le **je** qui parle dans **H. Brulard** évolue, il gagne sur lui-même, par une discipline de la spontanéité, qui fait penser au mot profond de Joubert, '' il faut du temps pour être sincère '' ; le mot de Brulard serait : il faut une méthode pour être sûr de dérégler la méthode.

C'est dire que l'on trouverait dans **H. Brulard** tout le problème du '' moi naturel ''. Je n'y insisterai pas, me contentant ici de noter qu'en fait de précédent au '' genre '' autobiographique, il est bien léger de ne pas penser à toute la littérature du '' naturel '', à l'idéal du style sans style, du style **naïf** ou aussi bien au genre de l'épître, du **sermo merus** ou de l'écrit sans règles, intimiste et négligé, et centré sur le **je** qui définit par l'idéal d'un libre entretien un type d'écriture quasi inhérent à notre littérature (19). Le '' naturel '' stylistique n'est peut-être chez Stendhal qu'une partie de son héritage classique. Il faut se souvenir du passage du **Génie du Christianisme** où Chateaubriand explique par la **vanité** (20) le fait que les Français ne sachent pas écrire des Histoires, et uniquement des Mémoires. La mise en scène de soi, et ceci par l'apparence d'absence de mise en scène, par le prime-saut, et le sans-apprêt, sont des qualités que le Beylisme fait glisser du style, (pour lui La Fontaine **est** '' naïf '') à la personne. Comment dans **H. Brulard** n'entreprendrait-il pas de se présenter dans et par le **hasard** d'un libre propos : à première vue, dans ce livre très touffu, l'écriture se déplace par un mouvement d'association illimitée, par des chaînes de remarques sur soi. Comme l'écrivain naturel travaille à ne pas être **auteur**, la confession livrée au hasard dément l'accusation de préméditation, et surtout le calcul et le déguisement de l'amour-propre. L'antirhétorique stendhalienne proclame que qui organise son discours dispose trop prudemment de ses aveux ; la vérité parle quand on ne sait pas qu'elle parle. **H. Brulard** est donc un ouvrage décentré, un ensemble de digressions, toujours hors de sa route, pour lequel Stendhal entendait initialement ne se donner comme plan qu'une disposition très lâche en '' époques '', après quoi il aurait parcouru tout son domaine, '' couvert la toile '', et enfin inséré '' en relisant '' des souvenirs. Il est donc toujours égaré hors de son propos, '' Mais, bon Dieu, où en suis-je ? Mais où diable en étais-je ? '', prompt lui-même à se censurer pour ses '' parenthèses '', digressions, '' bavardage '', (21) c'est-à-dire à les ponctuer, car la déploration de l'embardée constitue une nouvelle embardée. On notera aussi que cette ligne sinueuse aboutit plus nettement que dans ses romans à des recommencements (22), les nouveaux chapitres renouant à ce qui a été dit en le reprenant, pour s'ouvrir après cette couture à de nouveaux thèmes, tandis que le narrateur se laisse aller à piétiner, à reprendre certains de ses airs de bravoure, sur ou plutôt contre Grenoble, le genre Chrysale, Voltaire, les multiples objets de ses diatribes, ou simplement à répéter certains faits (la lecture des journaux de Paris, l'espionnage de sa sœur, l'oubli des circonstances de la disparition de l'abbé Raillane). Qui voudrait rendre compte de la dérive des souvenirs dans les ensembles que constituent les chapitres, pourrait croire qu'il a fait du dérèglement sa seule règle, et que confessions et confidences s'attirent par d'invisibles liens, comme dans ces chapitres de Montaigne qui font le désespoir des chercheurs de plans. Si tel chapitre est une sorte d'essai, par exemple le chapitre 20 qui présente le P. Ducros, et traite du problème des grands hommes, ou de la **vertu** telle qu'elle s'oppose au travers des influences familiales aux '' prêtres '', si par un effet de contiguïté spatiale, plus que temporelle, l'évocation de la terrasse du grand-père, tire à elle les souvenirs concernant le menuisier, les meubles, les fleurs, les livres, ceux qu'il lit, qu'il vole, et le libraire Falcon, c'est encore plausible, comme le passage des leçons de dessin, aux escapades, à la séance des Jacobins et aux considérations de Stendhal sur le peuple, les arts et la finesse de sa peau. On suivra moins bien ce qui unit l'histoire de la porte de Séraphie sur l'escalier d'entrée, à celle de la mort de la grive apprivoisée, ou aux considérations sur l'agriculturomanie (23).

Pourtant il ne saurait pratiquer l'association libre, même si **HB** nous a livré certains lapsus. Il y a une discipline propre à l'effort autobiographique. Stendhal le ressent parfaitement, lui qui s'inquiète sans cesse d' '' anticiper '' (24) de galoper dans ses libres propos en marge de la chronologie, d' '' empiéter '' continuellement hors du champ mémoriel qu'il a entrepris d'explorer. Sa difficulté est de n' '' avoir et n'écrire '' (on notera la simultanéité des deux opérations), '' que les souvenirs relatifs à l'époque que je tiens par les cheveux '' : il lui faut allier l'instantané de la saisie, et la cohérence relative d'un ensemble, l'ordre et le désordre, canaliser l'un par l'autre, convaincu qu'il ne doit pas se laisser emporter par sa pente '' naturelle '' à broder, ou faire mousser sa crème fouettée, mais demeurer dans '' l'ordre des temps '', condition d'un travail du souvenir sans lequel '' les circonstances ne me reviendront pas si bien '' ; à se régler, il entend favoriser le retour mémoriel, provoquer mieux une spontanéité qui cette fois vise le détail, la fine pointe d'un vécu à reconstituer. Il lui faut renouer avec le temps, son '' ordre '', sa dimension propre, et mesurer son pas sur une certaine marche du souvenir. Aussi le récit me semble-t-il commandé par les nécessités je dirais verticales du rappel des souvenirs ; il s'établit dans **HB** selon une chronologie approchée mais surtout selon des ensembles qui sont comme des aires d'accueil du souvenir. D'abord Stendhal se donne à titre de prévision, et de provision, des réserves (25) de souvenirs, qui forment des sortes de grappes ; ensuite il associe les éléments du passé à une série de centres qu'il s'efforce surtout vers la fin d'épuiser. Ainsi le moment de la première enfance, et ceci dès l'évocation des premiers méfaits, est saisi par une suite de relations : Brulard ne peut se retrouver qu'en accrochant (26) son passé aux grandes personnes, comme s'il n'avait été qu'à propos d'elles, celles du moins qui lui ont offert un support positif d'identité. Ainsi son grand-père, son oncle, sa mère, fort peu, il est vrai, sa tante Gagnon, qui est à la fois l'oracle et la mauvaise conscience de la famille ; puis viennent pour l'enfant les '' époques '', celles qu'il a lui-même jadis découpées comme étant son histoire, telle que les grandes personnes encore, la faisaient, c'est la '' tyrannie Raillane '', l' '' époque Amar et Merlino '', le '' siège de Lyon '', époque de Lambert, puis du dessin. Là change le mode de réunion donc d'association des souvenirs : acquérant plus d'indépendance, Brulard tandis que dans son histoire s'effacent les grands, successivement (sauf sa tante) reniés et disqualifiés, va vivre au rythme de ses '' passions '', études, amours ; enfin dans la partie terminale il semble que Brulard organise sa vie selon les événements non plus subis de loin et d'en bas, mais vus et vécus en participant. Tel serait le glissement du plan, c'est-à-dire de la vision du passé, qui serait alors étrangement calquée sur la vision de l'enfant lui-même : le récit grandit avec lui. C'est que Stendhal veut s'en tenir non à un savoir de son passé, mais à sa résurrection.

8

Telle est la finalité même de l'écriture : elle vise à l'expression du moi, mais elle doit contenir en elle-même les conditions et les cautions d'une certaine vérité. Le fait d'écrire est bien constitutif du passé de Brulard ; il ne raconte pas ses souvenirs, il les trouve en les disant. Mais il ne les trouve en les disant, qu'à condition de prendre à revers sa propre personne et sa propre parole, qu'à invoquer par tout un rituel scripturaire un au-delà de lui-même ; la parole est la condition de la vérité, (le moi est dans le langage), mais elle n'existe sous sa forme vraiment autobiographique que dirigée vers une certaine révélation interne. On a fait hommage à Brulard de sa restitution du '' champ '' enfantin : sans démagogie ni anachronisme il retrouve ses mots d'enfant, (par exemple '' l'entrée de balais '' du Maréchal de Vaux) (27), ses étonnements et ses effrois, la vision '' d'en bas '', ou '' par le cou d'une bouteille '' dont il respecte l'étroitesse et l'intensité, les illusions comme les ignorances (28). C'est que l'écriture est un mouvement de purification mémorielle : elle va vers l'inédit, le plus pur, elle est corrective, par définition, elle est si elle est un gain, soit dans l'ordre du fait, soit dans l'ordre du sens ; elle est comme '' découverte '' (29), lieu d'une illumination progressive de la zone aveugle de l'oubli. C'est bien ce que veut dire l'image fondamentale de **HB**, celle de la fresque tombée dont l'autobiographe soudain ravive les couleurs, fait apparaître des pans entiers, restitue par son trait les parties effacées. Mais c'est bien '' en écrivant... '' (par exemple '' aujourd'hui que l'action d'écrire ma vie m'en fait apparaître de grands lambeaux '') (30), plume en main, que sont reconquis les fragments du moi. Le fait d'écrire amène, provoque, des certitudes, il n'est soutenu comme régulation que par les critères de cette certitude. Il faut en définir certains.

La découverte est d'abord définie négativement : la pureté du souvenir est garantie s'il est nettoyé, et gratté, elle est d'abord l'enjeu d'une certaine exclusion. L'autobiographie stendhalienne est étayée de restrictions et de méfiances : on a pu parler à son propos d'une '' philosophie de la mémoire '' (31), c'est-à-dire d'un établissement du texte mémoriel par la critique, et la discussion des apports et des interpolations. Stendhal craint d'abord la substitution en lui-même au vrai texte premier d'un texte refait, tardif et apposé anonymement sur le libellé du moi. Il combat ces données externes qui constituent non son vécu, mais le savoir impersonnel, historique et presque social qui au cours du temps, selon des influences étrangères, se serait peu à peu déposé dans sa mémoire. Le premier temps de l'écriture, qui peut faire penser à la critique proustienne de la fausse mémoire intellectuelle, c'est son établissement dans le refus du savoir, de la construction toute faite, dans l'opposition du passé du **je** et du passé des autres, c'est-à-dire de toute vision qui prendrait sur le moi le point de vue d'autrui, d'une histoire qui a pu être vécue en commun, et repose sur des repères impersonnels ; elle refuse d'aller de l'histoire au souvenir du je unique et intime, du su au vécu, au contraire elle fait sortir le temps de l'histoire du temps du moi, elle se place, c'est sa matrice, dans la pureté incontestable, d'une '' néscience '' ; le souvenir dit le moi si le moi le réinvente, et réinvente tout à partir de lui-même. Stendhal vers la fin se plaint d'une contamination de ses souvenirs par ceux des autres (32), ou au début est bien forcé sur lui-même d'endosser le jugement d'autrui, il est réputé **atroce**, c'est tout ce qu'il sait de lui-même, et ses premiers souvenirs doivent presque tout au témoignage des autres, des pires parmi les autres, je veux dire les parents ; l'écriture redresse ou inverse ce mouvement. A la limite, au début de **HB**, on a l'impression que la révolte de l'enfant devance, et commence la Révolution, au lieu de la suivre. Chez d'autres, le caractère difficile ou scabreux de l'aveu, est le critère de sa sincérité, elle devient une médisance méthodique (aspect certes présent dans **HB**) (33), ici le critère de la sincérité, c'est la redécouverte du connu historique à partir de l'inconnu personnel et intime, la déconstruction de l'événement, ou de son interprétation par l'expérience enfantine pure. L'écriture est bien un retour au point aboli du temps, elle y parvient pour Stendhal si peu qu'elle se situe en dehors de tout savoir, qu'il rejette sous le nom de " considérations ", de " roman ", d' " histoire ", de " déclamations " (34).

Ce qui est redouté, c'est l'effet de construction, et de causalité postiche que produirait tout récit de sa vie ; le temps, c'est mon temps, et il ne peut être constitué dans l'écriture que par " des monades de souvenir ", selon l'expression de Francesco Orlando, ces brefs coups de sonde dans le passé, à la recherche d'un sol dur et répondant, ces appels à la vérité c'est-à-dire aux fragments isolés, démarrés, que le sujet peut en toute confiance réendosser comme ayant été siens. L'écriture, soutenue par le souvenir pur, le répondant profond, est alors une suite de pointes, de fragments, son mouvement est de l'ordre du pointillé, ou du puzzle, elle tend à l'extension de la parcelle ; elle ne se développe qu'à partir d'une origine continuellement retrouvée, et revécue par la mémoire de l'auteur. Ceci, qu'on me permette de résumer tout un faisceau de preuves, se marque par le fait que Stendhal dans **HB**, livre, dit-il, " fait uniquement avec ma mémoire ", et non " avec d'autres livres " (35), s'établit dans son temps à lui, dans sa chronologie, autonome relativement au temps historique ; non qu'elles ne se recoupent, elles jouent dans des zones de temps voisines, et Stendhal, on le voit à toutes les pages, espère retrouver dans son souvenir le moyen de lui accrocher une date, ou à défaut il utilisera les actes officiels qui concernent sa vie. Son mouvement, en tout cas défiant, et défaisant toute continuité extérieure, est de retrouver le temps en partant de sa dispersion en parcelles expérimentales sûres, par le regroupement de souvenirs annexes dont l'un serait bien un témoignage daté, ou renverrait à une date (36). C'est de lui seul qu'il attend l'établissement de son récit. Et de même, la mémoire constituant une subjectivité souveraine, garantie par le non-savoir de ce qui lui est extérieur, veut-il élargir le domaine remémoré, il ne peut à l'intérieur même de l'écriture qu'instituer un jeu de déductions, de contre-preuves, où il remonte de la conséquence à la cause possible (37), par une totale· inversion de l'ordre du récit, quand le souvenir peut être rattaché à un antécédent plausible et proche ; il tente alors de proche en proche d'étendre la nappe de clarté, d'associer les faits aux faits, les faits aux vraisemblances, ainsi dans le cours même du récit, les faits se mettent en place et s'attirent, à travers les intervalles de texte, pourvu que Stendhal suive la même trame mémorielle approximative, parfois aussi la venue du souvenir de complément (38) n'est qu'un espoir, la mémoire sollicitée, et guettée ne répond pas à la demande que lui formule l'écriture dans son mouvement pour accroître les " lambeaux " revus, établir des ponts entre les vides et meubler les blancs. Si ce dépliement ne se fait pas, il reste à Stendhal à respecter les zones d'ombre, les " manques " (39), ces points d'effondrement qui ont emporté la masse des souvenirs (d'Ivrée et du " bonheur divin ", il reste que l'actrice était brèche-dent), laissé des détails comme des blocs erratiques, ou au contraire une pure impression confuse que le narrateur ne saurait expliciter (par exemple pour le prétendu combat du Tessin), soit que Stendhal travaille à séparer, comme pour le Saint-Bernard le bon grain des détails certains, de l'ivraie des additions étrangères, (ainsi il est sûr de ses 22 piqûres de cousin, qu'on lui disputerait difficilement), soit qu'il se résigne à cette dispersion forcée et souligne de lui-même les hiatus, et les ellipses ; cette marche saccadée de lacune en lacune aussi bien supprime les médiations, les causalités, et accuse les ignorances : Brulard ne capte que les instantanés et non les déroulements et les évolutions. Si Daru le conduit à son Ministère (40), il se voit dans la rue, puis à son bureau, mais non dans le trajet, dans le comment de l'anecdote, et il lui faut un certain travail pour désigner la rue du Ministère. Le souvenir ne se prépare pas, il est un centre, un noyau qui gagne et s'étend, mais il n'entre pas comme élément dans une construction. Aussi Brulard comme par magie va de lieu en lieu, de scène en scène, il ne " sait pas comment... sans aucun intervalle... " (41). L'image revient par à coups, et elle est la certitude rompue et insulaire que Stendhal recherche, elle se détache sur un fond de restrictions, et d'ignorance qui est la garantie que l'écriture a bien joué son rôle, en rompant les arrangements tout faits, et en en provoquant de nouveaux, plus humbles mais plus neufs.

L'événement ne peut être que subjectif (que l'on pense à la Journée des Tuiles (42) qui est introduite à partir de la table T où au point H Stendhal a dîné près du curé Chélan en C : est authentique ce qui se déploie à partir de cet enracinement, et ce qui trouvera place sur le croquis, la vieille femme de R en R' et l'ouvrier blessé de S en S') ; l'écriture se place dans un constat d'ignorance. C'est qu'en fait Stendhal comme Rousseau n'entend pas rechercher les faits de sa biographie, mais leur **effet** (43) sur son cœur ; dans cette distinction , se trouve tout ce qui sépare Mémoires et Autobiographie. Aux actes sont préférées les intentions, la plénitude subjective du vécu aboli. Il s'agit de se retrouver en soi, d'ouvrir par le langage non seulement une commémoration de soi, mais une communication privilégiée avec soi. C'est bien ce que veut dire le " je sens mon cœur " de Rousseau ; **je sens** s'oppose à je sais et instaure un autre savoir plus fondamental, et comme inné. L'enfance (et toute autobiographie vraie tend à restituer le désir d'enfant et à se placer dans la lumière de ce moment) figure la place d'une adéquation absolue de soi à soi, celle que l'écriture par la suite entend restituer. Stendhal aussi tient à redevenir ce qu'il a été dans l'illumination pure du souvenir, devenu zone passionnelle ; aussi la direction de l'écriture est-elle de retrouver, soit comme trace durable (Brulard parle à un endroit de sa " sensation de passer la main sur la cicatrice d'une blessure guérie ") (44), soit comme reviviscence d'une émotion (ainsi il " mimique " (45) ses paroxysmes de douleur de la mort de Lambert, et les res-sent), soit comme retour à l'impression pure et brute du moment, cet " effet " des choses, qu'il oppose sans cesse à l' " image " des choses, et à leur " physionomie " (c'est-à-dire leur figure, la face et le sens qu'elles ont) (46), c'est le retour de ce message premier et profond, cette sorte de donnée immédiate qui le guidait avant même qu'il s'en rende compte, comme une vérité confuse à désenvelopper peu à peu, qui guide l'écriture. Ainsi on le voit se fier (47) à un souvenir d'émotion dont l'origine ou le mobile ont sombré dans l'oubli, ou conclure qu'il a eu un prix en dessin, " sinon ", dit-il, je " trouverais le souvenir du chagrin de l'avoir manqué ". C'est bien le motif profond, par lequel il a justifié au début malgré ses scrupules et ses craintes l'usage des Je et des Moi : la troisième personne ne permettrait pas de " rendre compte des mouvements intérieurs de l'âme " (48). Le **je** n'est pas un problème de grammaire : dire **je**, c'est redevenir **je**, se replacer dans le **je** qui a été, redoubler l'être qu'on a été, vers la donnée réellement sûre d'un affect qui est toujours moi puisqu'il a été mien, et qui répond à mon unicité et à mon unité. Si ce désir est de l'ordre de l'**effet** subjectif et non du fait (49), et même de l'illusion non partageable, Stendhal en donne la raison ; pour l'enfant, tout vient des **autres**, et ils ne sont eux-mêmes qu'objets de passions et que centres d'illusions. Stendhal note que son grand-père l'entretenait " avec passion, c'est là l'essentiel ", d'idées géologiques dont il ne sait plus rien ; mais il sait " cette passion " (50) parce qu'elle est celle qu'il avait pour son grand-père, comme il note avec quelle piété attentive il recueillait les mots spirituels (mais l'**esprit**, c'est la passion d'un temps), les évolutions de son oncle, ou les biens étranges propos de sa tante. Hormis son père, qui n'indique rien sinon négativement, tout membre aimé de sa famille lui indique une " passion " bien vague, qui n'est que lui-même, et au-delà le désir de partager son être et son identité.

Si donc l'écriture s'enracine dans un " je ne sais pas ", dans une certitude du " je sens ", elle conduit à une certitude, celle d'un je vois (51). Là est son noyau solide, elle unit des **images nettes**, telles que le narrateur puisse les fixer, les détailler, éventuellement, nous le verrons, les reproduire par le dessin. C'est là le refrain de HB : les temps forts de l'écriture, car ce sont ses acquis, et ses gains. Ce qui fait foi, le point d'articulation du récit, c'est ce mot fatidique, dont il importe d'examiner les modalités d'usage. C'est d'abord en tant qu'incontestable **référent** du texte l'indication de l'image stable, de la donnée réellement et intimement personnelle ; **je vois**, c'est-à-dire je tiens une scène vécue : l'image, comme un substitut de la sensation, son double à distance, ou comme enregistrement d'une expérience où la vue devient l'aspect privilégié de la mémoire, est l'ancrage de l'écriture autobiographique. Le fait vu, et revu, sans négliger les traces mémorielles attachées à des odeurs et des sons, est le fait probant : parce qu'il est susceptible de cadrage variable, d'épuisement déductif, parce que par sa netteté inimitable, il renvoie à un incontestable prélèvement sur le temps vécu. L'écriture semble ne faire qu'appuyer le trait sur une scène pour qu'elle revive : " les scènes évoquées des ombres reparaissent un peu ". L'image est fait, un fait porté devant moi, un réel actuel et passé à la fois ; la scène contrairement à la date, qui elle est reçue et comme convenue, est une unité du récit, car elle est une unité du vécu, le point de certitude à étendre et à compléter. Que Stendhal s'étonne lui-même d'avoir vu Marmont à Martigny en habit de conseiller d'état, il maintient son témoignage fondé sur le fait de le " voir encore " ; s'il s'interroge de même sur la réalité d'une des scènes les plus folles avec Séraphie, c'est pour conclure, malgré invraisemblances et con-tradictions (lisibles dans sa description même), " je vois Séraphie au point S " (52). Je vois, veut dire aussi, " je vois encore " (53), et renvoie à de menus détails isolables mais d'une présence têtue, qui les sauve absolument, et du coup entrent dans le présent, comme une particularité saisissante, joyeuse ou dramatique, où le moi vérifie sa pérennité et sa communication libre avec lui-même. " Je me vois " (54), dit encore Stendhal, c'est-à-dire je ne vois que moi, j'ai la certitude minime d'un coin du temps par celle d'un coin de l'espace que je redécouvre étroitement serré autour d'un moi qu'il n'est pas possible d'accompagner bien au-delà du champ strict de " ma présence ". Je vois, veut dire aussi " je comprends ", je vois " aujourd'hui " (55), je revois avec une amélioration de l'image, ou encore, et c'est un point essentiel pour comprendre la marche de l'écriture autobiographique, je vois maintenant quand j'écris, je vois par le fait d'écrire, dans l'idéale contemporanéité du dire et du découvrir. Par exemple parlant de l'acteur qui jouait avec Mlle Kubly, au courant de la phrase, Stendhal retrouve son nom, sa voix, ses paroles, et enfin il " voit " l'acteur ; la phrase corrige, nuance, parfait les " circonstances " d'un fait, qui d'un coup s'étend, dicte et suit la progression de la phrase : " en écrivant ceci l'image de l'arbre de la Fraternité apparaît à mes yeux '' ; suivent les découvertes faites. Le mécanisme de rappel, de multiplication, de précision des images est à l'œuvre dans l'écriture. Le souvenir se certifie en s'écrivant, en s'insérant dans la logique d'une scène et d'une image, alors qu'isolé, comme pour le sabre et les éperons de Brulard partant en guerre, et extrait du texte, il est douteux. Sommé par l'écriture, le souvenir précipite son affermissement : vient-il à dire que Mme de Montmaur était boîteuse, qu'il semble s'apercevoir après coup qu'il a avancé à son insu au-delà de ce qu'il croyait savoir, '' cela j'en suis sûr maintenant '' ajoute-t-il. C'est alors que revêtue d'un intérêt palpitant la narration est presque exactement l'instant du souvenir, et qu'ils se poussent mutuellement, le moi étant langage, et le langage, moi.

Mais la certitude de ce qu'on **voit** n'est pas encore suffisante. Paradoxalement l'image est muette : '' c'est ce que l'image ne dit pas, elle n'est qu'image '' (56). Elle restitue au moi la donnée brute et pure, elle met devant lui son passé, en miroir, elle identifie le moi qui a été et celui qui **suis** en une parfaite conformité ; elle constitue l'équation moi = moi. Mais Stendhal ne se contente pas de cette intrusion de son passé d'enfant dans son présent : l'écriture, loin de constituer un ordre autonome et régi par ses seules lois, est un dénivellement, ou un vecteur. L'écriture autobiographique est pratiquée comme une évocation, pour le retour en acte, sur le papier ou presque du passé. Mais comment Stendhal qui abdique de tout droit de retouche, ou d'organisation sur l'image, abdiquerait-il de son droit de comprendre : de comprendre **mieux** (57) ? Satisfait du retour en foule des souvenirs, des parcelles vécues, il réclame encore pour ces **choses** reprises à l'oubli, de les '' juger avec impartialité '', et se félicite, '' à chaque instant, je vois le mieux que je n'ai pas fait ''. Voir, c'est mieux voir, c'est viser à une correction du moi primitif dont le retour à l'état pur et trop pur a été garanti. L'écriture n'est pas unidimensionnelle. Rétrospective elle a purifié la mémoire, et balayé les sédiments postérieurs ; elle est vers l'amont mue par une nécessité de réduction et de purification. Vers l'aval elle obéit à l'inverse à une nécessité d'approfondissement du sens, à une conquête non de la vérité du fait, mais du sens (58). Elle a fait vœu de ne pas savoir, pour savoir mieux maintenant. Stendhal ne se borne pas à revenir par l'action rétrospective de l'écriture au point du temps où il était ; car il y était sans savoir, et il écrit pour savoir le non su de son passé. L'interférence des plans temporels signale les niveaux de vérité : si l'image est l'**unité** minimum de la recherche autobiographique, il faut encore ce que Stendhal appelle sa '' physionomie '' qui aussi bien se distingue de l'**effet**. C'est l'autre dénivellation de soi que vise l'écriture : non plus l'appauvrissement purificateur de la donnée brute, mais l'enrichissement réflexif et **sagace** de l'homme mûr, ou qui veut l'être ; en ce sens en effet le je qui parle n'**est** pas. Il n'existe qu'inégal à soi : tendu vers le moi pur de l'enfance, tendu par le commentaire vers un idéal de maturité. L'écriture dit ce qui n'est plus, le passé, ce qui n'est pas encore, l'homme apte à être son propre juge. Mais si l'écriture dans le premier cas est le lieu et le moyen de l'approfondissement de la parole par le recours à ce qui fut, elle a aussi dans le deuxième cas une fonction de découverte, le lieu où le passé est repensé, réfléchi, non dans le miroir narcissique de la pure répétition du moi égal au moi, mais dans le miroir déformant, et agrandissant, de la vérité, de la plus grande vérité que le moi contenait, à laquelle il en appelait dans sa vie, et que l'écriture libère et formule. L'homme de la cinquantaine, le scripteur ! comme on dit, est l'homme du sens, le découvreur par la '' physionomie '' des '' pourquoi et des comment '', l'interprète, qui au reste ne s'en veut pas d'avoir méconnu le vrai, mais s'en voudrait d'en rester là. Se distinguent la **vue** pure et le

'' trait définitif '' (59) qu'il entend appliquer aux choses, aux hommes, à lui-même. Il peut souhaiter revenir en arrière avec sa '' tête '' de maintenant, ou considérer que maintenant il pense et spécifie ce qu'il sentait ou pressentait, il peut, se considérant comme '' un autre '', répudier '' les erreurs de celui de 1800 '', il s'agit toujours d'un gain ; lui-même souligne que cette conquête ne se fait que grâce au mouvement de l'autobiographie : '' je ne vois la vérité sur la plupart des choses, qu'en les écrivant en 1835... ''. Le récit est orienté selon un étagement de plans qui est son mouvement, vers une conclusion, vers une séparation de ce qu'il a cru et de ce qu'il croit. C'est la question, '' quel œil peut se voir ? '' qui met en question la connaissance de soi. Se voir n'est pas '' se regarder '', disait Saint-Augustin, ce n'est pas se répéter dans l'immobilité du reflet narcissique ; c'est viser par-delà la coïncidence subjective (assurée quant au passé), la vérité de sa réalité. Le savoir que porte avec elle l'écriture autobiographique, ou la volonté de savoir, agit comme une déchirure de ce qu'on croit savoir ou de ce qu'on a su : le retour à soi devient retour sur soi. L'image pour Brulard, celle qu'il fixe devant lui pour en fixer la '' figure '' est le contraire de l'illusion : symboliquement (60) les premières pages de H. Brulard partent en guerre contre le '' dazzling '' des événements, le '' charme '' ou l' '' auréole '' qui les noie et qui '' éblouit '' ou '' fait aller les yeux '' contre les '' montagnes '' qui sont des '' taupinières '', ou contre les illusions persécutrices, et les chimères obsédantes du '' cheval ombrageux ''. Jugé par le moi actuel, le monde enfantin change de taille ; la vue, voulue pure est modifiée par le fait de la dire : elle est fondée en valeur. L'écriture alors devient une direction, dans tous les sens du mot (61).

Ceci dit, H.Brulard, ce livre superlatif du Moi, qui du même élan le célèbre et le décrit, le raconte et dans le même instant le montre se trouvant et se racontant, bref l'ouvrage qui est Moi en tout point, le moi coextensif à sa propre découverte, pouvait-il devenir un livre ? On en a un manuscrit : comment Stendhal qui au début évoque une parution posthume, et chez qui peu à peu le projet de se faire lire semble céder la place au désir de se lire et de s'écrire dans l'immensité de ce monument élevé à Soi (62), comment serait-il passé de ce livre fait pour soi, à un livre pour le lecteur ? On a un texte qui est l'exercice même de l'acte de mémoire, la mise par écrit du Moi : plus brouillon que tout brouillon, plus librement intime que le Journal, espace de papier abandonné au moi pour s'y mirer et s'y étendre sans limites ; le passage à l'état de publication me semble faire problème. Ce que nous en avons, je pense aux fameux croquis, constitue un tout : je veux dire tout ce qui sert, textes et figures, à l'établissement du Moi.Le refus du récit est ici presque le refus du livre. L'intéressant dans H. Brulard, c'est que l'autobiographie est un projet global, qui tend vers le livre, mais sans doute le déborde. L'œuvre est un chantier, elle est bien restée sur son chantier, avec ses échafaudages, et ses techniques, qui font partie d'elle, comme le moi s'y saisit en une sorte de parturition. L'œuvre n'est pas que résultat, elle est inséparable des moyens de son élaboration, les croquis, (que seraient-ils devenus à la publication ?), l'écriture, au sens matériel elle-même. On le sait par ses notes, Stendhal avait fait de la vitesse de sa rédaction ici plus que partout ailleurs (63), la condition de la redécouverte de soi : de l'aveugle plongée vers le passé, de l'accueil par l'écrit des souvenirs appelés par lui. L'exigence de confondre souvenir et écriture, de rendre simultanées découverte et parole conduit Stendhal non seulement à respecter les idiotismes de vocabulaire et de prononciation qui lui reviennent, il parle '' grenoblois '', ou '' bourgeois '' (64), c'est ce qui fut autour de lui, ce sont des faits purs qui orientent la mémoire, et aussi à hâter s'il se peut la rapidité de son débit. S'il se justifie de sa mauvaise écriture, c'est au nom de la vérité qu'elle lui fait conquérir : non seulement il entend bien respecter le premier jet, crainte en le retouchant justement de retoucher son image, et de dérégler le mouvement de restitution de son passé, mais il entend encore demeurer dans son récit contemporain de ses souvenirs : tels ils viennent, tels ils sont écrits ; '' les idées me galopent, si je ne les note pas assez vite je les perds '' ; '' talonné '' par les **idées**, '' absorbé par les souvenirs qui se dévoilent à mes yeux '', il lui faut les saisir au vol, être aussi rapide que la pensée, et n'admettre aucun retard dans la formulation de son moi, sous peine de condamner le fragile souvenir, le précaire messager de la mémoire à retomber dans l'oubli. Sa main qui va bientôt se bloquer devant certains souvenirs doit obéir dans l'instant à la sollicitation de la mémoire ; l'écrit maintient grande ouverte, battante la porte des souvenirs, et marche '' en avant... à l'aveugle '' (65), sans freins ni projet, vers la mise à jour de soi.

Il y va par l'écrit, il y marche par le dessin : H. **Brulard** est un livre illustré par l'auteur, où les étranges graphismes sont les étais du texte, mais aussi ses compléments, son double différent. Ils ont donc une ou des fonctions sur lesquelles il faut s'interroger. Leur nombre, leur pertinence, leur valeur variable sont peut-être un des traits les plus uniques de l'autobiographie stendhalienne : sont-ils encore de l'écrit, de la littérature ? ou désignent-ils une certaine insuffisance de la mémoire par écrit, puisqu'ils sont le recours à d'autres figures du passé, une autre descente du souvenir sur le papier sans l'intermédiaire du texte, mais par le moyen court du schéma, du pur mouvement de la plume qui se hâte vers l'image sans l'intermédiaire du verbe, vers la commémoration informulable, vers la redondance muette, et ne valant que pour soi, d'un quelque chose qui a eu lieu, sur le papier. C'est dire que cet '' autographisme '', où la littérature semble trouver sa limite, et se faire relayer par une figuration, on n'ose dire plastique, de l'incommunicable, de l'informulable, tout à la fois aide le texte, et lui nuit ; travail pur et vraiment instantané de la mémoire, il court-circuite le langage, et forclot le lecteur, condamnant l'auteur à demeurer avec soi dans une pure relation de virtualité et de suffisance : comme un Tout sans lacunes, donc sans paroles. Antilittérature, et qu'on me pardonne le jeu de mots, auto-littérature, le croquis supporte le texte, et annonce l'étranglement de la parole autobiographique qui dans les dernières pages force Stendhal à renoncer. C'est le même recours silencieux à un Moi pur et total qui n'ose, ou ne peut confier sa subjectivité précieuse au mouvement discursif, qui cette fois ne permet plus la remontée vers soi, mais devient une menace et un outrage pour le moi.

Essayons de classer les croquis et de déterminer leur valeur comme épures du souvenir en marge du texte. Il y a les plans, relevés topographiques, ou figures presque géométriques, qui illustrent par un passage à un état spatial simple le souvenir (66) ; il y a les panoramas, ou esquisses de paysage qui rendent compte de l'espace vu par Brulard, ou visible par lui, de l'environnement de la situation où le souvenir le replace, et par lesquels il reprend conscience et possession d'un '' Umwelt '' d'autrefois qui agit dans les lointains, comme sentiment de la situation d'ensemble (67) ; le plus souvent d'ailleurs, du centre de H. **Brulard** la maison Gagnon et la place Grenette, on passe par l'orientation des points cardinaux, l'esquisse du panorama montagnard et urbain, à une mise en place d'un espace global, où le moi dénombre ce qui était vu, visible ou pressenti. Ou encore les dessins sont des '' travelling '', des schémas de mouvement : la fameuse ligne en pointillé qui retrace les évolutions de Stendhal, la ligne F comme fuite, qui l'écarte de la présence trop brûlante de Mlle Kubly, la ligne SS' de l'algarade avec Séraphie, la ligne de retraite des conjurés sur la place Grenette, la ligne encore d'esquive du renard dans les rochers de Comboire (68). Ou encore, comme un peintre manqué mais qui a un besoin invincible de crayonner les choses vues, pour se les restituer, pour les conserver et se prouver qu'il les conserve intactes en lui et pour lui, Stendhal va tenter dans son brouillon de restituer les paysages, les objets, les tableaux de M. Le Roy, les illustrations de son Cervantès, la signature de Perlet, les médailles du P. Ducros (69), comme certificats à son usage exclusif que son souvenir est bien le sien, unique et concret, jusqu'à la bizarrerie, inimaginable pour tout autre, mais aussi renouvelable et avec une précision dont il s'enchante par lui seul ; la chose vraiment vue l'introduit à cette pleine intimité du sujet qui savoure sans fin sa différence infime. Mais cette description bien rapide des types d'évocation graphique doit être complétée par une analyse de la place du croquis par rapport au texte, il peut en être séparé comme la figure de géométrie de la démonstration, on va de l'un à l'autre, et l'on suit en partie double la même progression de la pensée, la légende de la figure étant le complément en clarté de l'écrit ; ou bien le dessin est **dans** le texte, et fondu avec lui, c'est le récit qui est sa légende, ils semblent au lecteur avoir été contemporains, établis sur la même page et ensemble, en miroir comme deux moyens d'égale dignité de parvenir à une restitution de ce qui fut vécu (70). Alors le dessin dans ce cas peut-il révéler la fonction indispensable qu'il a dans **H. Brulard** : il ne sert pas seulement à illustrer le texte, mais plus profondément à l'établir, à le confirmer, et au fond il est un instrument de recherche du souvenir. Si ce qu'on **voit** fait foi, alors le calque immédiat de l'image est son esquisse par le croquis, et celui-ci tend à être soit le double nécessaire du texte, soit même le premier texte, soit enfin un autre texte que le dernier, l'écrit, ne recouvre pas exactement. Le laboratoire de la mémoire combine écrit et figures. Le dessin, offre une certitude : ce qu'il reproduit, comme il implique une précision des sites relatifs, et leur cohérence topographique (Stendhal multiplie les dessins d'intérieur et toute scène est accompagnée du croquis de tout l'appartement sans cesse disposé autour du motif raconté) ce qu'il reproduit doit être vrai puisque la topographie ne supporte ni lacunes ni incertitudes majeures ; le dessin vaut comme une logique, la disposition d'ensemble si elle est complète et stable, plaide pour la cohérence et la précision du souvenir qui s'y déroule. Toute scène, y compris les premières, la vision de la mère, ses obsèques, est authentifiée par les rapports réciproques des pièces de l'appartement, des objets, des personnes ; la localisation est le noyau solide de la mémoire. Ce qui est vrai sur le terrain a été vrai dans le temps. Aux Echelles, pour le récit du complot (71), Stendhal s'en tient à des lambeaux de vérité : ils sont spatiaux ; il ne sait pourquoi il a agi contre l'arbre, les bribes de mémoire n'ont pas de sens, mais il est certain du déroulement du fait dans l'espace ; il est plausible dès lors que le site le contient et le soutient. La mémoire travaille donc d'abord à organiser l'espace du dessin : c'est la zone probante, la zone claire qui au reste s'éclaircit progressivement, se meuble de détails à chaque reprise. Ainsi Stendhal gêné quand il évoque le premier appartement de son grand-père parce que son plan est incertain, renouvelle et à chaque fois enrichit la présentation du deuxième (72) : tout ce qu'il peut y situer, et cela seulement est vrai. Ne peut être dit que ce qui a pu être dessiné, repéré sur le croquis, qui travaille à la recherche du fait. Le récit va donc du souvenir sans lieu, à l'espace réel : ainsi Raillane est-il évoqué par des paroles bien générales, et surtout par la disposition (maniaque) de son monde. Pas de fait sans le lieu précis (73), pas de lieu sans relevé exact et cohérent : les persécutions de son père sont traduites par le croquis de sa nouvelle chambre ; parle-t-il de la mort de Lambert qu'il place alors dans le plan la chambre du pauvre domestique dont la situation n'avait pas été mentionnée (74). Ou la mention des orientations, distances, proportions, permet le déploiement continuel des images et leur vérification, ou la réduction du cadrage mémoriel à un point, le rocher en trapèze vu pendant le ''duel'', le chemin en biseau du Saint-Bernard où glisse son cheval, l'un et l'autre dûment dessinés (75), identifie le seul passé sauvé.

Le dessin n'est pas seulement le centre de la cristallisation et de la vérification de la mémoire ; il a encore deux fonctions. La première, toute subjective, de détacher le point indélébile et personnel, ce fameux point H qui est le centre de toute vision ; n'est vrai que ce qui tend à restituer l'origine de toute vision. L'espace brulardien est étroitement centré ; il n'est nulle part l'espace de la géographie ou de la géométrie : le point H rivalise d'importance avec les points cardinaux ; il n'a rien dit s'il n'a pas dit où il est : le théâtre de Grenoble, l'exécution des prêtres, les obsèques de sa mère, ces scènes sont bien ''des restrictions de champ'', elles supposent le témoin précis du point H. Mais ce spectateur-témoin enchanté d'être là, centre de toute vision, sans qui rien n'est réel, et qui est le seul centre de toute objectivité par la magie de l'autobiographie, est aussi spectacle : Brulard voyant et même voyeur est aussi vu, en son point H, comme trône du moi, lieu de son triomphe. C'est ainsi que l'on peut comprendre l'extrême insistance sur le fameux croquis de l'interrogation de mathématiques, ''moi étant au tableau et M. Dupuy dans son immense fauteuil bleu de ciel en D'' ; trois fois repris ! Comme juste revanche de son humiliation première quand il ne savait que ''montrer son gros derrière'', Moi a su monter à ce podium dominant, et démontrer inlassablement à une foule éblouie (76).

Enfin le dessin contribue à la vitesse de l'écriture : il dispense du décor, il le constitue, comme cadre mobile et toujours renouvelable de la scène, il évite de décrire, et place la scène **in situ** comme un accompagnement mobile et instantané. Solution enfin trouvée au problème de la description, le dessin est décor ; lignes, points et schémas diversement cadrés ou orientés rendent compte mieux, et plus vite que toute évocation, du réel, et encore y trouve-t-on l'indication du mouvement qu'une description n'admet pas. Seul le schéma indéfiniment ouvert, et recommencé permet l'enregistrement hâtif des détails matériels, à mesure qu'ils reviennent, sans interrompre leur retour ou interrompre le texte par ces éléments dont on sait que Stendhal n'aime pas se surcharger. Et là paradoxalement les dessins se mettent à prendre une sorte d'autonomie, à constituer un autre texte par leurs légendes, à devenir dans les Mémoires d'autres Mémoires. Non seulement le dessin devient histoire, et anticipe sur l'histoire de Brulard (77), ou sur l'histoire tout court, c'est-à-dire qu'il offre un pan temporel autre que le texte, et Stendhal accroche à l'espace retracé son histoire en dehors de son récit autobiographique, ainsi les croquis ont livré des faits postérieurs qu'ils sont les seuls dans son œuvre à livrer, les sept fois de Mme Galice, les détails sur l'affaire Didier, le fait d'avoir vu le futur M. de Genoude, tant leur fonction de dépliement mémoriel est presque indépendante du texte ; mais encore, ils sont parfois plus riches et plus précis que **H. Brulard**, et sont le lieu de rappels qui leur appartiennent en propre, et que Stendhal n'a pas vu la possibilité ou la nécessité de transformer en texte ; cet autre texte nous donne par exemple avec une extraordinaire acuité de détails les divers meubles de la chambre de son grand-père (78), dont la fenêtre en verres de Bohême, ''dont l'un... en haut à gauche était fendu et resta ainsi dix ans'', ou ailleurs nous révèle la présence d'une armoire aux liqueurs, d'une armoire à linge '' regardée avec une sorte de respect '', tel autre évoque M. Jay durant ses cours, le domaine de Claix avec plus de faits que le texte, '' la mauvaise craie blanche '' dont usait le pauvre Gros, la chaumière du Fontanil '' adorée par moi '' ; un autre enfin à propos de la cuisine nous annonce en O '' une boîte à poudre qui éclata '' (79), mais jamais plus cet épisode ne reviendra. Comme dépôt du souvenir, et autobiographie par eux-mêmes les dessins s'aventurent dans d'autres directions que le texte, ils contribuent à son développement et le débordent, dans une autre spontanéité qui permet à Stendhal d'aller plus vite au fond en n'écrivant pas, et en nouant le passé au pur visuel.

°
° °

Je voudrais maintenant tenter de conclure dans trois directions. D'abord revenir sur cet aspect de '' chasse '' aux souvenirs que constitue chez Stendhal la démarche autobiographique ; chasse aux souvenirs comme il y a chasse aux idées, au bonheur. L'écrivain se place dans l'écriture en position de guetteur et de poursuivant : image familière chez Stendhal, présente dans les marges des romans, dans les Voyages, le Journal. Image à l'œuvre, si je puis dire, au travail concrètement dans l'activité autobiographique. Elle renvoie à l'idée d'un pacte avec le langage, dont le Romantisme serait sans doute la mise en œuvre. Sans conscience ni science l'écrivain se hâte vers une identité du je et du langage qui le distingue tout autant de l'écrivain de la rhétorique, que de l'écrivant contemporain ; c'est en fait dans l'anti-rhétorique affichée, une autre rhétorique. Mais l'écrivain ne doute pas de pouvoir se dire en son fond et en sa particularité : si le moi n'est qu'en se disant ; s'il est langage, inversement il compte bien transformer l'ordre du langage en manifestation absolue de soi. Ainsi Brulard par la parole et le dessin occupe de son Moi tout l'espace de son manuscrit, et le traduit en tout et en tout sens. Il vise, il espère une parfaite simultanéité de la parole et de l'être ; le langage n'est pas à distance de lui, promesse tenue devant soi, ou trahison d'une singularité par la généralité. Je dis, je suis, ou inversement ; rien n'est sans doute plus **cornélien** chez Stendhal que la confiance dans la parole comme acte, et dans l'acte comme parler. Ceci malgré cette pathologie de l'identité et de la parole, si obsédante chez lui, que constitue l'hypocrisie comme la vanité ; mais le héros de l'acte parlé, chez Corneille, a aussi son double, le Menteur et le Matamore. Mais il y a une différence fondamentale : c'est seulement dans l'imprévisibilité et l'inconscience, dans une avancée aveugle vers l'inconnu que se réalise cette identité du moi et de la parole. L'écriture autobiographique est un miroir du passé : une capture involontaire, dans la mesure où l'écrivain se dispose (et dispose son espace écrit) pour l'accueil passif, le retour torrentiel et imprévu du passé ; il ne le conquiert pas, il le capte, il le dérobe à l'oubli et aussi à sa propre conscience. Toute l'écriture autobiographique est établie pour que le moi se manifeste dans l'absolu, en dehors de toute volonté et de toute participation ; l'écriture serait alors une rhétorique de la manifestation, si les deux mots ne juraient pas ensemble. C'est-à-dire une avancée sans cesse refaite, mais dans l'ignorance et en dehors de toute technique littéraire, vers l'inconnu, l'inattendu peut-être davantage, dans le défi constant à toute préparation et à tout précédent. Écrire c'est évoquer l'inconnu, le manifester sans l'avoir trouvé, le dire sans avoir contribué par la volonté et la conscience, suspectes d'artifice, à son expression. L'écriture est bien sur une '' frontière '', au bord d'un inconnu toujours sommé de se révéler ; '' on ne va jamais si loin que quand on ne sait où l'on va '' (80), ce qui s'applique excellemment à l'écriture d'**H. Brulard**. Pure impulsion inconditionnelle, le souvenir doit '' tomber '', comme Stendhal nous dit que tombèrent sur lui (81), comme une grâce céleste, ses principales joies, l'écriture le vise, mais l'attend, elle prépare le hasard sans l'approcher ; le retour du passé constitue l'œuvre, mais elle ne pas le **faire**, elle ne peut que s'y préparer et le laisser faire. Telle est l'ambiguité d'**H. Brulard**, et peut-être son impossibilité comme œuvre : décentré dans l'instant et le hasard, le livre du moi repose sur le projet contradictoire de dire le moi sans être son œuvre. Comme Stendhal lui-même revendique d'appartenir au hasard, à l'imprévisible, et aussi à une essence, à un choix initial, c'est l'image des **routes**, qui le ferait devenir ce qu'il a toujours été, et manifester un être en lui latent.

Mais **H. Brulard** s'arrête inachevé et peut-être échoue dans ce qui est un abandon final. Dans les dernières pages arrivé à un point nodal de sa vie, Stendhal, parti d'une rêverie initiale, revient à une autre rêverie, muette celle-là, hors d'état cette fois de franchir la barrière du silence (82). C'est le coinçage de la parole que nous avons tenté d'analyser : '' je ne sais comment faire ''. La parole se disperse, se bloque, quelque chose doit être dit qui ne peut être abordé : un état trop pur, trop total, échappant à toute détermination, donc à toute approche discursive. Un état '' fou '' : c'est-à-dire hors de toute saisie. Le langage serait-il trop raisonnable pour dire la déraison : Stendhal le suggère en notant qu'il ne veut pas de cet approfondissement vers le vrai que nous avons vu ; cette fois il ne veut pas du dénivellement de l'écriture : '' je ne veux pas dire ce qu'étaient les choses, ce que je découvre pour la première fois à peu près en 1836 '', il ne veut pas déflorer le souvenir par son correctif, il entend s'en tenir au passé pur, au subjectif absolu, mais il n'ose le faire : '' je ne puis écrire ce qu'elles étaient pour moi en 1800 '', par crainte d'être incompris, '' le lecteur jetterait le livre ''. Il ne veut plus du détour du jugement et il n'ose pas saisir immédiatement et absolument ce trésor de sa subjectivité qu'est la première période milanaise. On a l'impression qu'il renonce à la fois à faire '' un récit un peu raisonnable '', c'est trop peu, et à espérer une manifestation absolue de ces moment miraculeux, '' par où commencer '' (83) ? La rhétorique de la manifestation ne marche plus : les termes contradictoires se séparent. Le moi est hors de toute médiation, on ne peut le regarder, le capter, sans supprimer ce qu'il est et le convertir abusivement en une parole par définition insuffisante. Il n'est plus de langage possible ; dès lors Stendhal '' surmonté '' par le sujet, et hors d'état d'être le '' disant '', tente **in extremis** une série d'approches, de conjurations avant de s'avouer vaincu ; les dernières lignes sont une suite de faux départs, le texte essaie de commencer, soit de contourner la difficulté, soit de l'approcher, mais c'est toujours un préalable dont il ne sort plus. L'écriture piétine, ou patine, toujours réduite à n'être qu'une suite d'exordes, d'excuses, de précautions, d'annonces ; rien ne suit, l'idéal absolu ne descend plus dans le langage, l'écrivain ne peut **commencer** un mouvement qui le suivrait, il ne peut être suivi par ce qui doit se dire. Il glose sur l'impossibilité de dire puis se tait. L'indicible a vaincu le dire, comme la menace s'en était révélée à plusieurs reprises : '' où trouver des mots... les phrases me manquent... '' ; aveuglé par ce '' ciel '' qu'il a vu, muet, '' anéanti '', Stendhal ne peut trouver de langage pour ce sublime, et cet idéal qui sont rejetés à une distance infranchissable ; tout protocole de l'écriture ne peut rien contre l'indicible, sinon le dire, et le détruire. Le langage est une médiation, même comme capture de l'imprévisible, il est disqualifié ; la vue directe, de face du bonheur **fou** est impossible, la vue indirecte et de biais, est inutile et impure. Le moi ici refuse de se fier au mouvement de la parole, il se referme sur lui-même, sur une subjectivité qui est affaire d'orgueil et d'impuissance à la fois. Le plus précieux ne sera pas dit, car c'est le plus précieux, il deviendrait **commun** en se communiquant. Le pacte avec le langage somme toute précaire et souvent menacé est rompu.

N'est-ce pas l'échec de l'autobiographie ? Chargée de dire le moi, elle triomphe de lui comme '' disant '' ; ou plutôt le moi triomphe de soi, s'éloigne et s'égare dans une radicale différence. Le moi qui est Tout, et dans cette circonstance rien, est un muet. Narcisse absolu, son image qui a pu être confiée au langage, est ici au-delà du langage. Parler, c'est déchoir, se désunir, se défaire. En réalité, et je ne peux qu'indiquer ce thème, la fin d'**H. Brulard** manifeste les limites du **sujet** en littérature ; ce qui conduit **H. Brulard** vers le roman, c'est qu'il prépare à ce que j'appellerais l'**intériorité** (84), la saisie de soi non à l'état pur, mais en **vérité**. Brulard s'apparente aux personnages de roman parce qu'il recherche non seulement moi, mais la vérité du moi, non seulement par son reflet passé, mais son portrait, un moi-icône qui est alors non relation pure avec soi seul, mais relation de soi à un idéal, à un symbole. Est romanesque la consistance : c'est aborder le thème de la Paternité et de ses ambivalences dans **Brulard** qui est au cœur même du problème de l'écriture. Elle cherche une identité non pure, mais complète, et du coup l'écriture se doit non de sanctionner le moi qui fut mais de le refaire et de le parfaire. C'est une autre direction d'**H. Brulard** que je ne peux qu'évoquer comme complément indispensable de la critique de soi que recèle le mouvement même de l'autobiographie.

Michel CROUZET
Université d'Amiens

Notes

1. Voir dans **Figures II** de G. Genette, p. 155 en particulier sur le '' phénomène Stendhal '' qui ébranle l'auteur et l'œuvre, ou sur Beyle, '' illusion biographique '', **personnage** de Stendhal. Le problème comme nous le disons plus bas que la '' structure '' évite de poser, c'est l'impératif littéraire d'une personne à l'origine de l'œuvre, et les relations variables entre cette feinte, et l'auteur réel : en fait le structuralisme comme le romantisme ne peut pas poser les problèmes de l'être et du paraître.

2. Se reporter Ph. Lejeune, collection U, **L'Autobiographie en France**, à l'article du même, '' Le pacte autobiographique '' dans **Poétique 14**, sensiblement en recul sur les affirmations précédentes, et à celui nettement moins aplati dans l'unidimensionnalité structurale de E.W. Bruss, '' l'Autobiographie considérée comme acte littéraire '' dans **Poétique 17**. L'idéologie structuraliste qui soutient ces réflexions est obligée de poser en postulats drastiques et ruineux : que l'autobiographie **n'a qu'**une définition textuelle, et que l'identité personnelle est une convention (voir article Lejeune, pp. 137-8, 141) ; sur les critères textuels de l'autobiographie, voir U, pp. 23-25, 28-30, le '' contrat de

lecture ", qui de fait suppose que le récit est vrai ; comme type de discours, l'auteur (pp. 50 et suiv.) montre bien que les stéréotypes et conventions de l'autobiographie sont de type historique (lieux communs de la personnalité, liens avec les romans), donc que le structuraliste le plus fanatisé requiert pour dire quelque chose le " lansonien " que par ailleurs il foule aux pieds. L'article de E.W. Bruss, bien qu'attaché à la même recherche des " règles " constitutives de l'autobiographie (pp. 23-25), évoque le caractère " vérifiable " du sujet traité, et voit bien que le " genre " ne peut être étudié que dans sa dimension culturelle (p. 14) ; elle distingue excellemment (pp. 19 et 20) la première personne rhétorique et idéale, de la première personne empirique. Le problème est en effet la distance de l'une à l'autre.

3. Voir Lejeune, article pp. 144-5, 147, 149, 154 ; le seul " hors-texte ", est le nom de la couverture, du contrat d'édition ; l'auteur s'étonne de cette passion de mettre son nom sur un ouvrage ; son commentaire de **Henry Brulard** (p. 151 et note) porte tout entier sur le jeu des noms, **Brulard-Beyle** problème capital, j'en conviens, mais guère éclairci. Voir enfin pp. 143, 145, 152-3, les considérations sur le *je* du discours, né de lui, etc... Néanmoins ne tenant pas son intenable pari formel, l'auteur, pp. 146-7, distingue par le contenu l'Autobiographie et le roman autobiographique.

4. Voir Lejeune, loc. cit., p. 153 ; " L'autobiographie est le genre littéraire qui par son contenu a marqué le mieux la confusion de l'auteur et de la personne sur laquelle est fondée toute la pratique et la problématique de la littérature occidentale depuis la fin du 18e siècle ".

5. **Espace littéraire,** p. 223. Le Moi s'accomplit " hors des œuvres mesurées et des tâches limitées dans le mouvement sans mesure de la vie, ou bien il se retire... au point vide de l'existence où il lit sa souveraineté dans le refus et la surabondance du refus ". L'art défait par l'exigence du sujet est sans œuvres, ou n'est jamais tout entier dans l'œuvre.

6. Voir Lejeune, article cité, p. 153.

7. Lors du Colloque, le texte réellement dit en cet endroit est le suivant ; il s'écarte notablement de la version définitive :
    Mais du sujet souverain qui se rend transparent dans le verbe et qui est purement angélique en soi, ne dépendant que de sa vérité et se confondant avec elle, est-ce qu'il y a une telle distance jusqu'au sujet nul absorbé dans la transcendance d'un verbe impersonnel radicalement autre aboli par le texte ou l'écriture comme lecture absolue ? A mon sens il n'y a pas de distance et en réalité la crise se poursuit depuis la conception de l'autobiographie comme unique littérature jusqu'à la suppression ou quasi de l'autobiographie dans la littérature. C'est la même crise et c'est le même prolongement de la même difficulté fondamentale. J'appellerai cette difficulté, pour être bref en m'excusant de simplement aborder un problème, le problème de la sincérité. L'autobiographie, c'est le triomphe de la sincérité en littérature, et je dois dire que l'abolition structuraliste de l'autobiographie, c'est à mon sens, encore et toujours le même triomphe de la sincérité. Le sincère confond fond et forme. Le structuraliste, sans doute plus fidèle encore à l'exigence de pureté du sincère, les confond aussi, mais en sens inverse. La disparition du moi est peut-être le parachèvement de sa perfection. Dans la légende Narcisse se noie dans son reflet, il rejoint son extériorité comme le sincériste du XIXe siècle

voulait se soumettre formes et langage pour que rien d'extérieur ne le contraigne. Il en est de même pour les structuralistes, la parole me contient, c'est à peu près la même chose que je contiens ma parole. La sincérité se retourne par la crainte de la mauvaise foi en impersonnalité. Vous avez un des garants de la sincérité qui est Sartre qui est passé à mon avis par les deux étapes que je décris, insincérité de destruction du Moi après sincérité. Au narcissisme de l'auteur romantique nous avons substitué le narcissisme divinisant de l'absence d'auteur. Le Narcisse fait croire qu'il n'existe pas et il ne faudra pas oublier que les ébranleurs de la sincérité, de la personne et de la littérature d'inspiration romantique, sont Gide et Valéry qui sont eux-mêmes des malades de sincérité. Le scrupule sincériste, je renvoie aux très belles études de Blin ou au très beau livre de Belaval sur **Le Souci de sincérité,** tend inévitablement à inverser le moi, à le faire se calomnier, il se rend lui-même douteux et problématique. La sincérité, je la situe, c'est ma manière d'aborder les problèmes, au cœur des débats critiques, et il y a incontestablement un rapport extrêmement proche entre la sincérité littéraire à la manière romantique et, par exemple, l'écriture automatique ; c'est le même projet de tout dire et d'être totalement présent dans son langage, dans une infinie liberté et ce qui n'est pas posé ; et c'est cela qui est intéressant dans ce débat critique, c'est justement les rapports du '' JE '' et du langage, ces rapports de relative distance et le problème fondamental et justement ce problème de la distance par rapport à la vérité et par rapport au langage. Dans un texte récent et assez intéressant par les tendances qu'il dénote, Philippe Solers remarque effectivement que le psychotique, puisque l'on parle beaucoup de psychologie, on peut en parler là, est beaucoup plus intéressant que le névrosé. Pourquoi ? parce que le psychotique est sans conflit, donc il est susceptible d'être totalement quelque chose ; il est susceptible de se porter dans une dimension de foi absolue en lui-même et dans ce qu'il dit ; à mon avis il en reste quelque chose d'essentiel dans la conduite de la pensée structurale et dans ces présupposés ; c'est en effet la fuite en avant vers l'accusation de la mauvaise foi et la réaffirmation de la possibilité d'une adhésion totale à ce qu'on est et à ce qu'on dit par confusion avec l'objet.

Mais ce qui me semble essentiel comme idée, je crois, pour commencer cette étude, c'est que l'écrit prolonge le Moi. Il n'y a pas de coupure entre Moi et ce que j'écris. Il n'y a pas de déracinement que le structuralisme montre du texte dans une sorte de solitude du verbe quasi mosaïque. Donc l'écriture a une origine, le Moi et il disait le Moi encore dans une autre dimension et avec une plus grande vérité. En ce sens la notion fondamentale qu'il faudrait introduire dans cette réflexion sur les rapports du Je et du langage, c'est d'une part refuser le hiatus structural mallarméen d'inspiration entre le langage courant et le langage littéraire, entre le moi existentiel et le sujet impersonnel qui écrit, et affirmer au contraire que de l'un à l'autre il y a des degrés et des hiérarchies de présence et de vérité. Comme il faut gagner sa place à l'intérieur de soi, il faut savoir se situer dans une relation avec le langage.

8. Dans son article sur le '' Style de l'autobiographie '', **Poétique** 3, Starobinski avait évoqué cet effort d'individualisation du style qui se veut une image de l'homme.

9. L'expérience autobiographique produit une vérité du moi, et non le moi ; manifeste, comme on va le voir, dans le présent du souvenir rappelé, le moi s'établit dans une sorte de **sol**, il touche son soubassement, mais il est aussi autre qu'il n'a été, se revoir le parfait. Il se ressemble, donc il est autre.

10. Sur l'aspect romanesque de **Henry Brulard**, voir de très bonnes remarques dans V. Brombert, **Stendhal : fiction and the themes of freedom**, Yale Un., 1968, chapitre I.

11. Dans '' Conditions et limites de l'Autobiographie '', in **Formen der Selbstdarstellung, Festgabe für F. Neubert**, Berlin, Duncker und Humblot, 1956.

12. Voir l'excellente analyse des **Confessions** dans **La Transparence et l'obstacle** Plon, pp. 229 et suiv., sur l'idée que le portrait est un ensemble se dégageant du détail, seul vrai, et p. 242 sur la nouvelle relation, non plus instrumentale, du langage, qui est le '' dévoilement même '' ; pp. 247-9 sur la mémoire affective, '' la vérité que Rousseau veut nous communiquer n'est pas l'exacte localisation des faits autobiographiques, mais la relation qu'il entretient avec son passé ; il se raconte lui-même tel qu'il revit son histoire en l'écrivant '' ; d'où p. 249 l'idée d'une littérature comme expérience, comme '' authenticité '' et non vérité, supposant une **dictée** du souvenir, de l'émotion qui aussitôt devient langage.

13. Cf. **Oeuvres intimes**, Pléiade, pp. 38-46 ; nous citons dans cette édition, sauf cas contraires où nous renvoyons à **Henry Brulard**, Divan, éd. major.

14. La vue de Rome a une valeur consolatrice qui n'est pas sans faire penser à Chateaubriand.

15. Voir sur ce savoir figé de soi, pp. 38, 39, 51-2, les questions sur soi, le rappel du jugement des autres.

16. Ceci dès le début : il y a les autres, les **amis**, les bourgeois, la famille, une différenciation abrupte et satisfaite qui n'offre aucune perspective d'approfondissement du moi.

17. P. 43 ; là il s'avertit de ne pas mentir, ni de ne pas se faire illusion.

18. Il faudrait étudier tout ce qui des **Essais** antérieurs à **Henry Brulard** disparaît ou s'efface dans le vrai travail mémoriel ; il est anti-légendaire d'intentions, sinon toujours de fait.

19. Cf. art. cit. E. Bruss, qui évoque les origines de l'autobiographie du côté de l'apologie, de l'épître, et ses relations d'échange et de dépossession avec la poésie et le roman.

20. Éd. G-F, I 440-442 ; le Français vaniteux veut être en scène.

21. O.I.230, 243, 384, 387, 385, 418, 419.

22. Sur son père, Séraphie, Zénaïde, Raillane, Chrysale, la lecture des journaux en famille : pp. 57, 108, 121, 136, 204 ; page 386 un exemple de négligence soulignée par lui-même.

23. Les chapitres de la période scolaire sont plus cohérents ; quels liens unissent l'enchaînement Billet, Gardon, Tourte, poème latin, mort de Lambert, peuple ; ou Raillane, bravoure, argent, latin, anglais, Reine Caroline d'Angleterre ?

24. 0.I.44, 45, 225, 288 ; le lapsus où il se dit le fils du Dr Gagnon, **Henry Brulard** I 294. Voir encore sur son désir de respecter l'ordre des temps, I.247 ; 0I.54 ; les souvenirs absolument aberrants sont nous le verrons consignés dans les croquis : l'affaire Didier, Mme Galice (I.205, 226).

25. 0.I.69 n ; 70 ; 90 ; I 207, I.4 ; I.166 note, un souvenir laissé en plan, dans une '' grappe '' de faits : avec les prêtres guillotinés, Lambert, la terrasse, un **pantalon aux odeurs de fabrique.** L'ordre des chapitres n'est pas fixe ; voir I.151 n sur place du chapitre des Échelles ; et I.202 sur les insertions et les lacunes.

26. Autour du grand père, voir 0.I. pp. 58, 76, 72-3, le chapitre 7, les souvenirs prérévolutionnaires, etc.

27. 0.I.84 ; voir sur ce point le chapitre d'Orlando, **Infanzia, memoria e storia da Rousseau ai romantici,** Padoue, 1966, chap. 8.

28. Voir ce respect des mots, distances, lacunes, illusions ou menus faits proprement enfantins : **Henry Brulard** I 131, 148, 159, 176, 123, 425 ; I.39, **mon excellent grand père à cause de sa perruque m'a toujours semblé avoir 80 ans** ; l'incident enfantin à l'Église, I.212 ; Brulard avec son oncle, I.56 ; 0.I.94, Séraphie, **dont je n'ai jamais su l'âge.**

29. Sur ce leit-motiv, **Henry Brulard,** 1.151, 158, 138-9, 204, 334, 297, 369, 352, 464.

30. 0.I.138.

31. Le mot est de Fr. Orlando qui a mis excellemment ce point en valeur.

32. Pour l'Arbre de la Fraternité et le Saint-Bernard.

33. L'inceste et le parricide sont cause et conséquence, ils sont pris dans une thématique du non irréductible. Autre exemple de contamination des souvenirs : la morsure, I.36, **je vois la scène mais sans doute parce que sur-le-champ on m'en fit un crime...** ; de même le mulet, I.62 ; et 1 138 la '' scène '' avec Séraphie ; sur la **chronique scandaleuse** de ses parents, I.37, Brulard a l'honnêteté de dire qu'il **suppose** ; mais ses suppositions sont certitudes.

34. 0.I.52, 83, 407, 408.

35. 0.I.390 ; id. 218.

36. Sur cette datation interne, **Henry Brulard,** I.151 ; voir le départ pour Romans et l'impression d'hiver (0.I.79) ; le voyage aux Échelles (149-51), la mort de Séraphie (222), l'annonce de la mort du Roi (130), la sortie de l'École Centrale (239) ; les dates d'arrestation de son père, de séjour à l'École Centrale (**Henry Brulard,** I.125, 131) ; le départ de Grenoble (I.86) ; la fin de la tyrannie Raillane, 0.I.107 ; aveux d'impuissance à dater : 0I.130 ; 132.

37. Exemples de ces déductions : 0.1.124, 146, 134 ; **Henry Brulard** I.409, 483, 433. Encore I.148, 197, 477. Comment il conclut qu'il avait sabre et éperons : 0.1.405-08.

38. **Henry Brulard,** I 334 ; 0.I.152.

39. Voir I.138 et 0.I.483, 491, 493 ; tout l'épisode du Saint-Bernard

9

(0.I.412-16) avec l'impossible effort pour discerner le vécu de l'appris, et parvenir au sol stable de souvenirs vraiment personnels serait à citer tout entier.

40. 0.I.403.

41. Exemples de hiatus : 0.I.121-2 ; **Henry Brulard** I.393, 384, 448, 469, 400, 483 ; I.35-35 ; 140 ; 407 ; encore 0.I.358, 382, 388. Sur la connaissance de Gros, 0.I.336 ; le complot contre l'arbre, I.361 et suiv. ; exemples de souvenirs isolés et sans affectation temporelle possible : 0.I.171 ; 223. Souvenir resté douteux : cf. 0.I.325, où Brulard se demande encore si l'épisode en principe vécu par Colomb et Mante n'a pas été vécu par Colomb et lui ; seul critère : **l'impression de réalité.**

42. 0.I.82-84 ; événement pour lequel il se réserve de chercher la date dans une chronologie, mais **l'image est on ne peut plus nette pour moi.**

43. Par exemple 0.I. pp. 131, 134, 160, 190.

44. 0.I.301.

45. **Id.**, 166.

46. Exemples d'émotions et d'images brutes à désenvelopper pour y trouver les **pourquoi et comment**: 0.I.330, 348, 374, 375, 414, 417 ; encore 0.I.191.

47. 0.I.381 ; 398 ; 306.

48. 0.I.40 ; voir id. 284, **les sept lettres de B qui intéressent mon amour-propre.**

49. **Henry Brulard**, I.193, **je ne peins pas la réalité des faits, je n'en présente que l'ombre.**

50. Voir **Henry Brulard**, I.193, 167, 360 ; 0.I.244.

51. Exemples de ce " je vois " : 0.I.137, 191, 72, 346-8, 349, 272, 296 ; **Henry Brulard**, I.69, 61, 463, 180, 398, 481, 292-3, 297.

52. 0.I.409, et 136-7 ; dans l'épisode de Séraphie, il y a une légère discordance : sa tante l'aurait poursuivi jusqu'à la cuisine ; or ce qu'il **voit**, c'est semble-t-il le contraire, **Séraphie se retirant de la cuisine et moi faisant la conduite à l'ennemi le long du passage...** Le morceau n'est pas autrement clair; on en retiendra que Stendhal ne cherche pas à accorder récit et **vue** et s'inquiète surtout de l'authenticité de l'image.

53. **Henry Brulard**, I.238, 70 ; 0.I.424, 79, 126, 128, 163, 249.

54. 0.I.191 ; 70 ; 124 ; 185 ; 357 ; **Henry Brulard**, I.67, 135, 409, 411, 448.

55. Se reporter à 0.I.91, 103, 138, 146, 244, 242-3, 339, 341, 58 ; **Henry Brulard** I.369, 322, 442, 472, 475, 450, 425.

56. 0.I.67 ; encore 330, 406. L'image sans les causes ou modalités : **Henry Brulard** I.75, 61, 399 ; 0I.296, 349.

57. **Henry Brulard**, I.321, **je vois le mieux que je n'ai pas fait.**

58. Sur ce jeu du vécu et du réfléchi, **Henry Brulard**, I.116, 136, 436 ; 0I.99, 135, 256, 304-6, 406 ; aussi 147 ; 417 ; **Henry Brulard**, I.90 ; et encore sur ce retour de l'homme mûr et la dualité des visions : 0.I.218; 418-19. 346-48, 377, 406 ; découvertes opérées sur le champ de l'écriture : 0.I.101 ; 390 ; 389 ; 383 ; 349.

59. 0.I.348. Sur cette différence entre la **tête** du narrateur et celle de l'homme, voir **Henry Brulard**, I.372-5, 80, 399, 61, 151, 430 et 0I.327, 350, 116, 195, 99, 92, 387, 371 et n., 348, 330, 296, 50, 53.

60. 0I.49-50, 53-4, 183.

61. Ici aussi, le texte réellement dit lors du Colloque, était le suivant : Et il est donc ici absolument exact de remarquer que le miroir autobiographique n'est pas la pure répétition du Moi, ce n'est pas un miroir narcissique, c'est un miroir déformant, dans la mesure où c'est un miroir agrandissant, agrandissant le Moi vers sa propre complétude et sa propre perfection. On dit le Moi n'est pas, c'est parfaitement exact, si l'on peut dire le Moi n'a pas de fond, mais le Moi brulardien a un fond provisoire qui est le passé retrouvé et il a une direction, il a un idéal de lui, il est une marche vers une certaine lumière et une certaine vérité, autrement dit le Moi réel c'est le moi qui tend à se compléter, le Moi qui tend à se voir, comme on dit raisonnable et conscient, c'est-à-dire en vérité, dans la lumière de la vérité. Je citais hier, et je crois que ceci a été redit ce matin, la formule fondamentale de St-Augustin, se voir n'est pas se regarder dans l'immobilité d'un reflet narcissique, c'est viser par delà la coïncidence subjective, la vérité de sa réalité et ce que vise Brulard, c'est la vérité de l'anecdote, c'est la vérité, qui est incluse dans cette première vérité, précieuse, incontestable mais provisoire du souvenir.

62. 0.I.309 par exemple, **peut-être le plaisir des découvertes et des jugements ou appréciations qui les suivent me déterminera-t-il à continuer. L'idée d'être lu s'évanouit de plus en plus.**

63. Sur ce respect du premier jet : **Henry Brulard** I.80, l'expression '' montrer les dents '' conservée **pour mieux me rappeler les détails qui m'arrivent en foule ;** de même 0I.1534, Henry Brulard, I.270, 473, I.89. Témoignages de cette rapidité : I.323, **j'écris sans y voir ;** I.248 n, 321, 257, 264, 232, 235, **les idées me galopent, et s'en vont si je ne les saisis pas... ;** I.323, **voilà comment j'écris quand la pensée me talonne, si j'écris bien, je la perds :** I.165 note, **je suis si absorbé par les souvenirs qui se dévoilent à mes yeux que je puis à peine former une lettre...**

64. Innombrables passages : 0.I.91, 92, 96, 105, 106, 112, 113, 110, 169, 171, 170, 143, 189, 161, 191, 181, 218, 226, 272, 275, 278, 288, 290, 252, 300.

65. **Henry Brulard**, I.85.

66. Par exemple l'épisode du graphomètre, 0.I.257.

67. Ainsi les couchers de soleil vus de la terrasse, pp. 182, 140, 174, 179, 219, ou les montagnes vues de l'École Centrale, p. 224 ; ou p. 317 le croquis des pentes à Claix, repris ailleurs et rendu plus exact.

68. Par exemple 0.I.245, 398, **Henry Brulard**, I.138.

69. 0.I.113, 145, 205, 164-6, 245, 264.

70. Ainsi pour le séjour aux Échelles, 0.I.152-4, la mort de sa mère, p. 64, **nous revînmes le long des maisons à gauche de cette rue au nord...**

71. Voir 0.I.66-7 pour les obsèques de sa mère, 320-4 pour le complot ; page 265, Stendhal hésite sur l'emplacement du logis des Bigillion, mais crayon en main il est sûr de la position d'une croisée relativement à une rue.

72. Voir O.I. par exemple pp. 118, 125-6, 165 la progression dans le dépliement du plan ; page 76, devant un vide choquant, Stendhal s'inquiète : **je ne vois pas où logeaient ma tante Séraphie et ma grand-tante Elisabeth. J'ai un souvenir vague d'une chambre entre la salle à manger et la Grande Rue.**

73. Ex. de faits authentifiés par le site : Raillane, pp. 104-5, la lecture de **Don Quichotte** et le point précis où elle eut lieu à Claix (p. 114), le vol des livres (pp. 184-5), l'annonce de la mort de Louis XVI (p. 127), la mort des prêtres assassinés (p. 178) ; la chambre de son père (il y lit Hume) pendant les persécutions de la Terreur (pp. 132-3).

74. O.I. p. 165. La chambre de Séraphie (p. 910) n'apparaît qu'avec l'épisode de sa porte privée (pp. 301-04, 412).

75. Pp. 301-04; 412. On notera que deux faits, les livres galants de son oncle, et la mort des prêtres (pp. 178 et 165) figurent dans les croquis avant d'être racontés.

76. Exemple de ce site régalien : la mort de sa mère, **Henry Brulard**, I.47, le théâtre, 0.1.72 ; et surtout 236-7, 307-9, 331, 339 ; les interrogations d'**Henry Brulard** se déroulent devant une foule d'élèves envieux et chouchoutés, et de curieux ; voir encore 314-5, Moi et les Montagnes.

77. Par exemple mention de sa chambre de 1814 (0.I.245), de Mme Galice (190), de ses amours de 1814-16 (pp. 207-09) ; de Didier (id.) ; du colonel Monval et du pont de Crozet (**Henry Brulard**, I.356) ; de Genoude (0.I.198) ; d'une carte du Dauphiné et de son auteur (id. 140) ; p. 328 sur **sa misanthropie anticipée à 14 ans.**

78. 0.I.125, 162 ; de même 164, le bûcher, avec un thermomètre, des lieux d'aisances, une scie esquissée trois fois ! les armoires, et le cabinet du grand père, pp. 162, 217 ; les odeurs, 134 ; page 186 les têtes en relief comme à Florence du passage D ; p. 233 description en légende de Mr Jay pendant ses cours ; **Henry Brulard** I.178, le **chemin horriblement fangeux dit des Boîteuses...** ; 0.I.337 la craie de Gros ; pp. 278-80 le croquis sur la bagarre avec Michoud est plus précis que le texte.

79. **Henry Brulard**, I.145 et 0.I.220.

80. 0.I.284.

81. Id. 371.

82. Id. 428-9 ; menaces antérieures de mutisme : 148, 150, 335, 407-08.

83. P. 427 : **comment rendre cela intelligible ?** Voir les faux fuyants : se promener avant d'écrire ; renvoyer à un autre jour ; passer ces six mois ; résumer et ébaucher ; sommaire annoncé ; tenté ; impossible... Déjà p. 148 aux Échelles, cette notation, **il faudra que je travaille et transcrive ces morceaux comme il m'arrivera plus tard pour mon séjour à Milan...**

84. Dans l'article cité, Starobinski a bien montré que l'autobiographie est une conversion.

Fonction beyliste
de l'autobiographie stendhalienne

La vie, comme le style, est de l'homme même. Le beyliste place très haut le privilège d'être soi. Ouvert à tous les emportements de la sensibilité, quêteur de plaisirs, même faciles, il sait se garder de la médiocrité de soi. Pour lui, vivre, c'est se construire, - selon la vérité, la justice, la générosité. Cette constance dans l'exigence morale confère à l'autobiographie stendhalienne un aspect particulier.

D'abord il n'y a pas de rupture entre l'autobiographie et le reste de l'œuvre chez Stendhal. La plupart des ouvrages de Stendhal sont en effet d'inspiration autobiographique, - directement, comme la **Correspondance**, le **Journal**, la **Filosofia Nova**, les **marginalia**, et, naturellement ses différents essais autobiographiques, - indirectement, comme ses essais littéraires ou touristiques, et particulièrement, parmi ces derniers, ce chef-d'œuvre de beylisme : **Rome, Naples et Florence**. Créations autobiographique ou romanesque se mêlent d'autre part chez Stendhal. Ainsi, en 1832, Stendhal abandonne la rédaction des **Souvenirs d'Égotisme** pour entreprendre **Une position sociale**, - en 1835, **Lucien Leuwen** pour le **Brulard**. Est-il besoin de rappeler que le roman stendhalien met en œuvre des schèmes d'action et de pensée directement saisis dans l'expérience personnelle de l'écrivain ? Pour Stendhal la maturation de son propre personnage ne fut jamais bien différente de celle de ses personnages de roman. Cet homme qui se travestissait sous d'innombrables pseudonymes était son premier personnage. Il était à lui-même un incessant objet de curiosité. La conscience de soi ne s'ouvre pas sur la certitude d'une présence mais sur la recherche d'une valeur. Les œuvres autobiographiques de Stendhal ont donc quelque chance d'être bréviaires de beylisme.

A première vue, par son propos, l'autobiographie stendhalienne ne diffère pas des autres : elle offre à son auteur une chance d'échapper à l'ennui et à l'oubli, et de s'avancer dans la connaissance de soi. Les **Souvenirs d'Égotisme** furent entrepris pour employer des loisirs en terre étrangère. Une fois digérée - selon ses propres termes - la nouvelleté de sa position consulaire, Stendhal ressentit le besoin d'écrire. Il utilisa la matière qui lui était le plus directement accessible, sa propre vie. Encore se contenterait-il d'en raconter la période parisienne de 1821 à 1830. Ce serait plus aisé, pour un fonctionnaire important, fréquemment interrompu, que d'écrire " un livre d'imagination " sur cette histoire d'amour arrivée à Dresde, en 1813, dans une maison voisine. Autre raison plus profonde d'entreprendre des mémoires : aborder la postérité. " Droit que j'ai d'écrire ces mémoires : quel être n'aime pas qu'on se souvienne de lui ? " (1). Il ennuierait ses lecteurs ? Eh bien ! ils le laisseraient tomber ! Pourquoi ne pas faire legs de ces pages à quelque libraire qui, dès que l'auteur aurait dit adieu à la compagnie, verrait s'il valait la peine de publier ? Et s'il le faisait, ces pages pourraient être lues d'un de ces happy few que Stendhal aimait, une Madame Roland, un Monsieur Gros, une Mélanie Guilbert de l'époque 1900... Enfin, à cette rédaction, Stendhal gagnerait de se mieux connaître. En 1835 l'appel autobiographique se fit particulièrement pressant. Stendhal se découvrait au carrefour de la cinquantaine, à San Pietro in Montorio, face à un des plus riches panoramas d'humanité et d'histoire. Du haut du belvédère du Janicule, il voyait s'ordonner tout ensemble les lignes du paysage romain et celle d'une vie parvenue à son arrière-saison. " Je vais avoir cinquante ans, il serait bien temps de me connaître. Qu'ai-je été ? Que suis-je ? en vérité, je serais bien embarrassé de le dire ".

La difficulté était d'autant plus grande que le plus souvent le jugement sur soi variait au gré de l'humeur du jour. " Mes jugements ne sont que des aperçus ". Or Stendhal assignait à toute rédaction de mémoires d'arriver, par la rigueur de l'examen de conscience " à quelque chose de **positif** et qui reste **longtemps vrai** " (2). En ce qui le concernait, il était sûr de sa " parfaite bonne foi ", de son " adoration pour le vrai " (3).

Pourtant, à peine envisagée, l'entreprise se révélait équivoque. D'abord, était-il prudent d'infliger au lecteur " cette effroyable quantité de **Je** et de **Moi** " (4). Certes, il y avait l'exemple de Chateaubriand, " ce roi des égotistes ", et de Rousseau. Stendhal, lui, trouvait cela " puant " (5). Il ne sentait pas le talent nécessaire pour tourner la difficulté. Employer le " il " césarien ? Mais alors, comment " rendre compte des mouvements intérieurs de l'âme ? ". Et il se refusait à relever la fadeur du récit par " aucune sauce de charlatanisme " (6).

L'autre danger, c'était la séduction poétique du moi. Il y a dans **Brulard** d'admirables coulées de lyrisme, ces vingt premières pages, par exemple, tant admirées de Charles Du Bos, les derniers chapitres... Rousseau n'a jamais fait mieux.

Ce serait pourtant trahir Stendhal que de s'abandonner, en lisant ces pages, aux plaisirs faciles de la rêverie. Il se gardait lui-même de s'abandonner, sachant fort bien qu'en lui, le cœur était toujours redoutable pour la tête, l'imagination et l'espagnolisme pour la logique. Pas d'emportement ! Ces femmes mêmes qu'il a aimées, il entend les considérer philosophiquement, et voici qu'il les **ordonne**, au sens mathématique du terme, " selon leurs diverses qualités " (7). Comment arriver au vrai sur un sujet intime, qui exclut toute possibilité de contradiction, sinon en détruisant " militairement " " le charme, le dazzling des événements " (8) ? Tout se passe dès lors comme si les plus belles réussites du **Brulard** échappaient à la plume, - rançon et récompense de l'acte d'écrire. Elles n'interfèrent jamais avec ce propos majeur de vérifier comment vécut l'animal beyliste, quelle fut sa manière de chasser le bonheur. Cette dernière expression rend assez bien compte de l'intention de l'écrivain. La notion de **bonheur** évoque l'intensité de l'émotion, les délices de la sensibilité, etc. La chasse, en revanche, la connaissance des moyens et des fins, les singularités d'un caractère. C'est donc aux frontières de la logique et de l'émotion, de la musique et de la mathématique, que se développera le récit beyliste.

Entreprise de vérité. On en devine les difficultés. Comment demeurer immobile dans ce détachement esthétique convenable quand on est pris entre l'émotion qu'on a vécue ou qu'il faut vivre, et la juste expression qu'on veut en donner ? Le malaise est d'autant plus vif que le beyliste, même muni de toutes les armes de l'idéologue, n'est pas à l'abri des tentations rétrospectives de la sensibilité. Dans les **Souvenirs**, il craignait de " déflorer les moments heureux... en les anatomisant ". Il décida de " sauter le bonheur " (9). Dans le **Brulard,** cette crainte est plus intense encore. Ce voyage aux Echelles qui le transporte en plein ciel :

" Ici déjà les phrases me manquent (...) Où trouver des mots pour peindre le bonheur parfait goûté avec délices et satiété par une âme sensible jusqu'à l'anéantissement et la folie ? " (10).

On ne peindrait un tel bonheur que " par l'énumération des maux et de l'ennui dont il était l'absence complète ". Il est des sujets qui surpassent le disant (11). Des époques, aussi. Plus particulièrement celles où l'intensité de l'émotion offusque la mémoire et la conscience de soi (12). Dans le même ordre d'idées, parce qu'il s'abandonne à la sympathie, Stendhal ne sait pas plaire à ceux-là mêmes qu'il admire, son cousin Rebuffel, le père Ducros, Gros, son maître de géométrie :

" (...) j'étais avec eux comme je fus plus tard avec les êtres que j'ai trop aimés, muet, immobile, stupide, peu aimable et quelquefois offensant à force de dévouement et d'absence du **moi.** Mon amour-propre, mon intérêt, moi avaient disparu en présence de la personne aimée, j'étais transformé en elle " (13).

Ainsi déplaira-t-il à Tracy et à la Pasta (14). L'enthousiasme, chez le mémorialiste, anéantit par avance les moissons du souvenir. D'une manière générale, - peut-être, pensait-il, par un certain manque de caractère -, Stendhal se découvrait comme le jouet de la sensation présente. Des personnes il se rappelait des détails de traits, plus rarement les physionomies (15). Les objets et les événements, il les replaçait malaisément dans la réalité de leur cadre et de leur importance. Dans ces conditions, se raconter, c'est-à-dire se revoir cheminant au milieu des événements et des hommes posait problème. Le beyliste se rend compte rapidement des insuffisances de sa documentation.

Est-il légitime de suppléer aux manques ? Voici en quels termes Stendhal décrit le champ des découvertes de sa vie :

" (...) ce sont de grands morceaux de fresques sur un mur, qui depuis longtemps oubliés apparaissent tout à coup, et à côté de ces morceaux bien conservés sont, comme je l'ai dit plusieurs fois, de grands espaces où l'on ne voit que la brique du mur. L'éparvérage, le crépi sur lequel la fresque était peinte est tombé, et la fresque est à jamais perdue. A côté des morceaux de fresque conservés il n'y a pas de date, il faut que j'aille à la chasse des dates, actuellement en 1835 " (16).

La tentation de restaurer ces fresques est d'autant plus vive que certaines images ont résisté à l'érosion du temps. Si l'on tient compte des croquis, qui constituent non des ornements du texte, mais de véritables éléments de fixation, la **Vie de Henri Brulard** apparaît comme une suite d'images méthodiquement mises au point ou jaillies des heureuses rencontres du souvenir. Or, ces images, Stendhal se contente de les dégager. Il les accepte, mais dans leurs limites. Ainsi à propos de la chambre de son grand-père :

" (...) le lecteur (...) verra sans peine que tous mes **pourquoi,** toutes mes explications peuvent être très fautives. Je n'ai que des images fort nettes, toutes mes explications me viennent en écrivant ceci, quarante-cinq ans après les événements " (17).

L'émotion peut assurer une grande netteté à l'image, telle celle de l'ouvrier à mort blessé d'un coup de baïonnette (18), certains événements du salon Daru (19), l'image du bureau de Daru au moment où le jeune Beyle espérait être nommé adjoint aux commissaires des guerres (20). Mais cette netteté de l'image, loin de stabiliser le souvenir, le révèle inaccessible en sa totalité, - comme un éclair de lumière rend plus sensible l'épaisseur de la nuit. Certaines images, en revanche, apparaissent comme dépareillées. Celles de sa première maladie à Paris, par exemple. Stendhal se voit " prenant médecine seul et délaissé dans une chambre économique (...) louée sur le quinconce des Invalides... ". Il se voit encore " tristement assis à côté d'un petit poêle de fer, (sa) tisane posée par terre ". Puis M. Daru le père intervient. " Tout à coup, je me vois dans une chambre au troisième étage, donnant sur la rue du Bac. (...) Il faut que je fusse bien malade car M. Daru père m'amena le fameux docteur Portal dont la figure m'effraya. (...) Je vois deux ou trois images de la convalescence " (21). Je vois... je me vois... que de fois Stendhal répète-t-il ces expressions ! Mais ces petits pans de murs qu'on retrouve dans les broussailles du passé ne suffisent pas pour reconstituer dans son ensemble l'édifice des sentiments ou de l'événement. Comment reconnaître un souvenir direct ? Ainsi, à propos d'un accident de son enfance : " Je me figure l'événement, mais probablement ce n'est pas un souvenir direct, ce n'est que le souvenir que je me formai de la chose " (22). Certaines images gardent leur secret : à quelle occasion tout ce monde pour un discours de son grand-père ? (23). Telle autre est problématique, apparemment impossible, vraie, pourtant : cette scène au cours de laquelle Séraphie lance des injures atroces contre Henri (24).

C'est bien une expérience de beylisme que propose à Stendhal cet affrontement avec les images de sa propre vie. Il serait si facile de susciter de l'oubli des faisceaux poétiques de présences et de causes. Mais Stendhal se tient en alerte. " Le génie du soupçon est venu au monde " écrivait-il déjà dans les **Souvenirs**. Ce soupçon vise toute tentative romanesque. Stendhal ne craint rien tant, écrivant ses mémoires, que de tomber dans les platitudes du romancier. Comment lui, si timide, put-il s'approcher de M. Gros ? " La fresque est tombée en cet endroit et je ne serais qu'un plat romancier, comme Don Ruggiero Caetani, si j'entreprenais d'y suppléer " (25). Sur son bonheur divin au théâtre d'Ivrée : " je mentirais et je ferais du roman si j'entreprenais de le détailler " (26). Sur la bataille du Tessin : " Je n'en dis pas davantage de peur de faire du roman " (27).

Les faits, seulement les faits, nus, incomplets, qu'importe ! Voilà donc l'objet du beyliste (28). Encore faut-il les saisir vite, comme l'occasion, par les cheveux (29), et, si possible dans leur ordre chronologique, sans jouer complaisamment entre l'époque de leur déroulement et celle de leur exploitation narrative. Très nombreuses les expressions qui traduisent chez Stendhal la crainte d'anticiper, de s'égarer (30). Le beyliste rêve ainsi d'un récit brut, pur de toutes ces considérations qui, sous prétexte d'explications, travestissent la vérité. " Il faut narrer et j'écris des considérations ", se reproche Stendhal (31).

Reste à préciser, dans une telle entreprise, à quelle aulne se mesure la vérité. Stendhal avait déjà donné sa réponse, dès 1804, dans sa correspondance avec Pauline. A titre d'exemple :

" (...) j'ai découvert bien des erreurs dans Helvétius, et cela en lisant dans mes souvenirs. Je me suis dit : " Lorsque telle chose m'arriva hier, quel sentiment éprouvai-je ? " Je tâchais d'y voir plus clair. Cela vaut mieux que tous les livres, parce que c'est sur la nature... " (32).

On discuterait sur cette méthode ! Elle ouvre la porte à bien des illusions. Le beyliste sut la limiter au relativisme de la loyauté. Ainsi, à propos d'événements grenoblois de la Terreur :

" Je supplie le lecteur, si jamais j'en trouve, de se souvenir que je n'ai de prétention à la véracité qu'en ce qui touche **mes sentiments**, quant aux faits, j'ai eu toujours peu de mémoire " (33).

Stendhal peint donc moins les choses en elles-mêmes que l'effet qu'elles ont produit sur lui (34). Il n'y a pas là contradiction avec ce respect du fait analysé plus haut. Stendhal n'essaie jamais de forcer le souvenir. Il fait confiance aux éléments de faits ou aux éléments de sentiments, tels qu'il les retrouve, en lui, dans leur rassurante précarité. On ne reconnaîtra la portée scientifique de cette attitude que si l'on se réfère aux exigences de la formation beyliste. Le sentiment n'est à l'image de la vérité que chez qui apprend à sentir et à penser juste. L'utilitarisme bien compris justifie à la fois la vertu et le respect de la vérité.

Avec quel scrupule Stendhal surveille ses commentaires ! Tout récit de mémoire implique une sensation de double contact, ou, plus exactement, de double vision, celle de l'événement tel qu'en lui-même et sa présentation dans le récit. Stendhal sent coexister en lui les deux personnages de son moi, le récitant et le récité. Il les dresse à ne pas empiéter sur leur domaine propre. Le récitant a l'immense supériorité de l'expérience d'une vie. Il éclaire l'autrefois, mais se refuse à le fausser, fût-ce pour le rendre plus séduisant à la lumière de l'aujourd'hui. Stendhal évoque-t-il ses amis grenoblois, déjà marqués, au temps de son enfance, du signe de leur classe sociale ? Il n'essaie pas de flatter l'enfant qu'il fut. " Je ne vois la vérité nettement sur la plupart de ces choses qu'en les écrivant en 1835, tant elles ont été enveloppées jusqu'ici de l'auréole de la jeunesse, provenant de l'extrême vivacité des sensations " (35). C'est **aujourd'hui seulement** qu'il devine que son grand-père " devait avoir un caractère dans le genre de celui de Fontenelle " (36). Et avec plus de précision encore sur les personnages du salon Daru :

" Est-il besoin d'avertir que j'esquisse le caractère de ces personnages tel que je les ai vus depuis ? Le trait définitif, qui me semble le vrai, m'a fait oublier tous les traits antérieurs (terme de dessin) " (37).

La matière autobiographique ainsi utilisée est singulièrement plus délicate à exploiter que celle du roman. Le roman n'a d'autre nécessité que celle du devenir des personnages et du récit qui les emporte. L'autobiographie beyliste, elle, maintient son héros au carrefour des hommes et des événements qui se manifestèrent à lui, déroutants, indéchiffrables, parfois, - lui refusant cette rédemption triomphale que s'accorde Chateaubriand outre-tombe et cette puissante dynamique de déchaînements passionnels, de projets, de prestigieux désastres, qui constitue un roman. Il ne s'agit pas d'écrire des **considérations**, mais de **narrer**. Ce conseil que Stendhal, nous l'avons vu, se donnait à lui-même est équivoque. La narration qu'il envisage n'est jamais chasse à courre dans les forêts d'une vie, mais prise de conscience.

L'autobiographie stendhalienne devient ainsi une véritable expérience sur soi, à partir des données d'une vie, telles qu'elles apparaissaient et qu'elles doivent apparaître encore dans leur singularité, leur incohérence même. Il n'appartient pas au mémorialiste, mais à la mort, de transformer une vie en destin.

Stendhal, donc, dans le **Brulard,** se ressaisit à vif, des virtualités de l'espérance au désenchantement du réel, enregistrant avec humour ses illusions, ses ignorances, ses erreurs de parcours. Tous échecs normaux, certes, pour qui n'a pas connu la vie de collège et s'est contenté, pour tout entraînement à la vie, de lire les **Mémoires secrets** de Duclos et Saint-Simon. Bandé d'espagnolisme, rêveur aux bois du Tasse et de l'Arioste, tendant toujours trop haut ses filets (38)... De toutes les expériences du beyliste, la plus caractéristique est certainement son premier contact avec Paris et son entrée chez les Daru. Histoire étouffante - étouffante jusqu'à rendre malade, réellement, l'apprenti beyliste ! - d'une déception :

" Ce que je vois aujourd'hui fort nettement, et qu'en 1799, je sentais fort confusément, c'est qu'à mon arrivée à Paris deux grands objets de désirs constants et passionnés tombèrent tout à coup. J'avais adoré Paris et les mathématiques. Paris sans montagnes m'inspira un dégoût si profond qu'il allait presque jusqu'à la nostalgie. Les mathématiques ne furent plus pour moi que comme l'échafaudage du feu de joie de la veille (chose vue à Turin, le lendemain de la Saint-Jean 1802) " (39).

Tout devenait insupportable à Paris, jusqu'à la cuisine ! Et quel ennui mortel que cette vie de salon (40) ! Et Monsieur Daru père qui jouait au despote ennuyé ! Où donc était-elle, " la joie pure de Shakespeare dans ses comédies, l'amabilité qui règne à la cour du duc exilé dans la forêt des Ardennes " ? (41). Le jeune Beyle, révulsé, faisait de longues cures de silence. Dans un ordre d'idées tout différent, autre expérience fort significative de beylisme : la promenade militaire en compagnie du capitaine Burelwiller. Il faut apprendre à s'accommoder au réel. Inlassablement, comme ses héros, Stendhal s'étonne. Quoi ? ce n'est que cela ? (42).

Cet effort d'adaptation suscite très souvent, rétrospectivement, l'ébauche d'une vie virtuelle. " Souvent je me dis, mais sans regret : Que de belles occasions j'ai manquées ! Je serais riche, du moins, j'aurais de l'aisance " (43). Évocation, comme Stendhal le constate, nullement regrettante. Ses goûts sont des plus simples, il n'est jamais revenu sur ce point : un quatrième étage à Paris, écrivant un livre ou un drame (44). Mais le philosophe a plaisir à faire varier les données d'une vie, à mesurer dans les résultats les écarts possibles. De là ces ritournelles sur les leçons qu'il eût été bien aise de recevoir. " Quelle différence si mon grand-père Gagnon avait eu l'idée de me recommander à M. Rebuffel au lieu de M. Daru ! " (45). Ou encore : " Quelle différence si M. Daru ou Madame Cambon m'avaient dit en janvier 1800 : " Mon cher cousin, si vous voulez avoir quelque consistance dans la société, il faut que vingt personnes aient intérêt à dire du bien de vous. Par conséquent, choisissez un salon, ne manquez pas d'y aller tous les mardis " (46). Il est vrai que toute vie aurait pu devenir **autre.** Stendhal aurait pu être capable d'admirer la **Cléopédie** du comte Daru... Alors il aurait eu des succès, il aurait **mieux écrit,** il eût pris place parmi les plats écrivains de son temps (47) ! Un adroit confesseur jésuite aurait pu faire de lui un coquin... (48). Ce spectacle des variations virtuelles de sa vie suffit à ramener Stendhal à l'unité de soi. Et d'ailleurs, on ne change guère dans la manière de chasser le bonheur (49).

Cette double sensation de l'un et du multiple de la personnalité ravissait Valéry. Il rangeait l'auteur de **Brulard** parmi les géomètres de la connaissance de soi et définissait l'ouvrage " seule manière du drame moderne, refuge sans autres spectres et batailles que ceux croyables, c'est-à-dire qu'on a déjà vus " (50). Du

Valéry en bras de chemise... assez proche, pour la présentation, d'une marginale de Stendhal.

Stendhal mathématicien, géomètre ou algébriste de soi ? Cette conclusion ne lui eût pas déplu. Encore convient-il de la nuancer... Certes, Stendhal échappe la plupart des pièges de la rhétorique et de la complaisance de soi. Mais d'autres lui étaient tendus, qu'il échappe aussi, et d'abord la froide atomisation de l'analyse. Rien en lui du lancinant abandon d'un Benjamin Constant aux contradictions du moi. Stendhal résiste au vertige de soi, avec autant de loyauté qu'à la tentation de se reconstruire une triomphale statue d'outre-tombe. Il se proposa de retourner à ses sources. Il eût été vain de prétendre les détourner de la pente et de l'orientation que les hasards de la vie et les nécessités du tempérament leur avaient imposées. Cette loyauté du propos explique le miracle du **Brulard**, - bréviaire de dignité et de vérité, mais aussi de poésie, de l'humble poésie de soi. Démesurément ambitieux sur le plan logique, le beyliste n'ignore pourtant rien des joies secrètes de l'humilité. Il s'accueille dans ses limites et dans ses manques.

Mais du même coup, il s'épargne le jésuitisme des conventions. Il se saisit dans les commencements de sa vie courant à la recherche de sa vérité, la voyant fuir devant lui à tire-d'aile vers des horizons imprévus. Mais c'est précisément cela, la vérité de l'art, ce refus d'altérer la vie. La vie, on ne la juge pas au hasard des conquêtes, à la réussite des manœuvres ou des vilénies, mais à l'idéal qui l'inspira et qui souvent, par scrupule de pureté ou génie de l'étourderie, en troubla le jeu.

Ainsi se justifie la part qu'occupent les œuvres intimes, et singulièrement le **Brulard**, dans la gloire posthume de Stendhal. En la personne d'Henry Brulard, Stendhal est le plus jeune de ses héros. Il se découvrait au fil de la plume, étonné de ses découvertes. '' Il est singulier de combien de choses je me souviens depuis que j'écris ces Confessions '' (51). Et encore : '' Je fais de grandes découvertes sur mon compte en écrivant ces Mémoires '' (52).

Ces découvertes, dates, circonstances, aventures, etc, n'étaient pourtant pas la vraie récompense de l'entreprise. Il y avait mieux : ce privilège de sentir vibrer en soi la tension d'une vie cherchant sa voie. L'accord entre cette tension et le déroulement même du récit était à certains moments heureux si intime que le récit, comme jadis le récitant, ne parvenait plus à maîtriser le déferlement de l'émotion et du bonheur fou, et se transmuait, comme dans les dernières pages du **Brulard**, en une sorte de renoncement musical. Triomphe du beylisme que ce silence.

L'entreprise autobiographique de Stendhal est donc d'ordre réflexif. Stendhal se transforme en sujet d'expérience beyliste. Du haut des années écoulées, il contemple, comme Tristram Shandy, à travers la passe de l'enfance et de l'adolescence, l'homme qu'il devait devenir. Il se voit cheminant vers les grandes heures émotionnelles de sa vie, comme il voyait ses héros, de Haydn à Julien, s'avancer vers leur accomplissement. Attitude poétique (au sens plein du terme) de mémorialiste. Mais chez Stendhal, il y a mieux encore que la poésie de l'ultime regard. Il y a cet humour de soi, cet étonnement d'être soi qui, au milieu des moments de désillusion, lui épargne les commodités de l'amertume.

Cet homme, c'est moi ? Mais oui ! Malgré ces machiavélismes de coulisses, ce vice béat de la lecture, ces analyses, cette connaissance d'un art de vivre qui devait permettre d'utiliser comme pions hommes et femmes, cet homme, c'est bien H.B., Brulard, tant d'autres et toujours le même, Stendhal... Il faut se résigner :

la vie n'est pas un jeu de billard, sauf peut-être pour ces imbéciles rouleurs d'épaules qui alarmèrent Julien. Tout de même, il y a eu plaisir à jouer, même si l'on jouait mal. Le vrai jeu est au-delà des apparences et des déterminismes de l'Histoire. En nous... Par là s'éclairent les structures de l'œuvre stendhalienne : un fond d'Histoire où les événements et les hommes se bousculent, se gaspillent, un héros qui, un moment participe, Julien, Fabrice ou Brulard, puis très vite, assoiffé de retirement, se tourne vers les horizons intérieurs. Mais Stendhal, comme ses héros, est de parfaite bonne foi avec lui-même. Il ne s'enlise pas dans les délices secrètes de l'adoration de soi. L'autobiographie stendhalienne est un acte de jugement.

Henri-François IMBERT
Université de Paris X

Notes

1. **Vie de Henry Brulard,** note de la fin du chapitre 5.

2. Début du chapitre 1 des **Souvenirs d'Égotisme.**

3. **Brulard,** fin chapitre 25.

4. Ibid. p. 8 (éd. Martineau, Garnier).

5. Ibid. p. 224.

6. Ibid., m.p.

7. Ibid., p. 19.

8. Ibid., p. 19.

9. **Souvenirs d'Égotisme,** chapitre I, début.

10. **Brulard,** p. 121.

11. Ibid., p. 122, 317, 414.

12. Ibid., p. 93.

13. Ibid., p. 21.

14. Ibid., p. 278, 321.

15. Ibid., p. 69, 125.

16. Ibid., p. 120. Voir aussi p. 107.

17. Ibid., p. 44.

18. Ibid., p. 53.

19. **Ibid., p. 330-1, deux des pages du Brulard** les riches en beylisme ! L'excès d'émotion laisse quelques images fort nettes '' mis sans explications des comment et des pourquoi ''.

20. Ibid., p. 383. En ce dernier cas, c'est l'anxiété qui fixe l'image.

21. Ibid., p. 331, 341.

22. Ibid., p. 47.

23. Ibid., pp. 49-50.

24. Ibid., p. 108.

25. Ibid., p. 319.

26. Ibid., p. 407.

27. Ibid., p. 408.

28. A remarquer que ce mépris du roman n'atteint nullement la conception stendhalienne du roman. Le respect du fait, du petit fait, est une base de la création romanesque chez Stendhal. Tout se passe comme si Stendhal voulait écrire ses mémoires selon les principes mêmes qu'il utilise pour écrire ses romans. Mémoire ou roman, Stendhal n'est satisfait de lui - en fait, le fut-il jamais ? - que s'il ne trouve rien à redire, après un certain laps de temps, à tel ouvrage qu'il a écrit ou publié. Ainsi au début des **Souvenirs** : '' Que penserai-je de ce que je me sens disposé à écrire en le relisant vers 1835, si je vis ? Sera-ce comme pour mes ouvrages imprimés ? J'ai un profond sentiment de tristesse quand faute d'autre livre je les relis. '' Il est curieux de constater qu'au moment même où il commence ses **Souvenirs,** en évoquant 1835, Stendhal nous renvoie au **Brulard**... comme si ce dernier ouvrage était, par rapport au précédent, une contre-épreuve améliorée.

29. **Brulard,** p. 93.

30. Voir, en particulier, **ibid.,** p. 12, 13, 66, 70, 201, 362, 370.

31. Ibid., p. 21.

32. Lettre du 15 therm. an XII (3 août 1804).

33. **Brulard,** p. 105.

34. Ibid., p. 134.

35. Ibid., p.22.

36. Ibid., p. 61.

37. Ibid., p. 330.

38. Ibid., p. 286.

39. Ibid., p. 331.

40. Ibid., p. 351.

41. Ibid., p. 354.

42. Ibid., p. 399. Mais sur ce thème les exemples abondent. Voir en particulier, p. 205, 206, 352, 356, 382, 402, 403... etc.

43. Ibid., p. 403.

44. Ibid., p. 275.

45. Ibid., p. 364.

46. Ibid., p. 360.

47. Ibid., p. 362.

48. **Ibid.,** p. 316.

49. **Ibid.,** p. 28, 100.

50. Lettre à Gide du 11 mars 1898, **Correspondance Gide-Valéry,** éd. Gallimard, p. 314.

51. **Brulard,** p. 263 (voir aussi p. 264).

52. **Ibid.,** p. 291.

Henry Brulard et l'Égypte
Contribution à la mythocritique

Je sais qu'un tel titre intrigue bon nombre de nos confrères stendhaliens ici présents. Aussi, avant toute chose, je voudrais expliciter un peu mes intentions. Par ce titre, je veux circonscrire un sujet - bien mince en apparence, puisque Henry Brulard et même Stendhal dans toute son œuvre ne fait pas plus d'une dizaine d'allusions à l'Égypte - à savoir l'implication des images et des rêveries de l'Égypte dans l'œuvre de Beyle, spécialement dans le **Brulard,** quant à mes intentions, elles sont exprimées par le sous-titre. J'entends par mythocritique, une méthode capable de concilier l'acquis positif des méthodes souvent si conflictuelles, si polémiques - on vient de le voir encore ici même ! - de la critique littéraire. Or, j'ai toujours pensé que la critique littéraire - qu'elle soit une '' science '', ce dont je doute, ou qu'elle soit un art - se perd hors de son sujet lorsqu'elle s'égare comme à plaisir dans les querelles entre anciens et modernes, entre vieille et nouvelle critiques, entre historicisme, psychanalyse littéraire, psychocritique, sociologie de l'art ou structuralisme. Car enfin, si la critique est une science, elle doit se ranger à la règle scientifique qui est la règle d'économie '' faisant feu de tout bois '', corpusculaire quand il le faut, ondulatoire quand il le faut encore, continuiste ou discontinuiste selon son objet. Certes la Science est '' philosophie du non '' comme l'a magistralement montré mon Maître Bachelard (1), mais ce '' non '' s'applique justement aux changements d'échelles ou de contenu et n'empêche pas l'ensemble **des** vérités (toujours plurielles !) du **corpus** scientifique de constituer un '' pluralisme cohérent ''. Alors de quel droit le critique qui se croit scientifique opposerait-il une mauvaise humeur souvent impérieuse aux '' impostures '' des autres points de vue critiques ? Philosophie du non, certes, mais pas philosophie de l'injure ou du pamphlet. L'on a trop souvent l'impression que la critique est le champ clos des querelles idéologiques masquées sous des arguments scientifiques. De plus, si elle n'est pas '' science '' alors de quel droit un critique peut-il imposer son goût artistique à un autre ? Des goûts et des couleurs on ne discute point, en littérature comme en peinture. Et si - ce que je crois - '' l'essentiel est de plaire '' et pour la critique d'augmenter le plaisir de la '' lecture heureuse '', alors réellement tous les moyens sont bons. Éclectisme, diront certains avec mépris. Mais la Science est-elle autre chose qu'un constant éclectisme ? Est-il donc nécessaire de rappeler ici, en bonne compagnie de stendhaliens, qu'à la '' chasse au bonheur '' tous les limiers sont bons ? Ou alors sommes-nous en un siècle plus sombre que celui que fustigeait le théoricien de l'égotisme ? Les idéologies - qu'un esprit libre de son bonheur comme Stendhal a toujours abhorrées - sont-elles à ce point obnubilantes qu'elles entravent de nos jours la Science et sa liberté d'hypothèses aussi bien que le bonheur et ses libertés de choix ?

Quant à nous - éclectique ou pas - il nous a semblé qu'au cœur de la mêlée des critiques ennemies, il y avait un terrain de réconciliation, d'entente, une " chambre du milieu " de la lecture, en-deça de l'écriture certes, mais liée à ces fameuses structures, au-delà des contingentements extrinsèques de l'histoire, de l'économie et même de la biographie fut-elle psychanalytique, mais où toutes ces contingences s'exprimaient. C'est - peut-être parce que je suis anthropologue et que je sais que la plupart des " littératures " sont sans écriture, la plupart des sociétés sans économie du travail et sans Oedipe - le mythe qui nous est apparu comme ce " carrefour ", métalinguistique comme l'a fort bien vu jadis Claude Lévi-Strauss (2), métahistorique comme l'ont vu tous les anthropologues de Eliade à Corbin, mythe où convergent aussi bien les intimations historiques, sociales et philosophiques que les motivations psychologiques. Comme jadis nous renvoyions (3) dos à dos culturalisme sociologique et psychologisme en trouvant un carrefour d'accord, dans ce que nous appelions " le trajet anthropologique ", aujourd'hui nous pensons que pour tout langage utilisant une conceptualisation et un jeu sémiologique d'images, c'est le mythe qui est ce carrefour sémantique où convergent les différentes approches du texte, c'est-à-dire les différentes lectures. Nous avons déjà apporté (4) deux " contributions " à cette " mythocritique ". Aujourd'hui, nous voudrions en apporter une troisième en partant, non pas de ces grands mythes romantiques qu'ont si bien étudiés Léon Cellier ou Pierre Albouy (5), Mythes qui constituent la Conscience - le projet conscient - du Romantisme et que l'on peut retrouver aussi orchestrés chez notre Stendhal. Nous voudrions au contraire, partir d'une toute petite " phrase mythique " - aussi mince que la fameuse phrase de la Sonate de Vinteuil ! - probablement inconsciemment fredonnée par la musique stendhalienne, mais d'autant plus significative dans sa prégnance sémantique qu'elle a été négligée dans la grande orchestration volontaire de ce grand musicien frustré que fut Stendhal. Tel est le " mythe de l'Égypte ". Nous disons " mythe " et non simple image, simple symbole, car toute allusion à l'Égypte déclenche des harmoniques mythologiques dans l'état d'âme d'Henry Brulard et dans la polyphonie stendhalienne. La minceur du thème textuel de l'Égypte masque chez Stendhal l'ampleur du mythe et la cascade de ses résonnances ou de ses variations. " Carrefour " critique disions-nous : et nous allons montrer comment la lecture de Stendhal, et nommément le texte du **Brulard** condense premièrement le mythe occidental de l'Égypte et sa réactivation historique à la fin du XVIIIe siècle et au début du XIXe, secondement " cristallise " les lectures - teintées de choix biographiques et psychanalytiques - du jeune Beyle et finalement s'insinue dans l'autobiographie du **Brulard** tardif comme une tonalité musicale lointainement donnée par la culture, l'histoire, le style, l'éducation individuelle, les complexes d'Henry Beyle-Stendhal.

Il nous faut d'abord signaler, pour les égyptologues qui se trouvent dans la salle, que l'Égypte dont nous allons parler est mythique. Si l'historien ou l'archéologue se penchait sur elle, il lui trouverait une physionomie plus hellénistique, voire romaine et enfin chrétienne que géographiquement et archéologiquement " égyptienne ". Mais enfin le nom propre " Egypte " s'il signifie bien un contexte historico-géographique, signifie tout autant le contexte de rêveries mythologiques, iconologiques, légendaires que nous allons examiner du haut du " mur sarrasin " du grand-père Gagnon.

Et d'abord il nous faut considérer le mythe culturel de l'Égypte tel que l'Occident chrétien le véhicule à travers les siècles, tel qu'il s'intensifie à tel moment de l'histoire, et tel que le petit Henry Beyle a pu en être saisi dans son éducation chrétienne et dans l'ambiance culturelle de la fin du XVIIIe siècle. Trois strates se conjoignent dans cette ambiance mythologique : la grecque, l'hébraïque et la chrétienne. Pour l'antiquité (6) classique, l'Égypte est la terre des Morts, la terre des initiations - c'est-à-dire des renaissances et des changements fondamentaux - enfin son mythe est incarné par l'histoire (**historein**) de la **Magna Mater Deorum**, Isis - Déméter - Io.

Géographiquement, c'est la terre de toute initiation, de toute sagesse, elle est mystère et mystère de la nature, de l'origine de la vie - fut-elle spirituelle - de la fécondité créatrice. Cet accent mythique se perpétuera durant toute la civilisation romaine, s'intensifiant à partir des campagnes d'Égypte de l'Empereur Adrien, Isis sera confondue avec Cybèle et Osiris avec Sérapis.

Mais c'est, bien entendu, l'incarnation pseudo-historique de l'Égypte dans la mythologie religieuse hébraïque qui va en consolider l'aspect archétypique - c'est-à-dire la richesse ambivalente -. Trois des livres capitaux de la **Bible** (7) sont dans le contexte herméneutique de l'Égypte : toute la tribulation d'Israël se fait **vers** et **à partir** de l'Égypte, d'où l'ambivalence de celle-ci, reprenant inconsciemment l'ambivalence dramatique de la péripétie osirienne marquée par la dialectique Isis/Seth, d'où résultent la tribulation, la mort et la résurrection d'Osiris et la surrection d'Horus. Nous n'avons pas, ici, le loisir - et il serait d'ailleurs hors de propos - de nous appesantir sur le mécanisme de cette ambivalence ; signalons toutefois les deux versants de cette ambivalence : négativement, après l'épisode de la citerne/prison, l'Égypte est le lieu de la déportation de Joseph, de sa passion (dans un sens très ambivalent aussi, la culture chrétienne retiendra une Madame Putiphar négative tandis que la culture islamique fera de l'idylle entre Yousouf et Zuleika le pendant mystique de l'hébraïque **Cantique des Cantiques**) enfin, négativité suprême - incarnée par la méchanceté de Pharaon - l'Égypte se conjugue avec les sept plaies. Mais positivement, la terre d'Egypte est le refuge pour les hébreux chassés par la famine, le lieu où Joseph devient ministre et Moïse fils adoptif de reine. Lieu où s'institue la liturgie de la première Pâque, berceau du premier et du plus grand législateur.

Certes le christianisme héritera des légendes et de l'iconographie de Joseph, de Moïse, de Pharaon (8). Mais il va lui ajouter encore tout le florilège des '' Fuites '' en et des '' Retours '' d'Égypte reposant cependant sur une bien mince assise scripturaire (9). Florilège qui n'est qu'une suite de variations sur les thèmes isiens et osiriens : '' miracle du champ de blé '' qui n'est pas sans évoquer les '' Jardins d'Osiris '', '' cortège des animaux sauvages '', cortège type de la **Magna Mater**, '' miracle du palmier '', qui lui aussi est un doublet des représentations de fécondité d'Isis-Cybèle ; enfin laissant de côté les '' apprentissages de Jésus '' - aux allusions initiatiques et compagnaniques - les jeux, le thème du bateau qui concrétise la '' frontière '' d'Égypte par le fleuve, nous retiendrons surtout le très curieux '' Hommage à l'Égypte '' où cette dernière est personnifiée, comme l'Isis hellénistique ou la Cybèle romaine ou la Bérécenthienne '' couronnée de Tours '' dans un paysage nocturne.

Quant aux '' activations '' historiques de cet ensemble mythique, outre l'activation impériale à Rome déjà signalée, outre l'activation due aux croisades où les légendes des ermites égyptiens, des saintes '' égyptiennes '', Marie, Salomé ou même la grande Marie Magdeleine s'épanouissent, c'est à l'époque de la Contre

Réforme que les thèmes de l'Égypte réapparaissent avec vigueur, puis justement dans la seconde moitié du XVIIIe siècle où l'égyptomanie maçonnique tend la main à la '' Campagne d'Égypte '' de Bonaparte. Jurgis Baltrusaïtis (10) a fort bien constitué ce dossier de '' l'Égyptomanie '', aussi n'insisterons-nous pas. Or, c'est à travers ces deux '' activations '', celle du XVIe siècle et celle du XVIIIe siècle que le jeune Beyle va '' s'initier '' au schème et au symbole de l'Égypte. Certes la **Jérusalem Délivrée** (1580) (11) ne met pas en scène une Égypte archéologique ou géographique, mais son prolongement du contexte des Croisades, tout son '' décor mythique '' s'il coïncide admirablement aux accents du décor mythique stendhalien ne s'harmonise pas moins aux mythèmes et aux symbolismes '' mystiques '' par excellence de l'Égypte (12). Le chef-d'œuvre du Tasse se situe au carrefour spirituel - et imaginaire - qui relie les grands cycles médiévaux, tel le **Roman de Saladin**, à l'ésotérisme de l'**Oedipus Aegyptiacus (1652)** ou du **Prodromus Coptus sine aegyptiacus** (1636) du P. Athanase Kircher.

Enfin, autres '' sources '' stendhaliennes certaines et directement plongées dans la résurgence égyptomaniaque du XVIIIe siècle : le '' roman '' de l'abbé Terrasson (13) **Séthos** et **le Voyage en Nubie** de Bruce, la bouffée égyptomaniaque la plus intense, illustrée par la majeure partie du '' style empire '', s'intensifie dès la fin du XVIIIe siècle avec Court de Gebelin. Ch. Dupuis, N. de Bonneville, G. le Gentil de la Glaizière, F.S. Schmidt, comme avec la maçonnerie '' égyptienne '' de Cagliostro, de C.A. Thory ou de A. Lenoir ou la **Flûte enchantée** de Mozart. L'Égypte imaginaire du XVIIIe siècle est un croisement de la Perse de Montesquieu et des Hurons ou des Bons Sauvages, voire de Zadig. Bien entendu, toute cette mythologie sera confirmée par les travaux de J. Bruce que lira le jeune Beyle, de Champollion ou de D.V. Denon (14) et par les fantaisies d'archéologie par-isienne de J.N. Déal, J.A. Dulaure, G. Lafaye. Courant puissant qui se résorbera à peine dans la seconde moitié du siècle avec le fameux **Roman de la Momie** (1856) et **Aida** de Verdi et de l'égyptologue français Auguste Édouard Mariette (1871). Nous ne pouvons ici, nous pencher comme le ferait un J.P. Vernant, sur les motivations socio-historiques de telles résurgences. Remarquons simplement que l'appel à l'Égypte semble faire entendre sa voix dès qu'une société - religieuse (au XVIe siècle) ou profane (au XVIIIe siècle) - a un besoin urgent de remythification. Et le romantisme se situe dès la fin du siècle des Lumières et surtout après la table rase révolutionnaire - rappelant la table rase de la Réforme - comme un besoin vital et revitalisant de Mythologisation (15).

Il est donc naturel que Stendhal, plus qu'aucun autre, n'échappe pas aux intimations de son époque : soldat de Bonaparte, fidèle demi-solde, '' adorateur '' de Mozart, franc maçon, diplomate cultivé plongé dans les '' antiquités '' romaines, Beyle ne peut être sourd à '' l'appel de l'Égypte ''.

Et cet appel non seulement est entendu très tôt, mais est retenu très tard dans la sélection autobiographique qu'est le **Brulard**. Certes, entre 1790 et 1835 il y a eu la campagne d'Égypte dont Beyle a bien connu le principal historiographe le baron Denon conservateur des Musées impériaux. Mais l'apparition de l'Égypte dans le **Brulard** chez cet orphelin de mère, ferait la joie d'un psychanalyste. Dans l'univers manichéen qui déchire l'orphelin, face au clan des marâtres, du père détesté, du monstre Séraphie (16), en un mot des Beyle, c'est dans le clan maternel, chez les Gagnon que vont se nouer les fils du '' Complexe de l'Égypte '' chez le petit Henry.

Clan maternel et féminin, où se dessinent les deux polarités de la femme aimée : la noblesse de la grand-tante Elisabeth et la sensualité de la '' tatan '' Camille Poncet, écho des désirs œdipiens de l'enfant pour sa mère Henriette.

C'est au chapitre 8 (6 du manuscrit) du **Brulard** (17) que l'Égypte apparaît d'abord indirectement certes, mais déjà engagée dans une constellation d'images d'où elle ne se départira guère au cours de l'ouvrage autobiographique : le grand-père initiateur/la terrasse sarrasine/la nuit étoilée : '' Mon grand-père savait l'astronomie... nous passions les soirées d'été sur la magnifique terrasse de son appartement, là il me montrait la grande et la petite Ourse, et me parlait poétiquement des bergers de la Chaldée et d'Abraham ''. Cette pastorale nocturne et orientale est immédiatement suivie de l'allusion à la lecture d'un ouvrage qui '' avait des gravures, de là son influence immense sur mon éducation '', et qui n'est rien d'autre que le **Voyage en Nubie et en Abyssinie** de James Bruce '' descendant des rois d'Écosse ''. Cette constellation de citations où la Nuit étoilée, le Grand-Père et l'Égypte se couronnent de la royauté '' écossaise '' chère à toute la tradition maçonnique, ne peut pas ne pas nous frapper par sa cohérence symbolique. Nous allons voir cette cohérence se préciser dans le fameux chapitre 16, auparavant signalons encore que cette lecture de Bruce donna à Beyle l'idée '' de **génie** '' qui n'est rien d'autre que le grand projet exodique qui animera toute entreprise stendhalienne '' Les **mathématiques** (dont le '' vif goût '' lui est donné par le livre de Bruce) peuvent **me faire sortir de Grenoble** ''. N'oublions pas que ce chapitre 8 commençait par une évocation des mystérieuses origines italiennes des Gagnon. '' Il y a donc un pays où les orangers viennent en pleine terre ? ''.

Prenons la genèse du complexe de l'Égypte dans le chapitre 16 (12 du manuscrit) du **Brulard** (18). C'est par le thème de la fameuse '' terrasse '' - et d'une terrasse nocturne et florale à la fois d'où se retirait Chérubin Beyle '' peu sensible à la beauté des étoiles '', et où '' ne venait jamais Séraphie '', mais par contre à laquelle le grand-père Gagnon '' fit beaucoup de dépenses '', l'aménageant en véritables jardins suspendus - qu'est introduite l'Égypte. Il nous est dit d'abord que la terrasse '' est formée par l'épaisseur d'un mur nommé Sarrasin '' - première indication d'un exotisme oriental ! - et qu'elle contemple le couchant (autre indication mythanalytique de la terre des morts) aussi bien que '' la tour du Rabot ''. C'est dans ce cadre '' sarrasin '', nocturne et évoquant les jardins de Sémiramis, ou plutôt dans la bibliothèque attenante que le grand-père Gagnon - sorte de Sarastro grenoblois - va initier le petit Henry. Après une allusion incidente à Memnon, brutalement l'Égypte est nommée : '' Mon Grand-Père me parlait avec le même intérêt de l'Égypte, il me fit voir la momie achetée, par son influence, pour la Bibliothèque publique '' (19). Jusqu'où alla cette '' rêverie '' sur l'Égypte que consolident les lectures parallèles de Bruce et de Terrasson ? La mode était à l'égyptomanie et - comme nous le suggère un poète ! (20) - le grand-père Gagnon, à la manière des archéologies fantaisistes de Déal et de Dulaure, suggéra-t-il à son petit-fils que l'Isère qui coule à GRENOBLE est bien phonétiquement proche d'Isis ? Lui apprit-il que l'église de Seyssinet-Pariset - où une vierge noire est vénérée - est construite sur un ancien temple d'Isis ? Le Château d'Ize, près de Seyssins, ne pouvait-il faire rêver l'égyptomane en herbe ? Enfin le Dauphiné ne recèle-t-il pas les reliques du plus prestigieux ermite de la Haute-Égypte, celles de Saint Antoine ? Nous ne nous prononcerons pas - et pour cause ! - sur ces '' influences '' possibles. Mais les assonances entre Isis, Isère et Ize existaient en cette fin du XVIIIe siècle, tout comme l'Église de Seyssinet ou l'Abbaye de

Saint Antoine étaient des lieux de pélerinage célèbres ! Initiation à l'Égypte en présence de " l'excellent Père Ducros (le premier homme supérieur auquel j'ai parlé en ma vie) ". Suit immédiatement la lecture du fameux **Séthos** que son grand-père " lui fait lire ", " lourd roman de l'abbé Terrasson, alors divin pour moi ". Or, il était question de ce **Séthos** trois pages plus haut (21) et une psychanalyse de langage pourrait bien remarquer - sans trop friser le délire d'interprétation - que la " Terrasse Sarrasine " est évoquée entre les deux allusions à l'œuvre de Terrasson...

Mais cette initiation par l'Égypte et par la lecture est immédiatement redoublée d'une initiation plus secrète - en cachette presque du grand-père qui tourne le dos " en D " au jeune Henry " en B " et " en L " sur le croquis du cabinet d'été - à Pline où Beyle " cherchait surtout l'histoire naturelle de la **femme** " - avec une notation olfactive " d'ambre et de musc ", " odeur excellente " - et surtout c'est la découverte des " plats romans de 1780 ", " c'était l'essence de la volupté ", et parmi eux de **Félicia ou mes fredaines** qui plonge l'enfant dans " un torrent de volupté ". Et cette initiation à la volupté se poursuit, lesdits romans ayant été abandonnés là par l'oncle Gagnon des Échelles, le jeune Henry remonte au libraire qui les a vendus et se procure **La Vie et les Aventures de Mme de...** enfin il dérobe à son père **La Nouvelle Héloïse**. L'on pourrait résumer le courant psycholinguistique d'où naît la première constellation du Mythe de l'Égypte chez le jeune Beyle en disant que cette constellation gravite autour de Terrasson/Terrasse nocturne et végétale / Sarrasin / **Séthos** et l'Égypte / les mystères de la femme et les lectures défendues **Félicia** et **La Nouvelle Héloïse**.

A cette constellation vécue en quelque sorte, va s'ajouter la constellation plus littéraire du **Roland furieux** et de la **Jérusalem Délivrée**. Certes il s'agit explicitement de Jérusalem et des Sarrasins et non du Caire ou d'Alexandrie, mais le psychanalyste Charles Baudouin (22) ne s'est pas trompé à ce prête-nom lorsqu'il remarque que les Jardins d'Armide - comme ceux d'Alcine - sont symbolisés par l'Égypte, " terre défendue ", terre de captivité par opposition à la terre promise. Ajoutons : défense violée et captivité inversée puisque c'est bien, semble-t-il, dans la **Jérusalem** que Stendhal a pu accorder pour la première fois son " mythe personnel " au thème de la " prison heureuse ". Ce thème et ce modèle du chef-d'œuvre du Tasse est d'ailleurs si prégnant, que lorsque nous consacrions, il y a plus de 15 ans une étude à Stendhal, nous ne pouvions faire autrement que d'en intituler la seconde partie, soit une bonne moitié : " Les Jardins d'Armide " (23). Au dernier chant du chef-d'œuvre du Tasse, Renaud **revient** à Armide, revient à ces jardins ambigus où d'une part s'est conservée dans les délices " la paix des premiers jours du monde ", paysage de bonheur où des " ruisseaux roulent sur un sable d'argent leur mobile cristal " (24) où l'œil peut admirer " des fleurs, des arbustes, des gazons, des côteaux que le soleil dore de sa lumière, des vallons que couvre un ombrage délicieux, des grottes et des forêts d'éternelle verdure... ". Prototype de ces **luoghi ameni**, que Stendhal place en épigraphe à **la Chartreuse**, mais dont les racines plongent dans l'Arioste et le Tasse à travers leur incarnation dans le paysage des Échelles, de la Savoie " étrangère " aux grenoblois et au clan Beyle. Que l'on relise le chapitre 13 du **Brulard** (25) " Premier voyage aux Échelles ". Il est celui du premier " Bonheur complet ", la préface savoisienne à l'Italie, à Milan, il est tissé des accordailles des images rêvées dans la **Jérusalem** ou dans le **Roland** avec le " torrent montagnard ", le Guiers, le jardin et la " maison délicieuse " des Poncet, la grotte des Échelles et ces bois de Berland, où le jeune Henry " plaçait les scènes de l'Arioste '' '' et tous les enchantements de la Jérusalem ''. Les Échelles, pour le jeune Henry, c'est une répétition générale existentielle du séjour à Milan, où pour la première fois '' **le sujet surpasse trop le disant** ''. C'est en quelque sorte le premier exode vécu, hors du Grenoble abhorré - et peut-être de la France si plate, si grossière - que laissait pressentir la lecture du **Voyage en Nubie**, mais c'est aussi le rendez-vous du destin avec le mythe éveillé par Arioste et le Tasse. Et bien entendu, comme dans les lectures '' égyptiennes '' du cabinet Gagnon, se joignent les mystères voluptueux de la femme, le miracle des Échelles est sous les auspices de la tatan Camille '' grande et belle personne '' dont Henry avait '' aperçu sa peau blanche à deux doigts au-dessus du genoux '' (26) et ajoute-t-il '' elle était pour moi - il a huit ans - un objet du plus ardent désir '', écho incestueux de la '' fureur '' amoureuse que Beyle (27) ressentait deux ans plus tôt pour sa mère. Mme Camille Poncet-Gagnon est absolument en parallèle avec cette **Félicia** que son paillard de mari Romain Gagnon avait malgré lui léguée à la curiosité du jeune Beyle. Les mystères de la femme, dans le sillage du gaillard oncle Romain, se dévoilent aux Échelles : Camille, sa sœur Marie Poncet, La Fanchon, Mlle Cochet. Un psychanalyste noterait que 45 ans après Stendhal ne se souvient que des **garden** party avec ces dames, d'une expédition à la grotte, d'une partie de chasse dans la forêt, de pêche dans le Guiers : la constellation '' mystique '' des images est parfaite (28).

Autrement dit la rencontre du mythe d'Armide - Isis et du séjour aux Échelles accentue l'attrait pour une féminité voluptueuse et positive et l'accord avec la nature, et une nature - nous n'insisterons pas ici sur ce point, l'ayant traité ailleurs - agoraphobique, déployant toute la gamme des symboles de l'intimité.

Mais si l'ambivalence n'apparaît pas dans l'épisode vécu des Échelles où toute la culpabilité de l'inceste semblait refoulée par le '' bonheur complet '', un psychanalyste pourrait remarquer qu'elle est patente dans la **Jérusalem**, confirmant ainsi le caractère '' égyptien '' de cette dernière. Car les Jardins d'Armide sont aussi une ténébreuse prison où Tancrède se trouve subitement jeté (29). Renaud se retrouve lui aussi dans ces hostiles jardins, '' tortueux labyrinthe aux perfides détours '' qui donne accès à un énorme édifice - **déjà** ! - circulaire, dernier et redoutable rempart aux délices du jardin. Et c'est dans ce labyrinthe, cette citadelle-prison que Renaud **reviendra** à Armide... L'on ne peut pas ne pas être saisi par la similitude de ce canevas du retour à la prison et de l'ambivalence de ce jardin-prison chez le Tasse comme chez Stendhal. Comme il est surprenant que la **Jérusalem**, le **Rouge** et surtout la **Chartreuse** et le **Brulard** - qui n'est qu'un long retour '' transfigurateur '' (30) aux prisons dauphinoises et au jardin savoyard -, répètent les incertitudes ambivalentes de l'Égypte mythique : prison, lieu de déportation, lieu de faste aussi, de recollection du peuple d'Israël... par le même mouvement ne voit-on pas que l'iconographie et le mythe chrétien - par delà l'exode mosaïque - **reviennent** à l'Égypte ? La Fuite en Égypte est une transmutation d'un exil en exil bénéfique, c'est-à-dire en exode... (31) c'est un exode '' à rebours ''. Or, le mythème de la transmutation du voyage est le mythème central des mythes de l'Égypte (où la mort devient seconde naissance, où les péripéties de l'exil constituent l'être même de l'exode etc...) comme de toute la problématique de la **Jérusalem** ou des romans stendhaliens.

Cette '' prison heureuse '', que l'énorme édifice circulaire figure déjà dans la **Jérusalem**, qu'un tableau de Poussin (32) - copiant déjà directement le Château Saint-Ange - situe à la fois dans un paysage que ne renierait ni le Tasse ni le jeune

Brulard aux Échelles : frondaisons, grotte, baigneuses dans l'étang, pêcheur à la ligne... et à la fois au cœur d'un mythe grec où la problématique de la **nekuia** est nettement et dramatiquement formulée, cette prison heureuse va curieusement se construire dans l'horizon stendhalien à coup d'allusions faites à l'Égypte.

Certes le projet de la Tour existe dès 1810 dans le **Journal** (33) - Stendhal va même jusqu'à en établir le devis exact, avec un escalier de 120 marches - tour refuge qu'il fera construire idéalement par la Duchesse de Miossens dans **Lamiel,** (34) l'ultime roman de 1840. C'est dire que la "terrasse" du grand-père Gagnon flanquée de son cabinet de lecture, prend figure d'archétype. La lecture de Montaigne - qu'il admirait - dans la " solitude " et même " au cinquième étage de la rue d'Angivilliers avec une belle vue sur la colonnade du Louvre " (35), ne fait semble-t-il que préciser ce complexe de la tour-librairie chez Beyle. Et l'accord de ce paysage claustrophilique est total avec ce que Georges Blin (36) a appelé la " sécession " stendhalienne. Est-ce un pur hasard si précisément dans le chapitre XIII du **Brulard** que nous avons évoqué, Stendhal se souvient que le jeune Henry a entrevu, dans ce paradis des Échelles, " Mlle Thérésine Maistre, sœur de M. le Comte de Maistre surnommé Bance " et il ajoute explicitement en se remémorant cet auteur savoisien qui est un des plus claustrophiliques qui soit " auteur du **Voyage autour de ma chambre** dont j'ai vu la **momie** (c'est nous qui soulignons !) à Rome vers 1832... " ? (37). Très tôt aussi cette " sécession " qui fera que les héros stendhaliens " ne se trouvent jamais aussi heureux qu'en prison " apparaît dans le **Brulard** où le jeune Henry avoue " j'aimerai mieux je crois passer quinze jours de chaque mois en prison que de vivre avec les habitants des boutiques " (38). Nous n'insisterons pas ici, l'ayant fait ailleurs sur l'image obsédante - et ambivalente - de la " prison heureuse " chez Stendhal (39).

Précisons simplement comment cette grande image se raccorde si étonnamment avec .le mythe de l'Égypte. Nous avons déjà noté la résurgence dans l'iconographie chrétienne de l'Hommage à l'Égypte, de la figure hellénistique d'Isis couronnée de tours. Une suite de " surdéterminations " historiques et existentielles de l'image de la prison par les accents mythiques de l'Égypte nous éberluerait fort si le surréalisme n'avait pas abondamment noté - René Char et " la Madeleine qui veillait " - de telles incidences ou la méta-histoire renforce la parapsychologie (40).

C'est bien entendu la rencontre avec l'inoubliable masse ronde du Château Saint-Ange - incarnation de pierre des remparts circulaires de la **Gerusalemme** - qui va fixer chez Stendhal la rêverie persistante de la tour de solitude, de la prison heureuse. Mais ce qu'il y a de remarquable dans les **Promenades dans Rome** (41) c'est que l'attrait général de Rome vient de l'incessant rappel - par la muraille du Forum de Nerva en particulier - du " mur sarrasin " (qui est authentiquement un mur d'enceinte romaine) de l'enfance. Le Saint-Ange apparaît d'abord sous son aspect négatif : la prison pontificale où est enfermé par Sixte Quint ce fils du Cardinal Farnèse, Alexandre qui deviendra le modèle de Fabrice. De sombres descriptions de la Prison Mamertine et des **Scalae Gemoniae** (42) viennent encore alourdir l'angoisse ressentie devant l'énorme tour des bords du Tibre. Mais bien vite la description change de sens : l'accent est mis sur le refuge, le havre de sécurité. Intervient alors la double " rencontre " avec l'Égypte. Ce Château est réellement - historiquement - un tombeau (celui de l'empereur Adrien), un palais (celui de Paul III), une prison pontificale, et jadis fut couronné par " un temple magnifique ". C'est donc Adrien qui en a donné l'assise, Adrien qui " avait longtemps habité l'Égypte, et trop pour sa gloire " (43). Stendhal imagine même que ce tombeau - dont le style nous apparaît plus proche de l'Étrusque que du Nubien ! - a été inspiré par l'Égypte à l'Empereur romain : " le souvenir de ce qu'il (Adrien) avait vu en Égypte eut sans doute beaucoup de part dans cette résolution ". Stendhal semble rêver à la momie d'Adrien en cette Rome où il rencontre la momie de Xavier de Maistre ! Mais il y a une troisième allusion à l'Égypte, à propos du Château Saint-Ange, et qui nous paraît ressortir quant à elle directement de la " rencontre " surréaliste : c'est la présence dans les géoles pontificales d'un " archevêque égyptien " prisonnier qui interdit à jamais à Stendhal de visiter certaines parties du fameux château (44). L'Égypte est donc présente - en chair et en os si je puis dire ! - à cette occultation, comme elle était jadis présente, par l'œuvre débonnaire de Terrasson, aux secrets de la femme et aux lectures clandestines... Nous ne nous appesantirons pas ici, sur l'envahissante descendance de ce Château St-Ange si ambivalent, qui de **Vanina** à la tour de **Lamiel,** en passant par les prisons du **Rouge,** de la **Chartreuse,** des couvents-forteresses de l'**Abesse de Castro,** de **Suora Scolastica,** de **Trop de faveur Tue,** obsède toute l'œuvre stendhalienne (45). Notons simplement une fois de plus que cette égyptienne tour-prison, comme le jardin-forteresse d'Armide est le lieu où l'on retourne, le lieu de la **Rücksicht** chère aux psychanalystes, et que ces derniers se réjouiraient davantage encore s'ils notaient le caractère explicitement incestueux de la fameuse tour " Farnèse ", " tour bâtie sur le modèle du Mausolée d'Adrien à Rome ", construite en l'honneur du fils aîné de Ranuce-Ernest II, " lequel était devenu l'amant aimé de sa belle-mère " (46), inceste qui douze chapitres plus loin nous est complaisamment rappelé : prison " élevée sur la plate-forme de la grosse tour, en l'honneur d'un prince héréditaire qui, fort différent de l'Hippolyte fils de Thésée, n'avait point repoussé les politesses d'une jeune belle-mère... " (47). Rappelons seulement que le drame mythologique d'Isis et d'Osiris est un inceste qui fondera le rituel des épousailles pharaoniques, et rappelons surtout - en laissant le champ libre aux psychanalystes ! - l'amour incestueux de l'enfant Henry Brulard à jamais frustré par la mort d'Henriette Gagnon-Beyle. Ce thème stendhalien annexé par la lourde silhouette du Château Saint-Ange aura bien des échos claustrophiliques, retenons le dernier : une récente édition de poche des **Caves du Vatican** - caricature de la fameuse prison pontificale qui plane sur tant de **Chroniques italiennes** - porte sur sa jaquette dessinée par Tibor Czernics l'image écrasante du tombeau d'Adrien.

Nous voyons donc dans l'œuvre de Stendhal, et plus spécialement dans la re-création autobiographique du **Brulard** une permanence discrète du " Mythe de l'Égypte " où nous pouvons facilement repérer les symboles qui, de l'antiquité classique à l'égyptomanie romantique animent cette mythologie : lieu des " retours " maternels au clan Gagnon, comme aux prisons heureuses, transmutation des départs et des exils loin de Grenoble et même loin de la France en découverte exodique de la " terre promise ", délices des Échelles et de la tour Farnèse où résonnent les échos du jardin forteresse d'Armide où revient Arnaud, fixation " incestueuse " à la grande Mère des Dieux et des hommes, **rediviva** sous les traits fugaces d'Henriette, de Camille Poncet, de Gina peut-être, de Madame de Rénal, de cette mystérieuse belle-mère du fils aîné du Prince de Parme... Enfin tombe et retraite concrétisée par ce mausolée d'Adrien, lieu clos toujours rêvé par Beyle comme le havre total où le repos, la mort, le bonheur fou, la femme aimée se conjoignent, point de fuite de toute une vie où la mère trop tôt absente s'est perpétuée dans tant d'amours incertaines et tant de **fiasco.**

Certes, nous pourrions continuer et nous demander qu'elles sont les motivations psychanalytiques, psychologiques, politiques, historiques qui sollicitent le mythe de l'Égypte chez Henry Beyle. Mais ce serait là retomber dans des querelles fallacieuses qui, à notre sens, ne sont pas du ressort de la critique. Cette dernière selon nous n'étant que le limier ou la lice de la " chasse au bonheur " littéraire. Que nous importe ce qui détermina l'écriture de Beyle, alors que seule nous intéresse vraiment la lecture de Stendhal, et plus intimement encore notre lecture d'**Henry Brulard** ? Certes la **Vie d'Henry Brulard** non seulement est un prodigieux répertoire d'exemples pour le psychologue, et nous avons été souvent frappés par le génie psychanalytique - avant la lettre ! - de l'écrivain ; certes la politique et l'histoire sont " naturellement " présentes chez cet ancien officier de l'épopée impériale, devenu consul sous la Restauration. Mais Stendhal, plus que tout autre, n'a jamais voulu se poser en exemple ou en cas psychologique, n'a jamais voulu - et le temps défait de l'histoire confirme cette sagesse ! - prôner et prêcher son idéologie. Simplement il a eu la haute conscience d'écrire une œuvre littéraire pour les lointains **happy fews** de 1935 ! Cette volonté de distanciation créatrice devrait nous mettre à l'abri des fastidieuses et mesquines querelles de nos idéologies de consommateurs littéraires dans lesquelles - comme pour le reste, hélas - le conditionnement et l'emballage surpassent le plaisir et de façon anti-stendhalienne, le disant surpasse trop le sujet de notre contentement !

La mythocritique que nous avons utilisée, ne veut que se placer au centre de l'acte humain de la lecture. Elle répudie les lourdes et totalitaires chaînes causales, elle se tient autant que faire se peut au raz du texte, mais d'un texte qui n'est pas réduit - comme un pédantisme ignare le fait trop souvent - au jeu prétentieux des cuistreries syntaxiques. Un texte qui par définition véhicule des " sens " c'est-à-dire une culture humaine, une culture articulée sur le destin d'une nature bien spécifique. Peut-être s'agit-il moins - comme nous le pensions jadis avec Malraux (48) - de se demander " par quoi Homère s'unit à Mallarmé dans notre admiration " que de découvrir ce qui unit par l'acte de lire mon ou notre admiration à Homère, Mallarmé, Arioste, le Tasse, Dante ou Stendhal. Et il nous est apparu que l'être de la conscience des hommes ne résidait qu'en ces Mythèmes qui se cohèrent dans la lecture heureuse sous les pressions entrecroisées de l'histoire, des mouvements sociaux, des caractères et des biographies.

La leçon du **Brulard** n'est-elle pas de nous montrer justement comment un écrivain de génie sait relire son passé, sait quarante ans après élever les incidents mesquins de la biographie et de l'histoire à la dignité autobiographique du mythe ?

Gilbert DURAND
Centre universitaire de Savoie

Notes

1. Cf. G. Bachelard, **La Philosophie du non**, P.U.F., 1940, " Le Pluralisme cohérent de la chimie moderne ".
2. Cf. Cl. Lévi-Strauss, **L'anthropologie structurale**, Plon, 1958.

3. Cf. G. Durand, **Structures anthropologiques de l'imaginaire**, p. 37.

4. Cf. nº 2 et 4 de la revue **Romantisme**.

5. Cf. L. Cellier, **L'Epopée humanitaire et les grands mythes romantiques**, 1971, S.E.D.E.S., P. Albouy ; **La création mythologique chez V. Hugo**, Corti, 1968.

6. Cf. Plutarque, **De Iside et Osiride**, Apulée, **Métamorphoses XI**, Diodore de Sicile, **Bibl. Histor.**, Hérodote, **Hist. Lib. II.**

7. Cf. **Gen.** spec. XXXVII, a L, **L'Exode** en totalité, et **Nombres** spec. XV à XXXIV.

8. Cf. L. Reau, **Iconographie de l'art chrétien**, P.U.F.

9. Cf. **Matth.** II. 13-15 se référant à **Osée** XI, '' j'ai rappelé mon fils hors d'Égypte '' ;
Cf. K. Vogler, **Die Iconographie der Flucht nach Aegypten**, 1930.

10. Cf. J. Baltrusaitis, **Essai sur la légende d'un mythe. La quête d'Isis**, introduction à l'Égyptomanie, Perrin, 1967.

11. Cf. V. Del Litto, **La Vie intellectuelle de Stendhal, genèse et évolution de ses idées, 1802-1821**, P.U.F., 1959.

12. Cf. G. Durand, **Le Décor Mythique de la Chartreuse de Parme.** Corti. 2e édit. 1971, et G. Durand, **Les Structures anthropologiques de l'Imaginaire.**

13. J. Terrasson, **Sethos, Histoire et vie tirées des monuments et anecdotes de l'ancienne Égypte, traduits d'un manuscrit grec**, Paris, 1731.

14. Cf. D.V. Denon, **Voyage dans la Basse et la Haute Égypte pendant les Campagnes du Général Bonaparte**, 1802. On sait par le **Journal** que Stendhal entretenait des relations amicales avec Denon ; cf. **Journal, oc.** pp. 1016, 1018, 1042, 1409-1411, et **Essai d'autobiographie**, p. 1525. C'est le baron Denon qui aurait accompagné Beyle aux funérailles d'Haydn en 1809. D'autre part, il est fort probable que l'officier Henry Beyle, du 6e Dragon ait rencontré d'autres anciens de la Campagne d'Égypte lors de la Campagne d'Italie.

15. Cf. L. Cellier, P. Albouy, ouvrage cité.

16. Cf. G. Durand, **La décormythique...** ouvrage cité ch. II , '' L'affrontement héroïque ''. Certes Séraphie est une Gagnon mais passée à l'ennemi.

17. Cf. **Brulard**, ouvrage cité, p. 109.

18. Cf. éd. Bibliothèque de la Pléiade, **Oeuvres intimes de Stendhal**, p. 189 et suiv.

19. Ouvrage cité, p. 184.

20. Nous remercions vivement Mme M.H. Foix pour ces poétiques suggestions !

21. P. 181, '' les beaux endroits de Télémaque et de Séthos ''.

22. Cf. Ch. Baudouin, **Le Triomphe du héros**, Plon, Paris, 1952, p. 124, note 2.

23. Cf. G. Durand, **Le Décor mythique de la Chartreuse de Parme**, ouvrage cité, p. 131 à 228.

24. Cf. **Jérusalem**, chants XV et XVI.

25. **Brulard,** ouvrage cité p. 148, " ici les phrases me manquent, il faudra que je travaille et transcrive ces morceaux comme il m'arrivera plus tard pour mon séjour à Milan ".

26. Cf. **Brulard,** p. 150, et p. 428.

27. Cf. **Brulard,** ch. 3, p. 60, " Je voulais couvrir ma mère de baisers et qu'il n'y eut pas de vêtements ".

28. Cf. G. Durand, **Le Décor Mythique,** ouvrage cité p. 177 et suiv.

29. Cf. **Jérusalem,** ch. VII.

30. Gérald Rannaud remarquait avec perspicacité que la première page du **Brulard** fait une explicite allusion à la **Transfiguration** de Raphaël à jamais disparue de San Pietro in Montorio où Stendhal commence à reconstruire ses souvenirs. Il est encore plus frappant de voir que Stendhal compare directement les 250 ans d'occultation, en quelque sorte, de la **Transfiguration** à sa propre destinée de quinquagénaire.

31. L'on sait que cette image de l'Égypte accueillante, de la maison de l'Ismaelite, se trouvera dans le bel oratorio d'Hector Berlioz, cet autre dauphinois.

32. Cf. N. Poussin, **Orphée et Eurydice,** Musée du Louvre.

33. **Journal,** ouvrage cité, p. 100.

34. Cf. **Lamiel,** édit. Pléiade, pp. 329-331.

35. Cf. **Brulard,** ouvrage cité p. 41, note, p. 44, p. 287, et **Journal,** p. 551, 599 ; **Essai d'autobiographie,** p. 1531.

36. Cf. G. Blin, **Stendhal et les problèmes de la personnalité.** Corti, 1958, pp. 371-390.

37. **Brulard,** ouvrage cité p. 153. Cf. notre article " Le voyage et la chambre ", in **Romantisme,** no 2, 1972.

38. Cf. **Brulard,** p. 258.

39. Cf. G. Durand, **Le Décor Mythique de la Chartreuse de Parme,** ouvrage cité p. 159-174.

40. Cf. A. Breton, **Nadja.**

41. Cf. **Promenades,** éd. J.J. Pauvert, Sceaux, 1955, pp. 286, 212, 294-296, 298.

42. Cf. **Promenades,** p. 601, cf. **Jeunesse d'Alexandre Farnèse,** (1832).

43. Cf. **Promenades,** ouvrage cité p. 294.

44. Il est à noter qu'un autre prisonnier présent au Château lors de la visite de Beyle n'est autre que le " fameux Barbone ". **Promenades** ouvrage cité p. 296.

45. Cf. G. Durand, **Le Décor Mythique de la Chartreuse de Parme,** ouvrage cité, pp. 166-174.

46. Cf. **Chartreuse,** ouvrage cité, p. 131.

47. Cf. **Chartreuse,** ch. XVIII, p. 308.

48. Cf. A. Malraux, note marginale 23, in G. Picon, **Malraux par lui-même,** Seuil, 1958.

Débat

Henri-François IMBERT

Je remercie M. Chantreau de son exposé qui s'harmonise parfaitement avec le splendide décor où nous nous trouvons aujourd'hui. C'est un exposé qui m'a profondément rassuré. Je craignais qu'un homme comme Stendhal courût le risque d'être perdu. Nous apprenons aujourd'hui qu'il est sauvé et sauvé peut-être de beaucoup plus de manières qu'il ne l'imaginait lui-même.

René BOURGEOIS

Bien sûr, dans **Henry Brulard,** il y a des expressions qui montrent que Stendhal était sensible à certains aspects de la religion, mais, et là je parle en comparatiste, c'est quelque chose de très fréquent dans la littérature du début du XIXe siècle ; c'est plutôt l'aspect esthétique de la religion qui l'intéresse, surtout quand il se retourne sur son passé que sur son aspect moral. L'homme qui aurait dit d'après Mérimée : '' l'excuse de Dieu, c'est qu'il n'existe pas '', je ne vois pas comment il peut se tourner sur son passé avec une certaine nostalgie de la religion.

Alain CHANTREAU

L'opinion que Mérimée nous a laissée de Stendhal dans ce domaine est peut-être sujette à caution. Je me demande d'ailleurs s'il n'y a pas ici des thèmes peut-être de l'autobiographie : le thème de l'innocence perdue.

Henri-François IMBERT

Je pense qu'il y a là une question d'importance qu'il faudra bien un jour traiter dans un congrès : l'attitude de Stendhal devant les problèmes religieux.

Pierre BARBÉRIS

J'avoue que je suis très gêné de vous entendre parler ici de salut. Le mot et le concept me paraissent déplacés, non seulement à propos de Stendhal, mais dans le cadre d'une réflexion méthodologique sur la littérature. Le salut, en effet, qu'est-ce que cela veut dire ? que les problèmes sont résolus, que l'histoire est finie, que le drame est fini. Je n'ai jamais entendu parler de salut lorsque le drame commence. Quand on dit que quelqu'un est sauvé, cela veut dire qu'il est sorti d'affaire, que les contradictions n'existent pas, n'existent plus. Et puis, il y a une autre chose qui me gêne beaucoup dans ce que vous dites, c'est qu'on a l'impression que la littérature, que la pratique de la littérature pourrait être un moyen de salut, autrement dit qu'en changeant les mots, on pourrait changer le monde. Cela aussi paraît être une proposition aventurée. Je me demande cependant si, votre concept, on ne pourrait pas lui faire opérer un déplacement intéressant : lorsque Stendhal se met à écrire son autobiographie (et là on pourrait reprendre les discussions d'hier sur Chateaubriand), est-ce que l'acte d'écrire l'autobiographie, l'acte d'entreprendre une autobiographie ne serait pas un moyen qu'il découvre, qu'il forge (les deux à la fois) pour essayer de résoudre les contradictions qui ne sont pas solubles **momentanément** par d'autres moyens ? Et plutôt que de parler de salut de la littérature et par la littérature, on pourrait penser que la littérature est, à un certain moment et dans certaines situations concrètes, un moyen spécifique pour résoudre les contradictions à un niveau particulier qui est celui de l'expression, qui est celui de l'écriture. A ce moment-là, il me semble que l'on est sur un terrain plus solide que sur le terrain du salut. Parce qu'à partir du moment où on dit que la littérature, que l'écriture est un moyen spécifique de résoudre certaines contradictions, on ne met pas fin aux contradictions, on en relance de nouvelles. Car, une fois écrite, l'autobiographie pose à son tour des problèmes, elle engrène sur d'autres problèmes et chaque contradiction résolue accouche de contradictions nouvelles. C'est bien connu. Ou du moins ça devrait l'être. Il me semble que ça devrait être un peu plus dans cette perspective que l'on devrait raisonner. Chaque fois que l'on parle de salut par la littérature, je vois toujours se profiler des choses extrêmement inquiétantes. Par exemple, en donnant un sens plus pur aux mots de la tribu, on va changer le monde dans lequel on est. Mais je regrette : la vie, ça ne se change pas par les mots. Et c'est cela qui m'inquiète beaucoup dans ces propositions qui ont l'air innocentes et qui véhiculent en vérité beaucoup de choses. Je ne porte pas de condamnation ; j'essaie de me situer par rapport à une proposition, par rapport à un type d'échanges qui vient d'avoir lieu, parce qu'enfin la révolution par la littérature, ça commence par bien faire, et même, si vous le permettez, le salut par la littérature.

Alain CHANTREAU

Je répondrai sur un point à M. Barbéris : vous dites qu'il n'y a pas de salut parce que les problèmes, parce que le drame n'est pas résolu. Je pense que le drame n'est pas résolu, mais Stendhal a trouvé sa place dans le drame, son véritable rôle de protagoniste, le combat continue, il sait de quel camp il est, mais le drame n'est pas terminé.

Pierre BARBÉRIS

Dans ce cas le mot salut est ambigu.

Alain CHANTREAU

C'est une notion analogique très ambiguë, bien sûr.

Pierre BARBÉRIS

Pour moi, le salut signifie la fin de l'histoire. Or ce n'est pas ce que vous voulez dire.

Alain CHANTREAU

Non, non absolument pas.

Pierre BARBÉRIS

Si le salut n'est pas la fin de l'histoire, alors nous sommes d'accord.

Henri-François IMBERT

Je ne crois pas que M. Chantreau avait une conception apocalyptique du salut. On n'est pas sauvé dans la mesure où l'on a résolu tous les problèmes d'une vie. A ce moment-là, ce ne serait plus intéressant de vivre. Le salut, c'est de trouver en soi assez de dynamique pour affronter la vie, - pour la transformer en œuvre. Stendhal s'est sauvé par l'autobiographie en refaisant loyalement ce long cheminement d'une vie vers l'acceptation de soi, vers l'ordre créateur de soi.

Gérald RANNAUD

Je voudrais faire une remarque de méthode parce que je crois qu'on aborde les questions générales. Simplement, je voudrais faire une petite remarque en descendant du plan de l'histoire au plan de la psychologie : je ne connais pas d'homme littéraire qui épargne un suicide lorsque le suicide était inévitable, elle peut le modifier ; je ne suis pas d'accord sur le plan psychologique par le salut qu'au sens guérison de la littérature. Je crois que le fait d'écrire est la recherche d'une solution, le besoin d'une mise à jour. Mais vous parliez tout à l'heure justement de cet itinéraire de l'homme et de la femme à la constitution du couple, et justement il n'y a pas de couple dans l'acte littéraire ; il y a quelque chose qui est absolument fondamental, je cherche depuis deux minutes quel est l'écrivain qui l'a dit, l'acte littéraire est un acte de régression du monde. A partir du moment où l'on a écrit, c'est qu'on refuse de vivre, c'est que l'on cherche dans les mots ce que l'on ne fait plus dans sa vie, on décrit une situation amoureuse parce que l'on n'aime plus, parce que l'on n'est plus amoureux. Il y a quelque chose, il y a dans l'acte même d'écriture un retrait par rapport à l'acte, par rapport au fait de vivre qui est quelque chose qui est absolument contradictoire avec l'acte de guérison ; la littérature n'est pas la vie.

Henri-François IMBERT

Il y a quelque chose que vous oubliez : c'est l'examen de conscience et je crois que Stendhal fait son examen de conscience. Je ne sais pas s'il va vouloir vraiment se sauver, mais il a besoin de prendre à un moment donné respiration et de se voir vivre. Cela ne veut pas dire qu'il renonce à vivre et notre vie est justement faite à la fois d'actes, mais de moments où nous préparons l'acte, où nous reconnaissons que l'acte nous appartient. Ce n'est pas un refus de l'avenir.

Gérald RANNAUD

Philippe Lejeune évoquait ce problème hier disant que Stendhal écrit parce qu'il est en exil et que l'exil est pour lui la forme de la vieillesse. La vieillesse est le temps de l'écriture, elle n'est plus le temps de la vie, elle n'est plus le temps où on agit, mais où l'on est dans un temps mort qui ne peut plus être rempli que par l'écriture. L'examen de conscience qui nous situe dans une zone moraliste, à mon avis doit être situé de façon différente. L'examen de conscience ne demande pas l'investigation du " que suis-je ? ", il demande l'investigation du " que fais-je ? ". C'est-à-dire qu'il se réfère à un code extérieur qui est le code de la morale, par rapport auquel on essaie de savoir si on est conforme ou non conforme. C'est ça l'examen de conscience ; tel que ceux qui l'ont inventé le préconisent. L'examen de conscience, c'est le regard de Dieu. Je veux bien que l'on parle de Saint Augustin, alors là je vous renvoie à l'article d'Eugène Vance sur le sens des **Confessions** de Saint Augustin. Il y a démission absolue du langage humain lorsque l'on en appelle à la parole de Dieu qui dit tout. Effectivement chez Saint Augustin, - quelqu'un faisait allusion à la parole de Saint Augustin -, la parole humaine est frauduleuse. Elle est frauduleuse absolument ; il faut la traverser. Mais l'examen de conscience c'est quelque chose d'autre, à mon sens.

Henri-François IMBERT

Ah bon ! Alors je vais repartir inquiet ! Entre l'écrivain qui s'interroge sur soi et le capitaine d'industrie qui construit une fortune énorme, finalement, selon vous, c'est l'industriel qui a **fait** quelque chose. L'examen de conscience du beyliste, pour moi, parce qu'il embrasse toutes les données d'un caractère et d'une vie, c'est aussi une forme de l'action.

Pierre BARBÉRIS

Il y aurait une série de questions à poser à Michel Crouzet sur l'interprétation qu'il a faite du texte d'**Henry Brulard**, sur l'interprétation des croquis. Je préfère poser des problèmes plus généraux en me référant à ce qu'il a dit en commençant.

Il me semble ne pas trahir sa parole et sa pensée. Il a, semble-t-il, signalé que la position positiviste était dépassée ; puis, il a réfuté la position structuraliste. Le positivisme traditionnel postulait la possibilité pour le sujet de se dire, et, au contraire, la position structuraliste exclurait le sujet. Dans un cas il y a un auteur tout-puissant et qui se manifeste dans un langage transparent. Dans un autre cas le Moi est absence et il n'y a plus d'auteur. Alors ce que j'attendais après cette introduction, c'est que M. Crouzet nous définisse non pas une voie moyenne (ça n'aurait pas été son objet), mais une troisième voie en avant, une troisième position, entre la position positiviste et la position structuraliste. Peut-être peut-il répondre : quelle est cette troisième position qu'il essaie de définir ?

Michel CROUZET

Personnellement, je n'ai pas opposé la méthode positiviste à la méthode structurale. Je me garde bien de faire cette double fenêtre. Je pense malheureusement qu'elles sont assez voisines ; c'est à cause de cela que je ne me trouve à l'aise dans aucune des deux. Elles sont assez voisines parce qu'en réalité elles ont l'une et l'autre un scientisme de la littérature qui me semble déplacé. Je respecte, je dois dire, beaucoup plus la méthode dite traditionnelle et positiviste parce que ses résultats sont sûrs alors que les résultats de la méthode structurale, à mon avis, sont inexistants ; c'est là la vraie différence ; mais, puisqu'il est question de méthode, je dirais très honnêtement que je m'interdis de poser des problèmes de méthodes préalablement à des études ; mon projet était de montrer que l'étude un peu précise de la manière dont **Henry Brulard** a pu être écrit ne répond à aucun des schémas qu'on nous propose, et ce n'est pas une voie moyenne, c'est une voie concrète, si j'ose dire empirique. Pour un autre texte je ferais une démonstration d'un autre sens et dans une autre direction. Pour moi, la théorie de la littérature n'existe pas par rapport à la littérature.

Pierre BARBÉRIS

Deuxième remarque à faire et qui s'inscrit à la suite de la première : je comprends très bien que M. Crouzet ne se sente à l'aise ni dans le positivisme ni dans le structuralisme. Il vient quand même de dire lui-même qu'il se sentait plus à l'aise dans le positivisme. J'ai eu l'impression qu'en écoutant la suite de son exposé qu'effectivement c'était là sa position et qu'il venait un petit peu avec un langage moderne à une position assez comparable à la position traditionnelle, à savoir le Moi est relativement transparent, le Moi peut se dire, le Moi comme référent est intéressant, etc.

Michel CROUZET

Excusez, Barbéris, je vous arrête, car je crois que vous n'avez pas compris ce que j'ai dit. Excusez-moi, je n'ai pas été clair parce que trop rapide, mais il y a quelque chose qui vous a échappé parce que je n'ai rien dit de tout ça.

Pierre BARBÉRIS

Je vais essayer de préciser. Il me semble que je serai d'accord avec Crouzet en ce sens que le positivisme comme le structuralisme ignorent l'un comme l'autre l'articulation entre le Moi et l'histoire, l'articulation entre le synchronique et le diachronique. Or, ce qui m'a semblé manquer dans l'exposé qui a été fait par la suite, c'est que, par exemple, M. Crouzet n'a pas posé le problème : pourquoi l'autobiographie **comme genre** émerge-t-elle **à un certain moment** de l'histoire ? Car, enfin, il y a eu des littératures sans autobiographie, et on peut très bien s'imaginer des littératures où il n'y aurait plus d'autobiographie. Donc pourquoi l'apparition ou la crise de l'autobiographie à certains moments dans l'histoire ?

Michel CROUZET

Je vais vous répondre tout de suite, car effectivement je n'ai pas pu dire tout ce que j'avais à dire sur ce problème.

A mon avis, le problème que vous posez ne se pose pas : l'autobiographie effectivement existe dans une certaine civilisation ; elle n'existe pas ailleurs et je suis très étonné qu'à une époque où tout le monde jargonne, psychanalyse et ethnologie, on ne se réfère jamais à l'article définitif de Marcel Mauss sur la notion de personne qui fait très bien apparaître des problèmes très brûlants, à savoir qu'il n'y a qu'une civilisation à avoir découvert la personne, que d'autres avaient tenté cette découverte et ont renoncé, ce qui montre que la notion de personne est extrêmement fragile et toujours menacée, mais que l'engendrement de la notion de personne se fait à partir du droit romain, du stoïcisme et du christianisme et qu'il n'y a rien à ajouter au personnalisme qui est représenté par les écritures saintes. Vous avez un texte inoubliable cité par Mauss, le texte où Saint Paul dit : **tous** vous êtes **un**, vous êtes εἷς devant le Christ. La notion de personne est là, et ne date pas comme on tend à le dire de 1750, ni de 1745, ni de 1752.

D'autre part, l'autobiographie ne peut être comprise, à mon avis, que si elle est justement, - ce que n'a pas fait le travail de Philippe Lejeune - rapportée à la biographie et aux mémoires. Le problème n'est pas de classifier par des corpus étrangement clos un genre ; le problème, c'est de comprendre les médiations des genres et de comprendre l'évolution interne. Le problème est de comprendre pourquoi du siècle le plus riche en Mémoires, le XVIIe siècle, - je m'excuse devant M. Collinet de tomber dans son domaine -, au siècle de l'autobiographie il y a un passage continuel ; il n'y a pas de corpus, il y a effectivement un développement d'un type de méditation sur soi. Pour moi aussi le problème est de savoir pourquoi il y a des médiations entre l'autobiographie stricte et le roman autobiographique ; ce n'est pas en éliminant le problème qu'on le résout, ni en refusant de classer **Les Confessions d'un enfant du siècle** dans l'autobiographie parce qu'elles ne sont pas présentées d'un pacte dûment spécifié, selon lequel Musset va parler lui-même, d'ailleurs est-ce qu'il parle de lui-même ? Le problème là n'est même plus posé, semble-t-il ; il n'est même plus posable.

Qu'est-ce qui sépare les mémoires de l'autobiographie ? Je dirais simplement : ce n'est pas que le Moi soit né avec l'autobiographie ; je dirais plus exactement : c'est qu'il a commencé à être en crise avec elle. La véritable époque d'apogée et d'équilibre de l'autobiographie, c'est les mémoires. A mes yeux, les Mémoires de Retz sont un magnifique texte d'autobiographie, et, semble-t-il, je le préfèrerai volontiers même aux **Confessions** de Rousseau. Alors le problème, si vous voulez, c'est de saisir cet aspect fondamental des choses dans toute sa durée historique, c'est-à-dire pratiquement millénaire, et plus exactement pour nous, qui sommes des modernistes, de le prendre dès l'acte de naissance des réflexions du Moi, au XVIIe siècle, M. Collinet connaît comme moi l'admirable étude de notre ami Fumaroli dans le numéro spécial de la **Revue d'études du XVIIe siècle** sur la notion de mémoire comme genre carrefour au XVIIe siècle où Marc Fumaroli analyse l'évolution des mémoires avec la coupure fondamentale qu'est la réédition des **Confessions** de Saint Augustin et tout le trouble que l'exemple d'Augustin finit par provoquer à l'époque classique. C'est ce genre de préoccupation qui me semble essentielle pour saisir quelque chose de réel et non pas des classifications arbitraires.

Pierre BARBÉRIS

Une question : vous dites qu'il y a crise du Moi, pourquoi y a-t-il crise du Moi ? Est-ce qu'il y a continuité, est-ce nature du Moi ou est-ce fracture dans l'histoire ?

Michel CROUZET

Vous m'entraînez vers des problèmes d'ordre métaphysique ou politique que je suis tout prêt à aborder si le président m'en donne l'autorisation et je serais très heureux de vous expliquer mon sentiment de la crise du Moi qui ne sera certainement pas le vôtre.

Gérald RANNAUD

J'ai écouté avec beaucoup d'attention les exposés et les remarques méthodologiques du début et qui me laissaient supposer aussi l'esquisse d'une méthodologie nouvelle.

Michel CROUZET

Je vous déçois tout de suite : ça ne m'intéresse pas.

Gérald RANNAUD

Ça ne vous intéresse pas, mais pourquoi le faites-vous ? Vous nous annoncez la critique de deux méthodologies que vous associez d'ailleurs comme une seule méthodologie ; moi, je le veux bien. Mais quand vous dites, quand je relève des mots comme : " le Moi supporte le livre ", c'est quand même très clair. Le sujet présent à soi et au langage. Quand vous venez de parler de " la voix pure du sujet " ; quand vous venez de parler du " triomphe de la sincérité en littérature ", quand vous dites que " ma parole me contient, c'est la même chose que : je contiens ma parole " ; quand vous dites que " le structuralisme met en cause ces trois pôles : les valeurs, la sincérité, la personne et la littérature ", et quand vous finissez par nous dire qu'il y a identité entre sincérité et écriture automatique, je crois que vous sortez complètement de la méthodologie pour retomber dans ce que j'appellerai la tautologie, car en arriver à cette aberration qui consiste à parler de " sincérité " dans une écriture qui est la négation même de la personne, à savoir l'écriture automatique du surréalisme, je crois que c'est vouloir obtenir quelque chose qui n'est pas à sa place. Je suis désolé de vous attaquer très violemment, mais vous m'avez posé des problèmes et je voudrais vous les retourner. Lorsque ensuite vous entamez vous-même l'étude d'H. Brulard, et qu'à partir donc de ces remarques vous dites qu'H. Brulard, c'est le " triomphe de la sincérité ". Ce triomphe de la sincérité, il apparaît finalement que vous n'y décelez qu'un certain nombre de choses qui sont, je dirais, des banalités tout à fait superficielles. Quand vous dites que " ce livre déconstruit son récit " et que " l'auteur déconstruit son livre ", je suis désolé que vous puissiez présupposer que le livre existe d'avance et qu'on peut le déconstruire. Quand vous dites, par exemple, que ce livre vise la résurrection du passé, je crois qu'il faut faire allusion quand même à une certaine attitude très précise de Stendhal, à une certaine qualité du langage de Stendhal par rapport à quoi une certaine identité du réel et des mots me paraît un petit peu dangereuse.

Michel CROUZET

Je vous arrête, car c'est le problème que votre ami Barbéris a cru comprendre de mon exposé ; ce que vous me faites dire ; c'est la manière dont j'ai interprété les partisans de l'autobiographie, je n'ai pas pris cela à mon compte ; évidemment, ça n'est pas très sensible et moins sensible dans un exposé que dans un écrit, mais je peux vous garantir, vous pouvez quand même me faire confiance, c'est très exactement ma pensée ; je regrette qu'elle n'ait pas été saisie. A mes yeux, je vous l'ai dit au début, évidemment c'est une idée que j'aurais plus explicitée, qui n'est pas claire, qui n'est pas simple : la sincérité et l'abnégation de la sincérité appartiennent au même problème et, pour ma part, je le dis en toute honnêteté, je n'entre pas dans le dilemme : paroles sincères ou paroles complètement retournées sur elles-mêmes et ne disant qu'elles-mêmes. A mes yeux, il y a continuité d'une position à l'autre ; c'est ce que j'ai dit au début : il y a une continuité d'une croyance assez impossible, impossible même à un Moi se parlant, comme à un Moi disparaissant dans sa parole, ceci fait partie à mes yeux de deux choses impensables que je ne comprends pas au plus profond de moi-même, et je suis frappé du fait que vous-même ne sortiez pas de ce dilemme. Moi, ma méthode, si j'en ai une, ma méthode est de me demander, - ce n'est pas une méthode d'ailleurs, c'est un problème -, de me demander pourquoi on aboutit à des problèmes insolubles et d'essayer de les repenser de manière à y voir clair. Le Moi du sincériste, l'homme de la bonne foi, engendre inévitablement l'homme de la mauvaise foi ; les mêmes écrivains ont fait ce parcours devant nos yeux, ceux du XIXe siècle sont sans doute à l'origine, ceux que nous avons maintenant et ceux qui se disent écrivains sont sans doute au terme d'un même problème. Ce qui m'intéresse, c'est de les examiner complémentairement sans avoir à choisir entre deux attitudes que je n'admets pas et que je ne comprends pas. Est-ce que je suis clair ?

Gérald RANNAUD

Vous êtes si clair que je ne comprends pas pourquoi vous posez ce problème de la sincérité qui est complètement hors de question à propos de l'autobiographie.

Michel CROUZET

Vous avez fait un exposé ce matin ; moi, j'en ai fait un maintenant ; il ne vous plait pas, on est quitte. Je ne vais pas reprendre tout ce que j'ai dit pour le réexpliquer. Je n'ai pas été clair, je le reconnais, je m'en excuse, mais je ne peux pas répondre à votre question.

Gérald RANNAUD

Je voudrais vous demander pourquoi vous faites du problème de la sincérité le problème central de l'autobiographie.

Michel CROUZET

Je l'ai dit au début, je ne vais pas le reprendre, sinon ça n'est plus une question, c'est une contradiction. Excusez-moi : le Colloque n'est pas un meeting.

Gilbert DURAND

J'ai vu aujourd'hui démolir successivement quelques idoles. Au début, la question du Salut a été posée de façon très sombre et dramatique ; puis, une fois déboulonnée avec quelque mauvaise humeur la statue de la Révolution, le Moi a été attaqué par mes deux collègues Rannaud et Bourgeois ; enfin on est parti à l'assaut de la dernière idole (Rannaud la respecte encore un peu...), l'Écriture. Autrement dit, ce matin, j'ai assisté à la mise en pièce de trois grandes idoles de la culture du XXe siècle. La première est liée à la théologie. Mais on peut se poser dès le départ la question : le Salut de quoi ? du moi ? de l'autre ? de la société ? La seconde idole, c'est le fameux **moi** romantique plus ou moins haïssable, que les problèmes posés par l'autobiographie ont sapé. Et même quand on respecte **l'écriture,** dernière idole de notre avant-garde culturelle, un anthropologue comme moi ne peut s'empêcher de la trouver bien dévalorisée comme les deux autres ; car j'ai trop l'occasion de fréquenter des hommes et des cultures qui n'ont pas d'écriture, qui n'ont pas non plus de '' Moi '', et par conséquent pour lesquels le salut du **moi** ne se pose pas. Ainsi, dans certaines langues comme le coréen, il n'y a pas de pronom personnel de la première personne. Cela crée des problèmes littéraires relatifs au **moi** qui sont inimaginables pour nous, qui peuvent conduire à courir dans les bras du bouddhisme le plus mystique, le plus profond, le plus anti-moi !

J'ai été très sensible à la saine position anti-psychanalytique de Rannaud et de Bourgeois. Entendons-nous : à leur opposition à cette psychanalyse vulgaire et si répandue qui consiste à croire qu'il y a une objectivité de l'enfance et du premier '' trauma '', qui réapparaîtrait un jour pour une raison ou une autre. D'abord, les bons psychanalystes sont rares ! Et pour eux, c'est le second traumatisme qui compte, le traumatisme présent qui conduit l'homme à une névrose et dans un proche avenir à leur cabinet. Le premier trauma, il est mémorisé dans le langage, comme le montre Rannaud, c'est-à-dire, qu'il est imaginé, presque créé au moment du véritable déclenchement de la névrose. J'ai eu à m'occuper d'enfants qui avaient eu des traumatismes effrayants : les petits juifs revenus des camps de concentration. Devenus adultes, ils ne présentent pas une proportion exceptionnelle de névroses ; les plus atteints sont souvent ceux qui ont eu une enfance dorée ; à l'âge adulte, ils imaginent pour expliquer leur névrose un premier traumatisme, du type autobiographique, tels que ceux que nous signalait Bourgeois.

Autrement dit, ce qui a été malmené ce matin, et j'en suis fort aise, c'est la notion d'objectivisation ; sinon celle d'objet, du moins celle d'objectivité. Il n'y a pas d'enfance objective dans une autobiographie, bien sûr, et chez Stendhal, le manque d'objectivité est exemplaire. Je pense d'ailleurs que si j'ai, moi, non littéraire, rencontré Stendhal, c'est pour des raisons profondes du genre de celles qui ont été mises en évidence aujourd'hui. En tout cas, je me réjouis, en tant qu'anthropologue, avocat de la différence, de l'altérité, quand j'entends malmener par des littéraires des gens qui savent écrire, qui ont un " moi ", et le Moi, et l'Écriture. Cela brise cette sorte de colonialisme qui caractérisait ce que nous faisions jusqu'alors. Or, ce matin, il y avait une subversion un peu " bouddhisante " dans la description du Moi. Car la nouveauté importante, c'est la notion d'ouverture. Rannaud n'a pas prononcé ce mot, je crois, mais il était sous-jacent lorsqu'il parlait d'ambiguïté et d'inachèvement. Cela, en effet, casse l'écriture et ses codes, cela casse l'objet écrit. Et c'est là que je voudrais rappeler l'idole dont je n'ai pas encore parlé, la Révolution. La Révolution en 1974 n'est pas ce qu'a connu Stendhal en 1789. Il faut mettre le mot entre de nombreux guillemets ! C'est pourquoi je préférerais employer le mot de subversion ; or, c'est là qu'apparaît aussi le mot de " lecture ". Tout commence par la lecture, surtout chez les gens qui n'ont pas d'écriture, réelle ou sous-jacente, et même chez l'écrivain. Stendhal est de ce point de vue un exemple extraordinaire de " lecture " constante, de remise en question constante. Rannaud nous disait très justement que ce qui a une certaine beauté chez ce grand conservateur de Chateaubriand, c'est que le Moi et ses désirs étaient en quelque sorte bien rangés dans un grand coffre rhétorique. Un peu comme chez Bossuet, on ne range, dans le grand coffre rhétorique des Oraisons funèbres, que des morts...

Pour en revenir au Moi, et à la psychanalyse, bien sûr comme l'a remarqué Bourgeois, le dernier traumatisme est celui qui compte le plus. Or si Otto Rank, par exemple, a bien montré le traumatisme de la naissance, on peut dire qu'il n'est rien par rapport au traumatisme final que nous subissons tous ; et l'épitaphe que Rannaud signalait arrive au bon moment ; le début du traumatisme, c'est la mort. C'est même le traumatisme définitif, suprême, il faut y insister. C'est pourquoi les traumatismes seconds comptent toujours plus que les premiers, en psychanalyse intelligente. Or, il y a un mot qui m'est venu à l'esprit en écoutant Rannaud, qui me paraît sous-jacent : c'est celui d'individuation, dans un sens très proche de celui que lui donne l'Extrême-Orient. L'individuation échappe au salut du " Moi " ; le mot " salut " a choqué au départ. " Individuation " convient bien à cette coïncidence, à cette ambiguïté fondamentale qui se trouve précisément dans l'autobiographie. Cette dernière en somme n'est concevable, dans une perspective psychanalytique, que sur le plan de l'individuation, pas du tout sur un plan de récurrence, ou de régression à une explication ; et surtout à une explication faite par des psychanalystes classiques de tel ou tel auteur, même la belle psychanalyse de Hugo par Baudouin. On en revient toujours au complexe de Caïn ; il **justifie** peut-être certains comportements ou certaines œuvres, mais il n'**explique** rien. Je crois qu'il faudrait bien séparer les procédures d'explication et les procédures de justification. Le mot d'**individuation** aurait sa place alors dans vos explications, chers collègues, et cela, sans tirer une fois de plus l'autobiographie et l'analyse littéraire dans les sentiers de la psychothérapie, où elle n'a que faire. On n'a pas à guérir Stendhal ou Hugo de leurs complexes ; ils sont morts, d'ailleurs ; ils sont définitivement guéris ! Ce que nous avons à faire, je crois, très simplement, ce qui nous réunit, c'est d'augmenter le plaisir de notre lecture. Je me trompe peut-être : les littéraires ont peut-être plus d'ambition ! Mais, j'ai moi-même un peu enseigné le latin et le grec ; or, qu'est-ce qu'enseigner une " littérature " quelconque (et là aussi, il faudrait beaucoup de guillemets, " littérature " est un mot dangereux que je récuse tout de suite) ? C'est enseigner un plaisir de la lecture de plus en plus ample, dans lequel se construit l'individuation du lecteur. Or, même les littératures les plus anonymes peuvent, à mon avis, être révolutionnaires et transformer le monde. Il s'agit de savoir comment on les lit. Il y a des gens qui ne lisent rien. Je pense à Louis XVI, le 14 juillet 1789, écrivant dans son journal : " rien ". Il n'a pas su " lire " ce qui se passait. Peu importe qu'en définitive le mot " rien " n'ait peut-être eu de rapport qu'avec ses résultats de la chasse de la journée. S'il n'a " lu " que cela, il n'a rien lu du tout. Il faut mettre l'accent sur la **lecture** dans les études littéraires : ce sont les lendemains qui chantent des querelles sur l'écriture. L'anthropologie nous le dit bien : la plupart des gens n'écrivent pas, mais ils lisent, des choses qui sont métalinguistiques. Toute la civilisation de l'Afrique Noire repose sur une lecture attentive des signes, des lieux, des situations, des symboles. Cette lecture avait échappé aux observations jusqu'au XXe siècle. On disait : les nègres sont gais, gentils, forts comme des Turcs, mais ils n'ont pas de culture. Or, on s'est aperçu depuis qu'ils en avaient une, et c'était une symbolique minutieuse, mais qui ne reposait pas sur une écriture, même pas sur un langage de type linguistique ; elle se fondait au contraire sur la manipulation d'une symbolique, non élaborée - ce qui a fait illusion : il n'y avait pas de cathédrale, de monuments ; il y avait des positions de pierres, de bâtons, de cauris, qui formaient ce métalangage. C'est en ce sens que je parle de l'homme, de l'espèce humaine, comme lisant avant tout les symboles. Je crois que c'est ce que vous avez un peu tenté de faire en dépoussiérant Stendhal - on a toujours tendance à empoussiérer les auteurs !

Je vous remercie donc de vous accorder si bien avec l'anthropologie qui habite un monde bien éloigné de Stendhal et de la littérature. Sans doute sommes-nous tous embarqués dans la même subversion, qui n'a rien de tapageur, mais suit un mouvement bien régulier depuis une vingtaine d'année. Cette réflexion nous éloigne de Stendhal lui-même, mais du point de vue méthodologique, je crois, au carrefour où se retrouvent ceux qui viennent des Sciences humaines et ceux qui viennent de la Science littéraire. C'est là notre terrain d'entente : à travers Stendhal, nous avons une image de l'homme. Si l'on peut parler de nouvel humanisme (avec encore une fois beaucoup de guillemets !), il se situera dans ces carrefours pluridisciplinaires où l'étude minutieuse d'une œuvre de Stendhal, par exemple, peut éclairer l'anthropologue.

Table des matières

IMPRIMERIE LOUIS-JEAN
Publications scientifiques et littéraires
TYPO - OFFSET

05002 GAP - Telephone 51 35 23 -

Dépôt légal 25-1976